Helmut Seitz
Wo es geschah
Historische Schauplätze in Bayern

Helmut Seitz

Wo es geschah

Historische Schauplätze in Bayern

ISBN 978-3-89682-156-0

Gestaltung und Satz: DTP Hauke, 94113 Tiefenbach
Titelbild: Pixelio.de

2. Auflage

© 2012 SüdOst Verlag GmbH, München
www.suedost-verlag.de

Inhalt

Wo es geschah

Geschichte: Das müssen nicht immer nur dürre Jahreszahlen und blasse Namen sein. Geschichte lässt sich auch »vor Ort« nachempfinden – überall dort, wo man noch heute sehen kann: Genau da – auf dieser Brücke, an dieser Wegkreuzung, auf diesem Felsen, in diesem Burgturm – hat sich mal was abgespielt, was damals große Politik war. Ein Attentat, eine folgenreiche Schlacht, ein Sippenmord aus Eifersucht, ein fürstliches Techtelmechtel, ein Friedensschluss, ein Putschversuch: Alle diese Geschichten aus der Geschichte gewinnen am Tatort eine ganz andere, lebendige Anschaulichkeit. Man kann sich's plötzlich viel besser vorstellen, wie das seinerzeit gelaufen sein mag, man glaubt, den Atem eines historischen Ereignisses über Jahrhunderte hinweg zu verspüren.

Geschichte in Bayern zu lokalisieren: Das versuche ich mit meinem neuesten Buch, für das ich jahrelang recherchiert habe. Geschichte in Bayern – das muss nicht immer nur weißblaue Historie sein. Denn oft genug war irgendein Ort im heutigen Freistaat der mehr oder weniger zufällige Schauplatz von Ereignissen, die mit der ganz großen Politik und dem Weltgeschehen zusammenhingen. Aber selbstverständlich setzten in einem Land, das 700 Jahre lang dasselbe Herrscherhaus hatte, die Wittelsbacher, besonders viele Schwerpunkte in der historischen Geographie.

Ich gebe zu, kein »g'studierter« Historiker zu sein. Ein Nachteil? Für dieses Buch – wage ich zu behaupten – wohl kaum. Es ging mir ja, wie gesagt, vor allem darum, einen eher spröden Stoff ohne den Ballast der Fachsprache so amüsant darzustellen, dass man sich mit Vergnügen den spektakulären Vorfällen der Vergangenheit nähert. Dieses Buch ist deshalb auch und erst recht für Leser gut, die Geschichte seit ihrer Schulzeit für nicht besonders kurzweilig hielten.

Helmut Seitz

Ein Heiliger als Hurenbock?

Oder:

Wo und wieso Bischof Emmeram lebendig zerstückelt wurde

Man entschuldige bitte die reißerische Überschrift – aber so und vielleicht noch schlimmer hätten wohl die balkendicken Schlagzeilen gelautet, wäre schon im 7. Jahrhundert eine Boulevard-Presse wie die heutige bei jeder Blut- und Schandtat dabeigewesen. Auch für die Regenbogen-Journale hätte die Story vom bischöflichen Liebhaber und Schwängerer einer bairischen Prinzessin viel Stoff für lange Sonderserien abgegeben.

Aber anno 652, dem mutmaßlichen Todesjahr des gemarterten Bischofs von Regensburg, lag ja die Erfindung des Herrn Gutenberg noch in weiter Ferne. Und da in jenen Zeiten nur ein paar wenige schreiben und lesen konnten, wurde die blutrünstige und pikante Legende zunächst nur mündlich weitergegeben und dann rund hundert Jahre später erstmals zu Papier gebracht: in der lateinisch abgefassten »Vita Sancti Haimerami« des Freisinger Bischofs Arbeo.

Viel volkstümlicher und noch dazu in Reimen lässt sich die Geschichte auf einer Schrifttafel an jener Brunnenkapelle in Kleinhelfendorf nachlesen, wo der Heilige seinen Metzelmördern in die Hände gefallen sein soll, als er an der Quelle Rast machte. Um diesen Text verstehen und richtig goutieren zu können, muss man vorher allerdings ein paar Fakten wissen.

Also: Ein später heiliggesprochener Mann namens Emmeram hat im 7. Jahrhundert wirklich gelebt und wurde auch tatsächlich umgebracht. Eigentlich hieß er Haimeram, war ein Franke und stammte aus Poitiers. Als Wandermissionar machte er sich auf den Weg, um die heidnischen Avaren zum Christentum zu bekehren. Die lebten etwa dort, wo man auf heutigen Landkarten Ungarn findet. Und so führte den fränkischen Heilsprediger seine Wanderschaft gen Osten anno 649 über Regensburg, wo er eigentlich bloß kurz Rast machen wollte.

Regensburg, die einstige Garnison der römischen Besatzungsmacht, war zu dieser Zeit Hauptstadt und Residenz des noch ziemlich jungen Herzogtums Baiern. Der Volksstamm der Bajuvaren hatte zwar bereits die neue Religion angenommen, aber halt doch noch nicht so ganz und gar. Vor allem fehlte es an Priestern, und so überredete Herzog Theodo den zugereisten Missionar aus dem Frankenland, die Avaren noch ein Weilchen warten zu lassen und erst einmal in bairischen Landen als Bischof von Regensburg für die Festigung des Glaubens zu wirken. Haimeram blieb also da und gründete in Regensburg ein Kloster, das heute noch besteht und seinen eingedeutschten Namen trägt. Um sich für diese Gründung die amtliche Anerkennung des Papstes einzuholen, reiste er etwa drei Jahre später nach Rom – und damit beginnt nun die tödliche Geschichte.

Wer war Ota's Beischläfer?

Kurz nach Emmerams Abmarsch in Richtung Rom (wahrscheinlich trat der fromme Mann die weite Reise zu Fuß an) entdeckte man am Hof zu Regensburg, dass die noch ledige Herzogstochter Ota guter Hoffnung war. Vater Theodo, so berichtet die Legende, wollte sie in der ersten Zornaufwallung eigenhändig abmurksen. Als man ihn mit Mühe davon zurückhielt, sollte wenigstens der böse Bube dran glauben, der das Fräulein geschwängert hatte. Aus Angst um den Geliebten habe nun Ota den Bischof Emmeram als Kindsvater angegeben – vielleicht in der Meinung, der sei ja bereits weit vom Schuss, und bis er endlich aus Rom zurückkäme, hätte sich die ganze Aufregung längst wieder gelegt. In manchen Berichten wird sogar angedeutet, sie habe zuvor dem Bischof ihren Fehltritt gebeichtet, und der selbst habe ihr diese Ausrede angeraten. Wer wirklich mit der Herzogstochter geschlafen hatte, blieb ungeklärt bis heute – möglicherweise war's ein Herr Sigibald aus dem Adelsgeschlecht der

Trotzka. Ziemlich klar ist jedoch, dass ihr Bruder Landpert mit etlichen Mannen dem Rompilger Emmeram nachritt und ihn bei Kleinhelfendorf im heutigen Landkreis München einholte. Und was dann geschah, das soll uns nun die gereimte Moritat an der dortigen Brunnenkapelle erzählen; sie trägt die Überschrift: »Zum Gedenken an das Martyrium S. Emmerams am 22. Sept. 652« und hebt also an:

1.

Hier hat St. Emmerams Marter angefangen,
Als seine Seele brannte mit heißem Verlangen
Nach jenem Siegeskranz und qualvollen Martertod,
welchen ihm die Grausamkeit vergebens angedroht.
Bei dieser Brunnenquelle ließ er sich labend nieder
Und sang seinem Gott der Priesterstunde Lieder.
Er betete zu Gott aus tiefem Herzensgrunde,
Denn er sah im Geist bereits seine Marterstunde.

2.

Während er im Gebete so eifrig gelegen
Und zum Himmel ruft um Verstand und Segen,
so sprengt schon Lampertus voll Wut und Raserei
Wie ein Löwe mit Gefolge herbei.
Wo willst Du hin mit Deinen Gefährten?
Heute muss die Unschuld zu unserem Opfer werden!
Wie, sprach er, Swager, ganz höhnisch ergrimmt,
Wie kommt's, das ich Dich an diesem Orte find?

3.

So, Gleißner, hast Du des Kaisers Hof geschändet,
Hat uns so schrecklich Deine Gleißnerei verblendet
Auf, auf ihr Henkersknechte eilt auf ihn los
Und führt mit seinem Stabe einen Mörderstoß
auf Emmerams Brust und dessen unbeflecktes Herz.

Aber der Hl. achtet weder Wut noch Schmerz,
Nur sanft und mild legt er seine Unschuld dar
Dem Lampertus, welcher dafür ein Tauber war.

...

5.

Unendliche Geduld bei diesen Peinen
Läßt Emmerams Herz den höchsten Mut erscheinen,
die Henkersknechte singen, grausam erhitzt
Und mit dem Blut des frommem Märtyrers bespritzt
Den unbefleckten Leib, von Glied zu Glied zerstückelt,
Ja selbst die Grausamkeit gibt ihnen Erquicken.
Ach unerhörte Pein, die doch St. Emmeram
Willig überstanden wie ein geduldiges Lamm.

6.

Nachdem die Vorsehung ihn wunderbar erhielt
Und der Tyrannen Lust dadurch sich hat gestillt,
Da floh die böse Rott. Allein St. Emmeram war
Mit Blut ganz gefärbt, lag auf der Sterbebahr.
Ach Peinen, ach Tyrann, sterbensvolle Zeichen,
Der Mann ist wahrlich mit einem Engel zu vergleichen
Verstümmelt ist sein Leib, zerfleischt sein Angesicht
So grausam hat ihn die Wut der Verfolger zugericht.

Man ließ den zerstückelten Mann, nachdem ihm Arme und Beine
abgehackt waren, dort liegen in der Meinung, er sei schon tot. Seine
Begleiter wollten den Schwerverletzten zurück nach Regensburg
schaffen, aber weit kamen sie nicht mehr: Kurz vor Aschheim (=
Dorf unter den Eschen) starb er auf freiem Feld. Genau dort baute
man später zu seinem Gedenken eine Kirche, und so entstand der Ort
Feldkirchen. Die alte Emmeramsklause wurde dort zwar bei der

Auf jener Felsplatte, auf der einst der hl. Emeram zerstückelt worden sein soll, wird die Bluttat durch eine lebensgroße Figurengruppe in »3 D« nachgestellt.

Säkularisation 1807 »demoliert«, d.h. auf Abbruch verkauft. Eine Emmeramskapelle aber gibt es immer noch – man hat sie vor einigen Jahrzehnten gründlich renoviert.

Ein Grab für 40 Tage

Der Leichnam des Märtyrers wurde zunächst im nahen Aschheim beigesetzt, und zwar in der St.-Peters-Kirche. Die Grabstelle glaubt Dr. Danner von der Archäologischen Staatssammlung bei Ausgrabungen zwischen 1967 und 1970 zweifelsfrei gefunden zu haben. Der Deckel eines Steinsarkophags mit der Figur des Heiligen ist in der Aschheimer Kirche aufgestellt. Inschrift: »Allhie ist pegraben gewest der heilig Pischoff Heimeram 40 Tag und 40 nacht und leit nun zu regenspurg zu seym Pistum.«

Warum ließ man den Toten nur so kurz in Aschheim? Die Legende sagt, von seinem Begräbnis an habe es dort 40 Tage und Nächte lang ununterbrochen geregnet, woraus man den Schluss zog, der Heilige wolle hier wohl nicht begraben sein. Sicher ist aber, dass ihn der Herzog Theodo in einem feierlichen Zug nach Regensburg überführen ließ. Wieso das? Angeblich, behauptet die Überlieferung, habe der hohe Herr die übereilte Bluttat seines Sohnes Landpert bitter bereut, nachdem sich alsbald herausstellte, dass der fromme Haimeram mit der lebenslustigen Herzogstochter doch nichts gehabt hatte.

Das klingt alles sehr ergreifend, aber man darf doch seine Zweifel haben, ob diese romanreife Story mit der geschwängerten Ota überhaupt stimmt. So viel ist klar: Umgebracht wurde dieser Emmeram, und das nicht von Straßenräubern, sondern von herzoglichen Dienstmannen. Bloß: Warum? Und wieso gerade auf dem Weg nach Rom? Ob er dem Hof vielleicht unbequem geworden war? Ob man einen lästigen Mahner loswerden wollte? Oder ob man seinen Besuch beim Papst mit allen Mitteln verhinderte? Vermutungen, die nicht verboten sind – obwohl natürlich die Version mit der schwangeren Ota viel publikumswirksamer ist.

Wer ganz naturalistisch und in Lebensgröße sehen will, wie der Heilige lebend gemetzgert wurde, der kommt in Kleinhelfendorf auf seine Kosten. Angeblich über jenem Felsblock, auf dem man ihn folterte, wurde dort eine Marterkapelle errichtet, in der eine Figurengruppe das grausige Geschehen zeigt. Gleich daneben ist in einem winzigen Kapellerl dasselbe noch einmal in Öl gemalt zu sehen. Votivtafeln weisen darauf hin, dass hierher viel gewallfahrtet wurde.

Ein paar Schritte weiter findet sich an einem Hang zwischen der alten Pfarrkirche und dem Wirtshaus noch immer jene Quelle, an der Emmeram ergriffen wurde. Man hat eine kleine Kapelle darübergestellt, und viele Leute glauben noch heute, das Wasser helfe wundersam gegen Fieber. Falls Sie es probieren wollen – bitte Vorsicht: In dem Brünnlein hausen nämlich Frösche.

Was es mit der Quelle sonst noch auf sich hat, verrät uns die Inschrift unter Punkt

7.
Nun Wanderer, der du vorüber etwa gehst,
Geh nicht vorbei, ohne dass du auf diesen Brunnen siehst.
Betracht ihn nur recht und nimm zugleich wahr,
Wie dieser Brunnen steht so viele Jahr.
Und dass sein Wasser sich zu keiner Zeit verliert,
Auch in der schärfsten Kälte niemals gefriert.
Denn dieses Wunder kommt von niemand andern her,
Als von St. Emmeram, dem großen Martyrer.

Ja wenn das soo ist, dann muss man doch einstimmen in den Jubelruf, mit dem dieses wundersame Werk deutscher Reimkunst endigt:

»Beglücktes Baiernland, beglücktes Helfendorf!«

Des Kaisers kurzes Jahrtausendwerk

Oder:

Wo vor 1200 Jahren Karl der Große klein beigeben musste

Dass Namen nicht immer Schall und Rauch sind, sondern oft viel zu bedeuten haben, das sieht man sehr augenfällig in einem kleinen Dorf nahe bei Weißenburg. Dieser Ort mit seinen paar Bauernhäusern heißt nicht nur Graben – er liegt auch an einem solchen: am Karlsgraben nämlich, der außerdem noch den lateinischen Namen Fossa Carolina trägt.

Was der Besucher heute dort vorfindet, mutet ihn allerdings eher wie ein länglicher Dorfweiher an – auf den ersten Blick jedenfalls. Spaziert man aber ein Stück an den Ufern entlang, dann merkt man bald, dass diese von dichtem Baumbestand und Buschwerk eingewachsene Wasserfläche kein natürlicher Tümpel sein kann; sondern dass da irgendwann einmal ein künstlicher Wasserlauf ausgeschaufelt wurde. Denn entlang dem stillen, wurmförmigen Weiher ziehen sich auf beiden Seiten ziemlich hohe Erdwälle.

Ein Jahrtausendwerk sollte das hier einstmals werden. Eine Großtat der Bau- und Ingenieurkunst. Und der Auftraggeber hieß Karl und war jener Frankenkaiser, dem die Historiker das ehrende Etikett »der Große« zugebilligt haben. Was dieser große Mann hier Großartiges vorhatte, das können wir in einer schon ziemlich alten Quelle nachlesen, nämlich in der Baierischen Chronik des Geschichtsschreibers Johannes Turmair – genannt Aventinus –, der darüber 1521 folgendes zu berichten wusste:

»Und künig Karl mainet, er wolt machen, das man vom Rein in die Thonau auf dem wasser möcht farn und von ainem mer in das ander, hielt's für ain köstlich nütz ding und grosse sach, wo er's zuwegen möcht bringen. Darumb, dieweil er zu Regenspurg still lag, den nächsten sumer hernach lies er bei Weissenburg auf dem Norkau ainen grossen graben grabn, wolt die Altmül und Rätza zesam lassen. Die Altmül felt in die Thonau bei Kelhaim, die Rätza in die Rednitz zwischen Weissenburg und Schwabach und Rot, dieselbig rint in den Main zu Babenberg, der Main zu Mainz in den Rein.«

Kurzum: Karl der Große wagte sich schon damals, im Jahre 793, an ein Projekt, das man im späten 20. Jahrhundert vollends geschafft hat. Technisch war das freilich längst kein Problem mehr. Aber Geldmangel und massive Einsprüche von Natur- und Landschaftsschützern haben dieses Kanalprojekt, an dem schon seit 1921 mit Unterbrechungen gearbeitet wurde, immer wieder stark verzögert. 1985 hatte man eigentlich schon damit fertig sein wollen. Aber zwischendurch gab es in diesem unserem Lande auch mal eine Bundesregierung, die herzlich wenig vom Nutzen eines solchen Kanals hielt und deshalb den Geldhahn zudrehte. Der damalige Verkehrsminister Volker Hauff nannte den Kanal sogar »das dümmste Projekt seit dem Turmbau von Babel«.

Ein Gewaltakt mit Zwangsarbeitern

Ein Tatmensch und Alleinherrscher wie Karl der Große hatte natürlich mit den Finanzen oder gar mit irgendwelchen Widerständen aus der Bevölkerung keine Probleme. Was ihm zu schaffen machte, waren die technischen Schwierigkeiten. Es gab ja noch keine Bagger und Bulldozer und Sprengladungen, keine Lastwagen, Förderbänder und Kräne. Das einzige, was an Werkzeugen für so gewaltige Erdbewegungen zur Verfügung stand, waren Schaufeln, Pickel und geflochtene Körbe, in denen der Aushub weggetragen wurde. Und natürlich Menschen, Menschen, Menschen! Was die Arbeitskraft betraf, so ging Karl der Große in die Vollen. Er wollte den Kanal, den er sich nun mal in den Kopf gesetzt hatte, sofort und jetzt gleich, und deshalb schickte er eine Arbeiterbrigade von 6000 Mann an die Baustelle. Dazu dann noch einmal mindestens 1000 bis 1500 Leute, die teils Material und Verpflegung herankarren mussten, teils aber auch die Männer mit Pickel und Schaufel zu bewachen hatten, damit keiner stiften ging. Denn freiwillig und für gutes Geld hatten sich nur die wenigsten der 6000 an diese Arbeitsfront gemeldet. Der Würzburger Historiker Professor Hans Hubert Hofmann meint, die meisten seien entweder dienstverpflichtete Bauern aus der Umgebung gewesen oder aber kriegsgefangene Avaren und deportierte Sachsen.

Nun sollte man meinen, mit so vielen Leuten hätte sich die ganze Sache doch relativ schnell bewältigen lassen müssen. Denn obwohl es mit den Landvermessungskünsten seinerzeit sicher noch sehr im Argen lag, hatten die Wasserbautechniker doch den günstigsten Punkt herausgefunden. Die Flüsschen Altmühl und Retzat nähern sich hier nämlich bis auf 1800 Meter, und der Scheitelpunkt des Geländes dazwischen lag nur 10 Meter höher. Man hatte nur einen knapp zwei Kilometer langen Graben auszuheben und wäre wahrscheinlich mit nur einer einzigen Staustufe und Schleuse ausgekommen. Warum die Sache trotzdem schief ging, beschreibt Aventinus so:

»Man arbaitet den ganzen sumer daran, aber es war alles vergebens: Was man bei tag grueb, fiel zu nacht alles wider ein. Und künig Karl im herbst, als man zelet nach Christi gepurt sibenhundert und dreiundneunzig jar, so er nun bis in das viert jar aneinander in Baiern war gewesen, zu Regenspurg mitsambt seinem frauenzimer, mit dreien sünen (künig Pipin, künig Karl und künig Ludwig) hof gehalten het, zog er hinauf gen Weissenburg werts, wolt beschauen, was man gearbait het; es war umbsunst, muest's alles abschaffen. Er fuer mit seinem weib und kinden und sünen auf der Rätza in die Rednitz, von dan in den Main muesten die leut die schif ziehen, von dan auf dem Main gen Frankfurt.«

An diesem Text ist einiges zu erklären. Wieso saß Karl »mitsambt seinem frauenzimer« und den drei Söhnen so lang in Regensburg herum? Weil er dort einen neuen Feldzug gegen die Avaren im Osten seines Reiches vorbereitete und dann auch einleitete. Aber plötzlich brach er diese Aktion 793 mittendrin ab. Warum? Weil ihn aus dem hohen Norden die Nachricht erreichte, dass dort sein Graf Theoderich an der Wesermündung im Kampf gegen die Sachsen eine Niederlage hatte einstecken müssen. Das heißt: Man musste Verstärkung aus dem Osten nach dort oben schaffen. Wie ja überhaupt der kriegerische Herr Karl immer wieder vor der Notwendigkeit stand, Truppen vom einen Ende seines noch ziemlich wackligen Großreiches an ein anderes zu schaffen. Und weil das auf dem Landweg sehr mühsam ging, wird ihm wohl die Idee gekommen sein, eine durchgehend befahrbare Wasserstraße zu schaffen, an der ja nur noch ein winziges Stückchen fehlte. Professor Hofmann vermutet in seinem Buch »Kaiser Karls Kanalbau«, dass auch schon vor 793 der Wasserweg benutzt wurde, und dass man auf den knapp zwei Kilometern zwischen Altmühl und Retzat die Boote halt über Land geschleift hat – worauf ja auch die Textstelle bei Aventinus hindeutet: »… von dan in den main muesten die leut die schif ziehen.«

Im Spätherbst 793 (nicht schon im »sumer«, wie Aventin schreibt) schiffte sich Karl der Große in Regensburg ein und nahm gleich Teile seines Heeres auf Donau und Altmühl mit bis zu jenem Punkt, wo er nun in einem Gewaltakt hopplahopp den Kanal graben lassen wollte. An der Baustelle schlug er sein Hoflager auf. Und wer weiß: Vielleicht hätte die Sache auch geklappt, wäre ihm nicht eine höhere Gewalt in die Quere gekommen, auf die selbst ein Potentat wie der großmächtige Karl keinen Einfluss hatte: Das Wetter. Denn just in jenen Wochen, als hier im Akkord gegraben wurde, scheinen sich wochenlang die Schleusen des Himmels geöffnet zu haben. Ergebnis: Was man tagsüber mühsam ausgeschaufelt und zu Dämmen aufgeschüttet hatte, wurde über Nacht von heftigen Regengüssen großenteils wieder in den Graben zurückgeschwemmt – und darum war letzlich die ganze Mühe »umbsunst«.

Nun hätte ja der Herrscher vielleicht abwarten können, bis das Wetter wieder besser würde. Aber dazu hatte er keine Zeit. Die Nachrichten aus dem Gebiet der Sachsen müssen so schlimm gewesen sein, dass es ihm geraten erschien, den Kanalbau zu stoppen und erst mal dort oben für Ordnung zu sorgen. Gut – aber warum wurde dann nicht gleich im nächsten Frühjahr wieder weitergebaut? Dafür gibt es plausible Erklärungen: Zum einen hätte man erneute Tausende von Arbeitskräften an der Baustelle zusammensammeln müssen, was ohnehin schon schwierig genug war. Und außerdem hatte Karl anderweitig Wichtiges zu erledigen, so zum Beispiel eine Synode in Frankfurt, auf der es unter anderem darum ging, den widerspenstigen Baiernherzog Tassilo endgültig auszuschalten. Und dann kam ein Feldzug gegen die Sachsen, und dann … Kurzum: Der vielbeschäftigte Karl, der sich anno 800 in Rom ja auch noch zum Kaiser krönen lassen musste, kam einfach nie mehr dazu, das im ersten Anlauf misslungene Kanalprojekt noch einmal aufzugreifen.

Ein König übertrumpft den Kaiser

Was von Kaiser Karls Projekt zurückblieb, ist das, was man noch heute sieht: Ein mehrere hundert Meter langer Tümpel. Und die kleine Ortschaft Graben, entstanden höchstwahrscheinlich aus einem Kontrollposten, der die Baustelle zu bewachen und vermutlich auch beim »Schleifen« der Schiffe über Land anzupacken hatte.

Lange Zeit hatte dann niemand mehr den Mut und die Mittel, die Sache von neuem anzupacken. Man hielt auch nicht mehr sehr viel davon, wie einer alten Chronik zu entnehmen ist, in der es heißt: »Man sieht noch bey Weissenburg die alten Fußtrit dieser unnützen Arbeit.«

Um 1800 herum wollte dann ein anderer Großer die Pläne von »Charlemagne« doch noch verwirklichen, nämlich Napoleon Bonaparte. Aber auch dem ging's nicht anders als Kaiser Karl: Weil er dauernd damit beschäftigt war, Geschichte zu machen, kam er einfach nicht dazu. Aber dann kam einer, der war in seinem historischen Rang viel kleiner und kein Kaiser, sondern nur ein König von Bayern – und der schaffte es:

»Donau und Main – für die Schiffahrt verbunden – ein Werk, von Carl dem Großen versucht – durch Ludwig I. König von Bayern neu begonnen und vollendet 1846.« So liest man's noch heute auf dem

Idyllisch eingewachsen bietet sich heute der Anfang des Karlsgrabens dar – aber es sind eben auch schon rund 1200 Jahre vergangen, seit diese Kanalbaustelle auf- gegeben wurde.

Kanaldenkmal bei Erlangen – nur: Schon längst führt kein Kanal mehr daran vorbei, sondern eine Autobahn und parallel dazu gleich noch eine zweite Schnellstraße. Der König, der den großen Kaiser in Sachen Kanalbau übertrumpfte, war leider zu spät drangewesen, denn als er endlich Donau und Rhein und damit das Schwarze Meer mit der Nordsee verbunden hatte, begann das Zeitalter der Eisenbahn. Und das war schuld daran, dass auf dem Ludwigs-Kanal nie viel lief. Schon wenige Jahre nach der Eröffnung konnten Lästermäuler ungestraft spotten: Die Obstbäume entlang dieser Wasserstraße und der Fischfang brächten weit mehr ein als die Kanalgebühren.

Nach dem Zweiten Weltkrieg war's dann ganz aus. An vielen Stellen schüttete man diese Wasserstraße zu, denn der Kanal des Königs war zu schmal. Und außerdem arbeitete man mittlerweile längst daran, die Sache noch einmal in Angriff zu nehmen, diesmal aber richtig. Am 26. September 1992 war's dann endlich so weit: Von der Nordsee bis zum Schwarzen Meer und vice versa war endlich eine durchgehende Wasserstraße schiffbar, von deren Notwendigkeit allerdings bis heute viele Kritiker noch immer nicht überzeugt sind. Im Altmühltal von Hilpoltstein bis Kelheim feierten 4000 geladene Gäste und 100 000 Besucher drei Tage lang ein Fest. Von Nürnberg fuhren nach einem Festkonzert der Bamberger Symphoniker 2000 Gäste mit Bussen zur Schleuse Hilpoltstein, von wo es auf sieben Schiffen bis zur europäischen Wasserscheide weiter ging. Dort traf aus der anderen Richtung ein Schiffskonvoi aus Berching ein. Feierlich eingeweiht wurde das langwierige Werk nun allerdings nicht mehr von einem Kaiser oder König, sondern lediglich vom bayerischen Ministerpräsidenten Max Streibl und von einem Bundesverkehrsminister, der damals Günther Krause hieß.

Für Kaiser Karls Projekt von anno 793 gibt es im Treuchtlinger Ortsteil Graben eine Dauerausstellung; sie ist geöffnet zwischen Ende April und Mitte Oktober von Mittwoch bis Montag jeweils 14–17 Uhr (Dienstag Ruhetag). Telefonische Auskünfte unter 0 91 42/2 02 18-0

Wie Bayern zum Keferloher kam

Oder:

Wo die Schlacht auf dem Lechfeld wirklich stattfand

Da und dort lassen Wirte in Altbayern auch heute noch nicht von dem alten Brauch, die Maß Bier statt im Glaszylinder, in einem grauen, unglasierten irdenen Krug auszuschenken. »Keferloher« nennt man solche Krüge, und alte Bierdimpfl schwören darauf, dass sich darin der Foam besser hält und der Trunk kühler bleibt als im Glas.

Dass es solche irdenen Krüge gibt und dass sie nach der Ortschaft Keferloh bei München benannt sind, das hängt um viele Ecken herum mit jener großen Ungarnschlacht zusammen, die 955 auf dem Lechfeld bei Augsburg ausgefochten wurde und die den Heimsuchungen durch die marodierenden »Hunnen« ein für allemal ein Ende setzte.

Lassen wir also vorerst den Maßkrug noch beiseite und befassen wir uns zunächst mit den Ungarn. Was von denen in jener Zeit zu halten war, das beschreibt ein Augsburger Heimatkundebuch unserer Tage also:

»Öfter schon waren die kleinen, gelbhäutigen und schwarzhaarigen Reiter, die weit unterhalb von Wien ihren Wohnsitz hatten, in unserer Heimat eingefallen, hatten Felder verwüstet, Höfe, Klöster und Kirchen geplündert und in Brand gesteckt, die Menschen beraubt und Hab und Gut als Beute mitgeschleppt. Die Ungarn waren keine Bauern, die fleißig ihren Boden bearbeiteten und vom Ertrag der Felder lebten. Sie waren nicht sesshaft, sondern jagten auf ihren flinken Pferden durch die weiten Ebenen der Donau. Wenn sie hier nicht mehr genug Nahrung fanden, dann rüsteten sie ihr Heer, um sich in der Ferne bei anderen Völkern satt zu essen und die Beutesäcke zu füllen.«

Joi joi, Mama: Nette Nachbarn, kann man da nur sagen. Aber Spaß beiseite: Im 10. Jahrhundert erwiesen sich die Ungarn schon wirklich als eine schlimme Landplage, mit der niemand fertig zu werden schien. 909 preschten sie zum erstenmal durchs Land und machten erst am Bodensee wieder kehrt. Bei dieser Überrumpelung muss auch Augsburg ganz schön gelitten haben – kein Wunder, die Stadt war damals nur durch eine Art Palisadenzaun geschützt.

Kurz darauf waren die Reiterhorden schon wieder da. König Ludwig »das Kind« wollte sie mit seinen Mannen am Lech zum Stehen bringen und verlor die Schlacht. Freilich, die Eindringlinge zogen sich von selber zunächst wieder zurück, aber nachdem es so gut klappte, kamen sie immer öfter zu immer neuen Raubzügen. 926 belagerten sie von neuem Augsburg. Der Bischof Ulrich, mehr als nur geistliches Oberhaupt, versuchte einen Ausfall, und dabei wurde seine Reiterschar jämmerlich versprengt und aufgerieben. Die Katastrophe muss so schlimm gewesen sein, dass der Bischof diesen Fehler später nicht noch einmal wiederholte. Neue Taktik: Die Stadtbefestigung verstärken und sich beim nächsten Hunneneinfall so lange dahinter verschanzen, bis der Feind wieder abzieht.

»Dort, wo sich das Lechfeld breitet«

955 war es wieder mal so weit: Die Ungarn rückten an. Diesmal wollte es der deutsche König Otto diesen Horden aber zeigen: Er sammelte im ganzen Reich ein Heer von etlichen tausend Panzerreitern samt Hilfstruppen und Tross zusammen. Aber so sehr er sich beeilte: Der Feind war schneller, und Augsburg hatte zunächst wieder einmal allein den Ansturm auszuhalten. Was dann geschah, erlauben wir uns in besagtem Augsburger Heimatbüchlein nachzulesen:

»Zwei Tage lang berannten die wilden Ungarn unser Augsburg. Besonders am Osttor wurde hart gekämpft. Der Bischof selbst leitete die Abwehr. Hoch zu Ross, ohne Helm, ohne Panzer und Schild, mit einer Stola umgetan, ritt er von einer gefährlichen Stelle zur andern, machte den Verteidigern Mut und betete mit den Frommen um die

Hilfe Gottes. Plötzlich, am zweiten Tag des Ansturms, zogen sich die Ungarn zurück. Was war geschehen? Den Ungarn war das Herannahen des kaiserlichen Heeres verraten worden. Sie wollten nun vermeiden, dass der Kaiser ihnen in den Rücken falle. Aber sie konnten dem Kampf nicht mehr entgehen. Einige Wegstunden außerhalb der Stadt, dort, wo sich das Lechfeld breitet, wurde eine erbitterte Schlacht geschlagen.«

Ja, das ist nun zwar sehr schön gesagt, aber: »Dort, wo sich das Lechfeld breitet« – dieser Hinweis führt total in die Irre, wenn jemand das Schlachtfeld von damals sucht. Als Lechfeld bezeichnet man nämlich die weite Schotterebene südlich von Augsburg in Richtung Landsberg. Und dort mag vielleicht auch schon manches stattgefunden haben, aber ganz gewiss nicht die große Ungarnschlacht von 955. Wer deren Schauplatz sucht, der muss auf die andere Seite des Lechs. Dort sind Sie zwar richtig, aber leider zu spät dran. Wenn Sie etwas früher gekommen wären, könnten Sie am Ufer des Lechs noch einen seltsamen Hügel sehen, etwa 40 Meter im Durchmesser, nur 5 Meter hoch und oben ganz flach. Aber diese Erhebung namens »Gunzenlee« ist nicht mehr da – im 15. Jahrhundert hat der Fluss den Hügel bei einem schweren Hochwasser weggespült. Das einzige, was heute noch den Namen »Gunzenlee« trägt, ist eine Ausflugsgaststätte in der nahen Ortschaft Kissing.

Ein Königssitz im Freien

Was soll das denn überhaupt heißen: Gunzenlee? Die erste Hälfte des Wortes kommt von einem Herrn Gunzo, den man für einen Häuptling der Alemannen hält und der im 6. Jahrhundert gelebt haben soll. Und lee ist das mittelhochdeutsche Wort für Hügel.

Nun war das freilich nicht bloß irgendein Schotterhaufen, sondern von jeher ein sehr wichtiger Ort. Schon die Alemannen hatten hier eine Thingstätte, also einen Versammlungsort, wo Recht gesprochen wurde.

Die günstige Lage an der Kreuzung von zwei Römerstraßen brachte es mit sich, dass der Gunzenlee später auch zum Sammelpunkt für Reichsheere und zum Schauplatz wichtiger politischer Zusammenkünfte wurde. Gäbe es ein Gunzenlee-Gästebuch, dann hätte sich darin sicher auch Karl der Große eingetragen. Genau hier nämlich zwang er durch militärische Übermacht den Baiernherzog Tassilo III. und seine Leute, ihm den Treueeid zu schwören.

Dann: Kaiser Arnulf sammelte hier sein Heer für den Italienzug zur Krönung. Ebenso Jahrhunderte später Konradin, der letzte Stauffer. Zwischen solchen Heersammlungen war der Gunzenlee auch immer wieder Schauplatz von Fürstenhochzeiten, Festen und Reichsversammlungen. Man braucht beide Hände, um alle Könige aufzuzählen, die diesen Platz besuchten. Der Gunzenlee war ein Königsstuhl geworden, wo höchstes Gericht gehalten und Politik gemacht wurde – und das alles im Freien, denn von Versammlungssälen hielt man in jenen Zeiten noch nichts.

Schlachtpunkt: Bahnkilometer 54,2

Irgendwie hatten auch die Ungarn rausgekriegt: Den Leuten, die man so gut ausplündern konnte, war dieser Hügel am Lech besonders wichtig und bedeutend. Und deshalb schlugen sie grad mit Fleiß jedesmal, wenn sie in dieser Gegend zu tun hatten, ihr Lager just an diesem Gunzenlee auf. Auch im Jahre 955, als sie deshalb genau dort die entscheidende Abfuhr einstecken mussten.

Aber wo denn bitte – wenn doch der Hügel gar nicht mehr da ist? Man weiß mit Sicherheit, dass es in den Lechauen zwischen den Orten Kissing und Mering war, und manche Forscher gehen sogar so weit, zu behaupten: Gleich beim Kilometer 54,2 der Bahnlinie München–Augsburg – ablesbar an einer weißen Tafel am Bahndamm – sei's gewesen. Es macht aber keinen großen Unterschied, ob nun ein Stückchen weiter vorn oder hinten: Die Gegend ist allemal die gleiche. Nichts als Ebene den Fluss entlang, Äcker mit Kraut und

Rüben oder Getreide und Kartoffeln. Und man hat es wirklich nicht leicht, sich vorzustellen, dass hier einmal eine Schlacht stattgefunden haben soll, die das Abendland von einer jahrzehntelangen Landplage befreit hat.

Helden werden zu Pferdehändlern

So – und nun können wir endlich auf die Sache mit dem irdenen Maßkrug zurückkommen, von dem anfangs die Rede war. Das ist auch schon wieder ein geschichtliches G'schichtl. Da waren nämlich zwei Hauptleute des Gaugrafen von Ebersberg, die sich an diesem denkwürdigen 10. August 955 am Gunzenlee ganz besonders heldenhaft hervorgetan hatten: Die Herren Niklas und Baldhauser. Denen wollte der König die verdiente Belohnung für ihre Tapferkeit zukommen lassen. Aber Geld hatte er keins, und sowas wie das heutige Bundesverdienstkreuz war zu jener Zeit noch nicht erfunden. Also ehrte der hohe Herr die beiden Helden, indem er ihnen das Privileg erteilte, ungarische Beutepferde zu requirieren und sie auf einem Markt zu verkaufen. Das ließen sich die nicht zweimal sagen: Flugs sammelten sie 17 000 magyarische Rösser ein, trieben sie nach Keferloh und hielten dort den ersten jener Pferdemärkte ab, der sich von da an und bis heute alljährlich wiederholen sollte.

Dieser Keferloher Markt, wo es bald natürlich auch was anderes zu kaufen gab als nur Pferde, wurde in kurzer Zeit ein wahres Volksfest, und ein solches ist hierzulande ohne größere Mengen von Bier gar nicht zu denken. Wo viel Bier getrunken wird, da wird aber auch schnell einmal gerauft, und in dieser Hinsicht bekam der Keferloher Markt im Lauf der Zeit einen ganz üblen Ruf. Das ging so weit, dass »keferlohisch« zu einem gebräuchlichen Adjektiv wurde, wenn man ein wüstes Treiben bezeichnen wollte. Irgendwann wurde es den Keferloher Festwirten zu dumm, dass bei den Raufereien jedesmal so viele teure Glaskrüge auf den Köpfen der Gegner zerschmettert wurden. Hinzu kam, dass so ein schwerer Glaskrug eine recht fürchterliche Waffe sein kann. Kurzum: Schon vor etlichen hundert Jahren kam man auf die Idee, aus dem heimischen Ton billige irdene Krüge zu formen, die ob ihrer Sprödigkeit auch humaner waren, weil sie schneller zersplitterten. Und außerdem baute man am Henkel auch noch eine »Sollbruchstelle« ein, um die Verletzungen möglichst gering zu halten.

Diese ursprünglich zweifarbigen irdenen Krüge wurden zunächst nur auf den Keferloher Märkten verwendet, von wo sie auch ihren Namen bekamen. Inzwischen gibt es sie nur noch selten, selbst statt dem späteren Modell aus einfarbig grauem Steingut, und auch das wurde durch Glaskrüge ersetzt. Die lassen sich leichter ausspülen und werden deshalb von Wirten nicht nur als die hygienischere, sondern auch als die praktischere Variante des Maßkrugs bevorzugt. Inzwischen besinnt man sich aber doh wieder auf die uralte Tradition: Ende 2001 wurde der irdene Ur-Keferloher wiedergeboren. Ein Dorfbürgermeister hatte das einstige handgedrehte, gradwandige, zylindrische und inne farbig glasierte Modell ohne Deckel aus einer Unzahl von aufgefundenen Bruchstücken rekonstruiert. Kaufen kann man die Nachbildung im Internet unter »keferloher freunde.de«. Statt einer großen Zahl von Rössern bietet Keferloh seit nunmehr über 30 Jahren von Februar bis Dezember jeden Monat jeweils am ersten Sonntag in Hallen wie auch im Freigelände einen Antikmarkt (08.00 bis 17.00 Uhr). Es soll der bedeutendste in ganz Bayern sein, der sogar Besucher und Käufer aus ganz Europa anzieht. (Weblink: http://www.antikmarkt-keferloh.de). Und dort hat einer der Händler auch neue Keferloher Krüge im Angebot.

Familienkrach in Wittelsbach

Oder:

Wo Bayerns Herrscherhaus seine eigene Stammburg demolierte

»Also hier stehe ich auf dem Boden meiner Ahnen.« Diesen banalen Ausspruch, den König Max II. am 2. September 1857 zu Oberwittelsbach bei Aichach tat, fanden einige Zeitgenossen so bemerkenswert, dass sie ihn flugs in Marmor meißeln und dort aufstellen ließen.

Dass dem gewiss nicht dummen König Max nichts Gescheiteres einfallen wollte, dürfte sicher daran liegen, dass es seinerzeit von der Stammburg seines Hauses überhaupt nichts mehr zu sehen gab außer dem abgeflachten Hügel, auf dem der Bau einmal gestanden hatte. Inzwischen haben vor einigen Jahren Ausgrabungen stattgefunden. Viel sieht man zwar auch heute noch nicht, aber Reste von Grundmauern wurden doch freigelegt, so dass man sich jetzt wenigstens ein ziemlich genaues Bild machen kann, wie die Burg wohl einstmals ausgesehen hat.

Dass heute nur noch so spärliche Überreste zu finden sind, geht darauf zurück, dass der Baiernherzog Ludwig der Kelheimer (siehe auch das folgende Kapitel »Ein Dolchstoß und seine Legende«) bei der Zerstörung dieser Burg im Jahre 1209 gründliche Arbeit leisten ließ. Ob's wirklich wahr ist, kann kaum bewiesen werden, aber angeblich soll er das Abbruchmaterial die wenigen Kilometer nach Aichach abtransportiert haben, weil dieses damals noch junge Städtchen ohnehin dringend eine Stadtmauer brauchte.

Wie kommt ein Wittelsbacher auf den Gedanken, ausgerechnet jene Burg bis auf den Grund zu schleifen, von der seine Familie ihren Namen hat? Es steckte, wie so oft zur Zeit der frühen Baiernherzöge, eine Bluttat dahinter. Aber um die Zusammenhänge besser zu verstehen, muss man in der Geschichte noch ein Stückchen weiter zurückgehen. Nämlich vor die Jahrtausendwende, als die hohen Herren noch lange keine Herzöge von oder in Bayern waren, sondern bloß die Grafen von Scheyern bei Pfaffenhofen. Nach diesem Ort nannten sie sich damals Schyren.

Einem von diesen Schyren namens Otto schien es im 12. Jahrhundert da hinten nicht mehr zu gefallen. Jedenfalls zog er ein Stück weiter westlich auf einen Hügel bei Aichach und baute sich dort eine Burg. Und weil der Ort nach einem kleinen Rinnsal Witelinsbach hieß, legte sich besagter Otto diesen neuen Familiennamen zu. Ein sehr feiner Herr scheint er wohl nicht gewesen zu sein, dieser frühe Wittelsbacher, denn sein Zeitgenosse Bischof Otto von Freising beklagt sich schriftlich über ihn als einen bösen Menschen, der noch schlimmer sei als alle seine ruppigen Vorfahren und der sogar noch seinen »treulosen und ungerechten Vater an Bosheit übertrifft und die Kirche und ihre Diener verfolgt«. Und noch ärger zieht der Gottesmann über die Familie her, wenn er sich fragt, »warum der allmächtige Gott es zugelassen hat, dass fast die ganze Nachkommenschaft des Grafen von Scheyern missraten und kaum ein Mann oder eine Frau darunter ist, die nicht offene Gewalttätigkeit üben, oder, jedes kirchlichen oder weltlichen Ehrenamtes unwürdig, von Diebstahl und Straßenraub leben oder durch Betteln ihr trauriges Dasein fristen«.

Der Königsmord zu Bamberg

Viel christliche Nächstenliebe verraten solche Worte eines Bischofs ja nicht gerade – und vielleicht hat er mit der Straßenräuberei und dem Betteln denn doch ein wenig übertrieben. Was aber die Gewalttätigkeit betrifft, so wird man ihm wohl glauben dürfen, denn die frühen Wittelsbacher haben oft genug bewiesen, dass sie recht jähzornige G'waltnickel sein konnten. So auch der Pfalzgraf Otto von Wittelsbach, den Kaiser Friedrich 1180 nach der Absetzung Heinrichs des Löwen zum Herzog von Baiern ernannte. Schon 25 Jahre zuvor hatte der mit seinen »Gebirgsjägern« den Kaiser bei der Veroneser Klause

Mit Gedenktafeln gepflastert sind die wenigen Grundmauerreste in Oberwittelsbach. Erst in den letzten Jahren brachten Grabungen hier etwas mehr Licht ins Dunkel der Geschichte.

mit einem riskanten Unternehmen aus der Klemme gehauen. Und als auf dem Reichstag zu Besançon der Kardinal Roland den Vorrang des Papstes vor dem Kaiser betonte, da griff dieser Otto von Wittelsbach wutentbrannt zum Schwert und hätte den hohen geistlichen Würdenträger um ein Haar abgemurkst.

Sein Nachfolger wurde 1183 Herzog Ludwig der Kelheimer aus dem Hause Wittelsbach. Dessen Vetter Otto aber war Pfalzgraf und somit ebenfalls eine Vertrauensperson des Kaisers. Als nun dieser Friedrich Barbarossa gestorben war, wählte man einige Jahre später 1198 seinen Sohn Philipp von Schwaben zum deutschen König – und mit diesem ohnehin sehr glücklosen Herrscher hatte der Pfalzgraf Otto von Wittelsbach ein Hühnchen zu rupfen. Philipp von Schwaben versprach dem Herrn Otto nämlich 1203 seine Nichte Beatrix als Gattin. In die Familie des Königs einzuheiraten – damit hätte sich der schlichte Pfalzgraf Otto gegenüber seinem herzoglichen Vetter Ludwig ganz nett aufwerten können. Aber wie's halt manchmal so geht: Der König Philipp von Schwaben hatte plötzlich andere Pläne, vergaß sein Geschwätz von gestern und gab Beatrix einem anderen. Hätte der König doch nur die Anmerkungen des Bischofs Otto von Freising über die Gewalttätigkeit der Wittelsbacher gelesen – vielleicht wäre er dann nicht auf die Geschmacklosigkeit verfallen, zur Hochzeitsfeier in Bamberg nebst anderen Notabeln auch den Pfalzgrafen Otto von der Burg Witelinsbach einzuladen: just jenen Mann also, dem er fünf Jahre zuvor die Braut schon zugesagt und den er dann als Freier doch wieder verschmäht hatte.

In der Alten Hofhaltung zu Bamberg – man kann sie heute noch besichtigen – hatte sich König Philipp am 21. Juni 1208 gerade zur Siesta nach dem Essen hingelegt, als plötzlich Pfalzgraf Otto ins Zimmer eindrang und den Herrscher erstach. Wobei es allenfalls für Juristen von Belang sein mag, ob er dies klammheimlich tat oder ob der Bluttat ein heftiger Streit vorausging, denn im einen Falle wäre es halt Mord gewesen, im anderen aber Totschlag im Affekt – wobei solch feine Unterschiede dem entseelten Herrscher auch nichts mehr nutzten.

Vielleicht war's aber doch eher ein rachsüchtiger Mord. Denn wenn der Täter auch stiften ging, so hatte der neue König Otto IV. (aus dem Welfenhaus) offenbar gewisse Anhaltspunkte für ein geplantes Attentat. Jedenfalls wurden der Bischof Ekbert von Bamberg und der Markgraf Heinrich von Istrien als Mitwisser oder gar Helfershelfer verdächtigt und verfielen umgehend der Reichsacht. Dasselbe Schicksal traf natürlich erst recht den flüchtigen Pfalzgrafen Otto von Wittelsbach, der damit vogelfrei war. Soll heißen: Wer ihn erwischte, durfte ihn umbringen. Knappe acht Monate konnte sich der Delinquent seiner Hinrichtung noch entziehen. Im März 1209 stöberte ihn der Reichsmarschall Heinrich von Kalden in Oberndorf an der Donau, oberhalb von Regensburg, aus einem Versteck und brachte ihn um.

Vetter Ludwig macht kurzen Prozess

Für den Vetter des Pfalzgrafen Otto, also den Herzog Ludwig I., kam diese ganze Affäre mehr als ungelegen. Das junge Herzogtum derer von Wittelsbach war ohnehin noch recht wacklig – und nun sowas, wodurch die ganze Sippe in Misskredit geraten konnte. Verständlich, dass Ludwig der Kelheimer bestrebt sein musste, diesen Pfalzgrafen Otto als ein schwarzes Schaf darzustellen, wie es in den besten Familien mal vorkommen kann, und jeglichen Verdacht der Mitwisserschaft oder auch nur Unzuverlässigkeit von sich und den Seinen fern zu halten. Wie macht man das? Am wirkungsvollsten durch Übereifer. Herzog Ludwig setzte sich also gleich nach der Bluttat besonders für die Wahl des neuen Königs ein – und schon im November 1208 ward ihm auf dem Reichstag zu Frankfurt Dank dafür: König Otto IV. aus dem Welfenhaus bestätigte ihm und seinen Nachkommen das Herzogtum Baiern als erbliches Lehen. Und nicht nur das: Er überschrieb ihm auch die Reichslehen des in die Acht getanenen Markgrafen von Istrien und des Pfalzgrafen Otto von Wittelsbach, der ja zu dieser Zeit bereits als geächteter Königsmörder auf der Flucht war. Als Vollstrecker im Dienst des Königs ließ Herzog Ludwig der Kelheimer 1209 die Burg Wittelsbach, wo der mörderische Pfalzgraf Otto daheim gewesen war, dem Erdboden gleichmachen.

Und nie wieder wurde diese Burg aufgebaut.

Da man kaum was sieht – lohnt es sich dann überhaupt, dorthin zu fahren? Oh doch. Im Lauf der Jahrhunderte ist nämlich über den rund 8000 Quadratmeter großen Burgplatz nicht nur Gras gewachsen, sondern rundherum auch ein hoher Mischwald. Es gibt Bänke, wo man sich ausruhen kann, und in einem Schaukasten Hinweise, Lagepläne und Zeichnungen. Und weil sich – vor allem unter der Woche

– nur ganz selten ein paar Besucher hier herauf verirren, kann man eine herrliche Ruhe genießen und die Phantasie ein wenig schweifen lassen, um nachher ein Stückchen unterhalb der historischen Stätte in der Waldwirtschaft Burghof einzukehren. Mittwoch bis Freitag ab 17 Uhr, Samstag und Sonntag ab 11 Uhr.

Nicht zu übersehen ist auf dem Burgplatz jenes neugotische Denkmal, das zum 750jährigen Regentschaftsjubiläum des Hauses Wittelsbach »seine treuen Untertanen« hier setzen ließen. Etwas versteckter sind zwei steinerne Gedenktafeln, von denen die eine den erstaunlichen Ausspruch Königs Max II. zitiert, während die andere vermeldet, dass am 28. Mai 1914 noch einmal allerhöchster Besuch dagewesen sei, nämlich Ludwig III. samt der königlichen Familie, und zwar anläßlich der 800-Jahr-Feier der Burggründung.

Keinesfalls zu übersehen ist jedoch ein Backsteinbau inmitten des Burgplatzes: Die schöne gotische Kirche, die von späteren Wittelsbachern hier 1418 als Zeichen der Sühne für den schon mehr als zweihundert Jahre zurückliegenden Mord an König Philipp von Schwaben errichtet wurde. Diese Kirche kann auch innen besichtigt werden – man bekommt den Schlüssel im letzten Bauernhof vor der Kirche.

Die ersten Ausgrabungen in den siebziger Jahren brachten übrigens bereits überraschende Funde und Erkenntnisse. Der Grabungsleiter Dr. Robert Koch glaubt nun zu wissen, dass es sich hier eigentlich um zwei Befestigungen gehandelt habe und dass der Burgberg in seiner jetzigen Form und Größe erst durch Aufschüttungen entstanden sei. Aber das alles ist erst stichprobenweise angeritzt, und für ein systematisches Ausgrabungsprogramm fehlt halt immer wieder das Geld.

Von der Burg Oberwittelsbach ist es nicht weit hinunter zum Wasserschloss Unterwittelsbach. Das gehörte von 1838 bis 1888 dem Herzog Max in (nicht von!) Bayern. Der hatte wegen seines musikalischen Hobbys den Spitznamen »Zither-Maxl« – und er war der Vater jener Sisi, die hier als Kind oft ihre Sommerferien verbrachte, bevor sie schließlich als Ehefrau Franz Josefs österreichische Kaiserin wurde.

Der Schlosspark ist stets zugänglich, das hübsche und schön restaurierte Schlösschen während der jährlichen Sisi-Ausstellungen, die jeweils vom späten Frühjahr bis zum späten Herbst stattfinden. Die Termine: Mitte Mai bis November Dienstag bis Sonntag 10 – 17 Uhr.

Ein Dolchstoß und seine Legende

Oder:

Wo ein »Unbekannter« Baierns Herzog Ludwig I. erstach

War ein geisteskranker Attentäter schuld daran, dass unsere Landeshauptstadt heute an der Isar liegt – und nicht an der Donau? Möglich wär's vielleicht schon, aber wie so oft: »Nix g'wiß' woaß ma net!« Genau das Nämliche gilt auch für die Hintergründe des Mordes am Wittelsbacher-Herzog Ludwig I., der später nach dem Tatort den Beinamen »der Kelheimer« erhielt. Historische Tatsache ist aber, dass dieser Mann am 15. September 1231 in diesem Städtchen an der Donau auf offener Straße erstochen wurde.

Womit wir dann aber auch schon wieder am Ende der Genauigkeit wären. Denn: Geschah dieses Attentat wirklich in Kelheim? Nein, höchstwahrscheinlich nicht, sondern ein paar Meter außerhalb der Stadt – vor dem Donautor. Sagen die einen. Und wenn's nach anderen ginge, dann wäre es genau genommen auch nicht unmittelbar vor dem Tor gewesen, sondern auf der Brücke.

Wer sich heute in Kelheim umsieht, der findet dort zwar allerhand Zeugnisse, die an diesen Mord erinnern: Eine Sühnekapelle in der Wittelsbachergasse und davor ein Steinkreuz mit Inschrift – ein Marterl sozusagen. Und wiederum ein paar Schritte davor ist in das Pflaster ein eisernes Kreuz eingelassen, das angeblich genau jenen Punkt bezeichnen soll, an dem das Opfer der Bluttat vor mehr als 750 Jahren gestorben ist. Was man an dieser Stelle allerdings vergeblich sucht: Ein Stadttor. Und ebenso eine Donaubrücke. Denn der Fluss ist von dieser Stelle ein ganz schönes Stück entfernt.

Also stimmt das halt alles doch nicht so recht? Das kann man nicht sagen. Was die Brücke betrifft, so muss es ja keine über die Donau gewesen sein – sie könnte auch bloß über den Stadtgraben geführt haben. Und dass das Tor nicht mehr vorhanden ist, erklären manche Historiker damit, dass es später zum Chor der Sühnekirche umgebaut worden sei. Nehmen wir also mal an, das eiserne Kreuz markiert trotz aller Einwände wirklich den Tatort (zumal es ja auf ein paar Meter nicht ankommt). Dann wissen wir nun zwar: Hier war's. Aber sofort stellt sich die nächste Frage, die ja auch in jedem Krimi am interessantesten ist:

Wer war der Täter?

Auf der alten Gedenktafel über dem Eingang zur Sühnekapelle kann man nachlesen, der Herzog sei allhie »von einem Narrn erstochen worden«.

War's wirklich ein Narr gewesen? Und wenn ja: Vielleicht gar der Hofnarr des Herzogs? Oder kann der Text so verstanden werden, dass es sich halt um einen Verrückten gehandelt hat?

Schon der berühmte baierische Geschichtsschreiber Johannes Turmair, alias Aventin, konnte darüber – obwohl er doch um etliche Jahrhunderte näher an den Ereignissen dran war, nur noch aufschreiben, was man vom Hörensagen wusste. Und das liest sich bei ihm dann so:

»… ward am abent nach dem essen auf der pruck zu Kelhaim in beiwesen alles seines hofgesinds erstochen pfalzgraf Ludwig am Rein, herzog in Bairn der erst. Etlich schreiben, es hab's sein narr tan, hab der Stich gehaissen; die andern sagen ein langes märl daher, es sei von wegen weiber wegen geschehen.«

Und dann zitiert Aventin einen Herrn Volkmair, der später erster Abt des Klosters Fürstenfeld und Berater von Ludwig des Kelheimers Enkel wurde – und was der aufgeschrieben hatte, erschien ihm offenbar viel wahrscheinlicher: Dass es sich nämlich nicht um den Amoklauf eines Verrückten und auch nicht um einen Mord aus Eifersucht gehandelt habe, sondern um ein politisches Attentat. Was ja nicht ausschließt, dass man sich als Ausführenden den Hofnarren gedungen

In dieser Nische vor der Sühnekapelle steht das Gedenkkreuz für den ermordeten Herzog, und davor ist das Eisen-Kreuz an jenem Punkt im Pflaster eingelassen, wo er erstochen wurde.

hatte. Und falls dieser Messerstecher tatsächlich auch noch Stich geheißen haben sollte, dann wäre dies ein recht makabrer historischer
Scherz.

Nun mag man sich natürlich fragen: Wieso weiß man über den
Täter und seine Motive so wenig? Wenn der Herzog »in beiwesen alles
seines hofgesinds« erstochen wurde, dann muss es doch für seine
Dienstmannen ein Leichtes gewesen sein, den Täter zu fassen. Und
so, wie man in jenen Zeiten Verdächtige im wahrsten Sinn des Wortes
auf die Folter zu spannen pflegte, hätte man aus ihm sicherlich Auskünfte herausquetschen können, warum er's tat und ob ihn jemand
dazu angestiftet hatte, und wenn ja: Wer? Das alles war jedoch nicht
mehr möglich, denn der Täter überlebte sein Opfer nur um etliche
Minuten: An Ort und Stelle wurde er seinerseits in die Ewigkeit be-
fördert. Wobei man allerdings schon wieder auf Vermutungen angewiesen ist, ob es sich dabei um einen Fall von spontaner Lynchjustiz
gehandelt hat. Oder aber: Ob auch dieser zweite Mord von vornherein mit eingeplant war, um mit tödlicher Sicherheit zu verhindern,
dass der Attentäter »singen« könnte.

Wenn Kriminalisten einen Fall zu lösen haben, spielt eine besonders wichtige Rolle immer die Frage: Wer könnte ein Motiv gehabt
haben – und welches? Um aber darauf eine Antwort zu finden, gilt es
hier erst einmal zu klären:

Wer war der Ermordete?

Hier ist man nun nicht mehr auf Vermutungen angewiesen – da
haben die Historiker genügend Daten und Fakten zu bieten. Also.

Ludwig I. »der Kelheimer« war der Sohn des ersten Wittelsbacher-
Herzogs Otto I., den der Kaiser 1180 nach der Absetzung des Welfen
Heinrichs des Löwen gewaltig hinaufbefördert hatte: Vom kleinen
Grafen zum »Landesvater«. Der machte das Schloss in Kelheim zu
seiner Residenz und damit diesen Ort zur Landeshauptstadt – und
ebendort (wo man ihn später umbrachte) wurde dann auch Ottos

Sohn Ludwig geboren. Der kleine Prinz war gerade zehn Jahre alt, als der Vater starb und er selbst Herzog wurde, wobei freilich zunächst seine Mutter und ein Onkel die Geschäfte für den Unmündigen führten.

Sobald Ludwig I. auf eigenen Füßen stand, machte er sich zielstrebig daran, seine Hausmacht auszubauen. Und weil er ohnehin auch das Heiraten im Sinn hatte, ergab es sich recht günstig, dass der letzte Graf von Bogen ohne männlichen Erben starb und nicht nur seine Grafschaft hinterließ, sondern auch eine offenbar recht vorzeigbare Witwe namens Ludmilla, die zudem eine böhmische Königstochter war. Diese Dame freite Ludwig – und damit kamen auch die weißblauen Rauten (oder »Wecken«) aus dem Wappen der Bogener in das der Wittelsbacher und damit auch Baierns.

Mit seiner Verwandtschaft hatte Ludwig I. manchen Ärger – so zum Beispiel mit seinem Vetter, dem Pfalzgrafen Otto. Dieser Zornnickl ließ sich nämlich dazu hinreißen, in Bamberg den deutschen König Philipp von Schwaben umzubringen. Was das für Folgen hatte, lassen wir hier beiseite: Das alles war ja genauer im vorigen Kapitel »Familienkrach in Wittelsbach« nachzulesen.

Durch geschicktes Taktieren erwarb Ludwig I. zu Baiern auch noch die Pfalz hinzu. Weniger Fortune hatte er als Heerführer im Dienst des Reiches. Um seine schlimmsten Misserfolge zu nennen: Einmal mussten ihn seine Untertanen für gutes Lösegeld aus der Gefangenschaft des niederländischen Fürstenbundes freikaufen. Und ein andermal, als er an der Spitze eines Kreuzritterheeres den Marsch auf Kairo wagte, endete diese Expedition in einer totalen militärischen Katastrophe.

Trotz solcher Schlappen brachte es Ludwig ziemlich weit. Unter dem Stauffer-Kaiser Friedrich II., der meistenteils in Sizilien zu residieren pflegte, wurde er gar Reichsverweser. Und mehr noch: Für den unmündigen Kaisersohn Heinrich, der als VII. dieses Namens später Deutschland regieren sollte, hatte der Kelheimer seit 1225 die Vormundschaft – und gerade die kostete ihn möglicherweise das

Leben. Nachzulesen ist dieser Verdacht bei Aventin, der über den Mord schreibt:

»… das sölchs aus anrichten des jungen Künig Hainrichs und der päbstischen sei geschehen, wie aus den nachvolgenden Hendeln auch wol verstanden mag werden; dann er der verstendigist fürst im ganzen reich und wol eins mit dem alten kaiser was, gefiel im des pabsts pund wider das Reich gar nit.«

In der Tat muss das Verhältnis zwischen dem Vormund Ludwig und dem Mündel Heinrich (dem späteren König) hundsmiserabel gewesen sein. Was sicher auch von allerlei Intriganten weidlich genutzt wurde, um dem tüchtigen Baiern-Herzog eins auszuwischen. Man verdächtigte ihn nicht nur, mit dem Papst gegen den Kaiser gepackelt zu haben, sondern man wärmte auch die alte Geschichte von der Ermordung des Königs Philipp wieder auf und munkelte, dabei habe der Herzog auch schon die Finger im Spiel gehabt.

Kurzum: Ludwig der Kelheimer war ins Zwielicht geraten und hatte sich offenbar ein bisschen zwischen die Stühle gesetzt. Und alles das lässt durchaus den – bis heute unbewiesenen – Verdacht aufkommen, dass es vielleicht doch nicht bloß ein »Narr« war, der zu Kelheim den Mord beging. Sondern dass es sich sehr wohl um ein sorgfältig geplantes Attentat handelte, durch das ein unbequemer Mitmischer aus dem Weg geräumt werden sollte.

Eine Tafel in der Scheyerner Grabkirche rühmt den Ermordeten als »ein Kron und eine Wonne des Landes und der besten Fürsten einen, die da lebten«. Nun ja – vielleicht war's wahr. Aber andererseits kannte man wohl auch schon damals den Grundsatz, dass über Verstorbene nur Gutes zu sagen sei.

Eine Tat mit Folgen?

Die erste und beweisbare Folge des Mordes zu Kelheim war eine Thronfolge: Auf Ludwig I. folgte sein Sohn Otto II., der für den Vater am Tatort eine Sühnekirche bauen ließ. Und nun wird's schon wieder ein bisschen vage: Otto II. soll auf die Stadt Kelheim nicht mehr gut zu sprechen gewesen sein, obwohl deren Einwohner am jähen Hinscheiden seines Vaters wahrscheinlich ganz unschuldig waren. Manche vertreten die Ansicht, schon der Ermordete selber habe sich nicht besonders gern und oft in Kelheim, sondern lieber in Landshut aufgehalten. Jedenfalls zog nun aber Sohn Otto mit seiner Residenz nach dort – und das war das Aus für Kelheim als Landeshauptstadt. Vielleicht wär's so oder so später München geworden – aber wissen kann man's nicht, ob sich nicht manches ganz anders entwickelt hätte, wäre Kelheim nicht anno 1231 durch ein (wahrscheinlich halt doch politisches) Attentat des landesherrlichen Wohlwollens verlustig gegangen.

Übrigens: Ein anderer Ludwig I. (der König nämlich) war diesem kurzfristigen Hauptstädtchen von ehedem recht gewogen: Er machte es nicht nur zum Kopfhafen für seinen Rhein-Main-Donau-Kanal, sondern wählte es auch als Standort für seine Befreiungshalle. Die Kelheimer haben's ihm durch ein großes Denkmal vergolten.

Mordtat aus Eifersucht

Oder:

Wo Ludwig der Strenge seine junge Frau köpfen ließ

In der alten Reichsstadt Donauwörth gibt es ein Idyll, wie es hübscher kaum sein könnte: Entlang der Stadtmauer und des Kaibachs, genau dort, wo die längst aufgelassene Donautalbahn ihre Trasse hatte, zieht sich die Promenade entlang. Ein kleiner Stadtgarten mit alten Bäumen und Blumenrabatten und mit einem Kinderspielplatz. Ganz am Rand fand sich ein Mordstrumm Felsblock, etwa zwölf Meter hoch und von Gesträuch ziemlich eingewuchert. Eine Gedenktafel mit goldenen Lettern fordert den Wandersmann, der hier vorbeikommt, in knappem Latein zum Weinen auf.

Warum das denn? Weil sich just hier, an jenem idyllischen und romantischen Fleckerl, vor über 700 Jahren eine Bluttat zugetragen hat, die sich ein Bänkelsänger und Moritatenschreiber nicht rührsamer hätte ausdenken können. Denn der Baiernherzog Ludwig, dem diese Tat den Beinamen »der Strenge« eintrug, ließ hier aus blindwütiger Eifersucht seiner jungen Frau Maria von Brabant nach nur sechzehn Monaten des Eheglücks ihren schönen Kopf abschlagen.

Der Tatort ist freilich schon lange nicht mehr so, wie er damals war. Die herzögliche Eifersuchtstat spielte sich nicht auf dem nackten Fels ab, sondern in einer Burg, die damals darauf stand und deren Steine vor 600 Jahren für den Bau des Donauwörther Rathauses verwendet wurden. Schon 1308 hat man die Mangoldburg, die kurz zuvor bei Kriegshändeln arg demoliert worden war, ausgeschlachtet und abgebrochen. Und als dann 1818 Teile der Stadtmauer unter die Spitzhacke kamen, verschwanden auch die letzten Reste der Burg und übrig blieb nur der Mangoldfelsen, auf dem sie einst thronte. Diese Burg – entstanden aus einem Wachturm, der die wichtige Brücke über

So sah die Mangoldburg im 12. Jahrhundert aus. Heute sieht man nur noch den schlanken Felsblock, auf dem sie einst stand und auf dem eine Herzogin um einen Kopf kürzer gemacht wurde.

die Donau sicherte – gehörte zunächst den Grafen von Dillingen, deren Stammhalter generationenlang immer den Vornamen Mangold trugen – daher Mangoldburg. Was aber hatte ein Wittelsbacher hier zu suchen, und wieso brachte der seine Frau nicht irgendwo anders um, sondern ausgerechnet in Donauwörth, das doch gar nicht (oder genauer gesagt: nicht mehr) zu seinem Herzogtum gehörte? Wie so oft bei diesem Herrscherhaus muss man sich mit etwas komplizierten Verwandtschaftsverhältnissen befassen. Also: Als die Dillinger mit Mangold IV. ausstarben, fiel ihr Reichslehen und damit die Burg an den Pfalzgrafen Friedrich von Wittelsbach. Vermutlich deshalb, weil er der Schwiegersohn war, was man aber nicht ganz genau weiß. Und als sich der 1178 in ein Kloster zurückzog, war das Reichslehen verwaist und fiel an das Kaiserhaus zurück, und das waren damals die Hohenstaufer.

Mit dem vorletzten dieses Geschlechts, Konrad IV., war eine Schwester des Baiernherzogs Ludwig verheiratet. Als sie Witwe wurde, übernahm dieser Onkel Ludwig für den noch unmündigen Konradin, den letzten Hohenstaufer, die Vormundschaft. Mit anderen Worten: Die Wittelsbacher waren zu jener Zeit angeheiratete Verwandte der Stauffer und standen sogar in einer ziemlich engen Beziehung zur kaiserlichen Familie.

Herzog Ludwig II. aus dem Hause Wittelsbach hatte 1253 die Regierung seines Landes übernommen und ging nun, weil doch ein Thronfolger her sollte, rasch auf Brautschau. Am 2. August 1254 heiratete er Maria, die Tochter des Herzogs Heinrich von Brabant im heutigen Belgien. Von dieser Frau weiß man nur wenig, außer dass sie jung, sehr schön und fromm gewesen sein soll. Ein Jahr nach seiner Hochzeit musste der Herzog geschäftlich verreisen: Bei der Landesteilung von 1255 bekam er die Rheinpfalz zugesprochen und wollte nun in Heidelberg gleich selbst einmal nach dem Rechten sehen.

Zwei intrigante Schurken

Seine junge Frau mochte der Herzog nicht allein in München zurücklassen, und so nahm er sie ein Stück des Wegs mit und brachte sie zu seiner Schwester Elisabeth, die damals die Donauwörther Mangoldburg bewohnte. Vielleicht tat er auch das schon aus Eifersucht – damit die Herzogin so ganz allein ja nicht auf dumme Gedanken kommen sollte? Ein bisschen ein narrischer Kampl scheint dieser Ludwig der Strenge ohnehin gewesen zu sein.

Irgendwer muss ein Interesse daran gehabt haben, seine Eifersucht zu schüren und Maria von Brabant bei ihm anzuschwärzen. Wer das war? Und warum? Tja … da schweigt zwar nicht des Sängers Höflichkeit, aber die Geschichtsschreibung. Was da wirklich passiert ist, kann man nur aus verschiedenen Hinweisen zusammenvermuten. Wahrscheinlichste Version: Maria schrieb einen Brief an ihren Mann und einen zweiten an einen Ritter seines Gefolges. Der reitende Bote, der die Adressaten verwechselte, händigte dem Herzog den falschen Brief aus. Und obwohl der Inhalt ganz harmlos war, hatte der gestrenge Ludwig sofort den Verdacht, dass ihm da Hörner aufgesetzt werden sollten. Dieser Verdacht scheint von ein paar schurkischen Ratgebern noch geschürt worden zu sein, die im Gedicht eines zeitgenössischen Minnesängers sogar namentlich genannt werden. Wenn ich's recht verstehe, dann waren die zwei schändlichen Schurken, die den Herzog aufhetzten, ein Herr von Ysolsret und ein Herr von Brockensberg. Und diese beiden, so meint der Minnesänger Friedrich Stolle d. J., sollte man ob ihrer bösen Tat lebendig rösten.

Aus anderen Quellen ist zu erfahren, was in dem besagten Brief gestanden haben soll: Wenn der Ritter den Herzog zu einer möglichst baldigen Heimkehr überreden wolle, dann werde ihm die Herzogin dafür eine Gunst gewähren, um die er schon lange bitte – womit nicht mehr als nur das höfische »Du« gemeint gewesen sein soll. Ach ja, das hört sich alles ein wenig nach jenen Ritterdramen an, wie sie auf dem Kiefersfeldener Bauerntheater aufgeführt werden. Realisten werden es kaum glauben wollen und irgendwelche anderen Motive für die Bluttat von Donauwörth argwöhnen. Könnten hinter einer solchen Hofintrige denn nicht auch politische Motive gesteckt haben? Oder aber: Wäre es nicht denkbar, dass der Herzog – wie manch ein Wittelsbacher nach ihm – schon nach kurzer Ehe von seiner Frau restlos genug hatte und sie unter einem schnöden Vorwand loswerden wollte?

Wie auch immer: Tatsache ist, dass der hohe Herr in der Nacht vom 17. auf den 18. Januar 1256 unverhofft und wutschnaubend auf Burg Mangoldstein einritt und ein Blutbad anrichtete: Zuerst einmal erstach er den Schlossvogt, weil ihm der wohl als erster in die Quere kam. Dann wurde das Hoffräulein der Herzogin, Helika von Prennberg, abgemurkst.

Und die Oberhofmeisterin zwang man, sich über die Zinnen der Burg in den Tod zu stürzen. Dann war die Herzogin dran: Ohne sie überhaupt anzuhören, ließ sie der eifersüchtige Wüterich stantepede enthaupten.

Als sich dann die völlige Unschuld der frommen Maria von Brabant herausstellte, ist der Herzog – ein noch junger Mann – über Nacht weißhaarig geworden. Sofern man den Chronisten glauben darf. Um von seiner Todsünde losgesprochen zu werden, bediente er sich nicht des nächstbesten Beichtvaters, sondern pilgerte zum Papst nach Rom. Und der erlegte ihm eine Buße auf, die man noch heute sehen kann. Ludwig der Strenge musste nämlich ein Kloster stiften, und das war das Kloster Fürstenfeld bei Fürstenfeldbruck. Aber nicht genug der Buße: Aus freien Stücken stiftete der Gattenmörder auch noch die Severinskapelle in Augsburg, die 200 Jahre lang Hauskapelle der Kaufmannsfamilie Welser war und anno 1817 für 1000 Gulden vom Königreich Bayern gekauft wurde. Leider kann man sie nicht besichtigen, denn seit damals ist sie Anstaltskirche eines Gefängnisses.

Doch nochmals zurück zur Mangoldsburg: Selbst der Felsblock, auf dem sie einst stand, ist jetzt auch nicht mehr da, nachdem letzte Reste der Burg schon durch einen Bombenangriff in der aller-allerletzten Phase des 2. Weltkrieges im Mai 1945 demoliert worden waren – wenige Tage vor dem Waffenstillstand und der Kapitulation am 8.5.1945.

Zur Neubebauung mit einem »Forum für Bildung und Energie« wurden Ende 2010 die allerletzten Überreste abgetragen, nachdem man in den zwei Jahren davor das gesamte Gelände gründlich auf noch erhaltenswerte Überreste untersucht hatte. Und man wurde immer noch erstaunlich fündig, obwohl die Burg schon in früheren Jahrhunderten mehr oder weniger stark demoliert worden war: Die Ruine wurde auch als brauchbarer und billiger Steinbruch für den Bau der Donauwörther Stadmauer missbraucht.

Trotz allem aber wurde man bei gründlichen Rettungsgrabungen 2009 und 2010 doch immer noch so fündig, dass man mit den Resten ein interessantes Museum bestücken kann. Das wird ziemlich genau just dort entstehen, wo ehedem die Mangoldburg gestanden war: Auf dem Schulhof der nach dem zweiten Weltkrieg errichteten Mangold-Schule, wobei im Kellergeschoss dann auch die noch erhaltenen und konservierten Mauerreste zu sehen sind.

Als Schlusspointe einer jener kleinen Treppenwitze, die sich die Geschichte manchmal erlaubt: Ausgerechnet an der Mauer jenes Kirchleins, das zur Sühne für eine Enthauptung gestiftet wurde, ließ man später ebenfalls Köpfe rollen.

Bis 1935 stand nämlich direkt an der Wand dieser St.-Severins-Kapelle das Augsburger Schafott, auf dem 1902 auch der berüchtigte Räuberhauptmann Matthias Kneißl um einen Kopf kürzer gemacht wurde.

Um aber noch einmal auf Ludwig den Strengen zurückzukommen: Der verbrachte den Rest seines Lebens keineswegs als reumütiger Witwer. In zweiter Ehe heiratete er eine Anna von Glogau. Als die eines natürlichen Todes starb, verehelichte er sich ein drittes Mal 1273 mit Mechtild, der Tochter des neugewählten deutschen Königs Rudolf von Habsburg. Und das am selben Tag, als er gegen seinen neuen Schwiegervater kandidiert hatte, weil er eigentlich selber König werden wollte. Wobei ein historischer Schriftsteller in einem 1791 erschienenen Werk die Vermutung anstellte:

»Wer weiß, ob Rudolph ohne Ludwigs Mordthat je Kaiser geworden, ob ohne ihn Österreich je zu einer so furchtbaren Macht emporgekommen.« Mit anderen Worten: Dem Wittelsbacher hing immer noch eine üble Nachrede an wegen seiner Mordtat aus

Eifersucht, und das könnte ausschlaggebend dafür gewesen sein, warum er bei der Königswahl gegen Rudolf von Habsburg durchfiel.

Wie gesagt: Nur eine Vermutung, die keiner beweisen kann. Und selbst wenn: Ändern ließe sich der Lauf der Geschichte dadurch ja auch nicht mehr …

Ausgerechnet Gammelsdorf!

Oder:

Wo sich Ludwig der Baier an den Königsthron herankämpfte

Gammelsdorf ... Vielleicht hat irgendwann ein Herr Gamilo (oder so) den Ort gegründet und ihm den Namen gegeben – so wie Sentilo bei Sendling und Swapo bei Schwabing die Namensgeber waren. Kann aber auch sein, dass das germanische Wort für »alt« im Spiel war, das in den skandinavischen Sprachen noch heute existiert. Und dass folglich Gammelsdorf nichts anderes heißen würde als: Das alte Dorf. (De gamle by = »Das alte Dorf« – bei Århus in Dänemark!)

Ob nun so oder so oder ob es auch noch ein halbes Dutzend andere Deutungsmöglichkeiten gibt: Hier und heute hat »Gammel« einen recht g'schlamperten Beiklang. Da denkt man doch gleich an die Gammler und an vergammeln, an gammlig und den Gammeldienst bei der Bundeswehr und an Gammelfleisch.

Was also mag Bayerns Königstreue unter ihrem Vorredner, dem Schriftsteller Georg Lohmeier, dazu bewogen haben, sich ausgerechnet dieses Dorf mit dem etwas anrüchigen Namen zu ihrem alljährlichen Treffpunkt zu erwählen? Seit damit vor einem Dutzend Jahren begonnen wurde, pilgern an einem Tag im Januar an die tausend Leute zu ihrer »Exclamation« dorthin. Da wird dann ein ums anderemal der Ruf nach Wiedereinführung der Monarchie in Bayern laut – immer unter Lohmeiers Motto: »Wir brauchen keinen König – aber schöner wär's scho.« Weil das eine Gaudi ist, lassen sich Fernsehen, Funk und Presse das monarchische Happening kaum je entgehen. Und deshalb ist mittlerweile einigermaßen bekannt, wo dieses Gammelsdorf liegt, nämlich im Landkreis Freising, genauer gesagt: An einem Seitenstraßl der B 11 (München–Landshut), etwa 10 km nördlich von Freising.

Warum jedoch treffen sich die königlich-bayerischen Nostalgiker gerade hier? Einmal, weil es in Gammelsdorf ein besonders schönes Wirtshaus mit einem großen Saal gibt. Aber das allein ist es natürlich nicht, sowas ließe sich anderwärts auch finden. Der Hauptgrund: Dieser Ort spielt in der bairischen Geschichte eine wichtige Rolle. Allerdings nicht zur Zeit des Königreichs Bayern, nach dem man sich so zurücksehnt, sondern schon im 14. Jahrhundert. Als es nämlich einem Wittelsbacher erstmals gelang, König zu werden. Aber nicht bloß in Baiern, sondern gleich deutscher König und schließlich sogar Kaiser. Der Mann hieß Ludwig, und Leute, die ihn respektierten, legten ihm nach seiner Herkunft den Beinamen »der Baier« zu. Seine Feinde aber (und er hatte deren nicht wenige), verhöhnten ihn gern mit der Abwandlung »Ludwig der Bauer«.

Vom Affen entführt

Besagter Ludwig d. B. wurde 1282 in München geboren. Sein Vater war jener Herzog Ludwig der Strenge, der in einem cholerischen Anfall seine erste Gattin Maria von Brabant auf der Burg Mangoldstein in Donauwörth hatte köpfen lassen (vergleiche das vorige Kapitel »Mordtat aus Eifersucht«). Die Mutter war Mechthild, eine Schwester des Habsburger Königs Albrecht I. Seine ersten Kinderjahre verbrachte er im Alten Hof zu München. Ein schöner, mehrstöckiger Erker trägt dort den Namen »Affenturm« – und das soll so gekommen sein: Als seine Amme den fürstlichen Säugling einmal für ein paar Augenblicke allein ließ, habe – so berichtet die Sage – der zahme Hausaffe das Kind aus der Wiege genommen. Als die erschrockene Säuglingsschwester das sah, stieß sie einen schrillen Schreckensschrei aus. Darob erschrak nun der Aff' und hangelte sich samt dem Kind auf den Erker hinaus. Aus der Tatsache, dass der Säugling später Kaiser wurde, ergibt sich klar, dass der Zwischenfall schließlich gut ausgegangen sein muss. Falls er überhaupt so stattgefunden hat, denn verbürgt ist das G'schichtl mit dem Affen keineswegs.

Sehr schlicht gehalten ist diese uralte steinerne Gedenksäule, die an die Schlacht bei Gammelsdorf erinnert – die erste von zweien, mit der sich Ludwig der Baier an die Kaiserkrone herankämpfte.

Seine Jugendjahre verbrachte Ludwig nicht in München, sondern bei der habsburgischen Verwandtschaft mütterlicherseits in Wien. In Baiern brauchte man ihn nicht dringend, denn da gab's einen wesentlich älteren Bruder, der als Herzog Rudolf I. bereits hier regierte. Als nun aber der junge Ludwig alt genug war, sorgten seine Wiener Verwandten dafür, dass er als Herzog Ludwig IV. Mitregent in Baiern wurde, worüber beim älteren Bruder keineswegs Freude aufkam. Die beiden hassten sich wahrscheinlich von Herzen. Und beim Gerangel um die Vorherrschaft erwies sich offenbar der Jüngere als der Stärkere, was ihm später die offene Feindschaft des Bruders Rudolf eintrug.

1312 starb Herzog Otto III. von Niederbaiern und hatte zuvor noch dem oberbairischen Vetter Ludwig die Vormundschaft über seine drei Söhne übertragen. Und das sollte sich als folgenreich erweisen. Denn damit hatte Ludwig ja nun für einige Zeit auch die Regierungsverantwortung für das niederbairische Teilherzogtum. Auf dieses Gebiet aber waren schon seit langem die Habsburger scharf. Und jetzt, wo gerade der Herzog gestorben war, hielten sie die Gelegenheit für besonders günstig. Kurzum: Plötzlich marschierte der Habsburger Friedrich der Schöne mit einem starken Heerbann auf, wobei es ihn wenig scherte, dass er damit nicht nur einen Vetter bekriegte – sowas soll ja in den besten Familien vorkommen. Aber Ludwig und Friedrich waren außerdem auch Jugendfreunde, zusammen am Wiener Hof aufgewachsen. Nicht sehr schön also, was Friedrich der Schöne da unternahm. Aber wenn die Erfolgsaussichten halt gar so günstig waren … Und in der Tat: Man hätte damals kaum darauf wetten mögen, dass sich der bairische Vetter mit seinem schwachen und recht zusammengewürfelten Heerhaufen gegen den habsburgischen Eindringling behaupten könnte. Genau das geschah dann aber in der Schlacht bei Gammelsdorf am 9. November 1313: Friedrich der Schöne kriegte ordentlich eins drauf und musste erfolglos wieder abziehen. Baiern war vor dem österreichischen Zugriff gerettet. Wer damals mitgefochten hat, das verkündet eine Gedenksäule am Ortseingang von Gammelsdorf: »Gewidmet den Bürgern von Landshut, Straubing, Ingolstadt und Moosburg für die Opfer ihrer Treue gegen Fürst und Vaterland.« Errichtet wurde dieser Stein zum 500. Jahrtag der Schlacht anno 1813. Wer darauf nicht erwähnt wurde: Der Ritter Seyfried von Schweppermann, obwohl der in dieser Schlacht tatsächlich und so wacker mitgefochten hat, dass er dafür mit einem Schloss belohnt wurde. Berühmt wurde er aber nicht deswegen, sondern wegen dem schönen Spruch mit den zwei Eiern nach der Schlacht von Mühldorf und Ampfing – wo er wahrscheinlich gar nicht dabei war. Aber das bekommen wir ohnehin noch genauer im nächsten Kapitel.

Die Krönung des Siegers

Nun gut: Herr Ludwig hatte eine Schlacht gewonnen. Warum so viel Aufhebens davon? Weil dies nicht ohne Folgen blieb. Obwohl es weder Zeitungen noch Fernsehen gab, verbreitete sich die Kunde von seinem unwahrscheinlichen Erfolg wie ein Lauffeuer durch ganz Deutschland. Heute würde man sagen: Der Tag von Gammelsdorf hatte sein Image erheblich aufpoliert. Dieser Ludwig aus Baiern war plötzlich als ein tüchtiger und tapferer Kerl im Gespräch – und das just zu einem Augenblick, als man einen neuen König brauchte, denn Heinrich VII. war auf einem Italienzug unverhofft gestorben. Nach Jahresfrist, wie damals üblich, fanden sich die Kurfürsten zusammen, um einen Nachfolger zu küren. Zunächst gab's ein ganzes Rudel von Kandidaten, darunter auch Rudolf, den Bruder Ludwigs, der aber ebenso rasch aus dem Rennen war wie der 16-jährige Sohn des verstorbenen Kaisers. Nach einigem Hickhack zeichneten sich bald nur noch zwei starke Parteien ab: Die einen, die für das Luxemburger Haus eingestellt waren, wollten den 16-jährigen Kaisersohn. Die anderen aber machten sich für Friedrich den Schönen und damit für das Haus Habsburg stark. Da nun aber die eine wie die andere Seite sich nicht durchsetzen konnte, tat man das, was man bei solchen Pattsituationen des Öfteren zu tun pflegt: Jemand zauberte plötzlich einen dritten Kandidaten aus dem Hut – und das war Ludwig der Baier, der spätere berühmte Sieger von Gammelsdorf.

Hätte man sich tatsächlich auf den geeinigt, dann wäre die Geschichte auch schon aus. Aber es kam anders, und zwar leider so, wie vorher und nachher des Öfteren in der deutschen Geschichte: Da sich die Kurfürsten auf einen König nicht verständigen konnten, kürten sie eben gleich zweie, womit allemal für Scherereien gesorgt war. Am 20. Oktober 1314 wählte die luxemburgische Partei im Kurkolleg in Frankfurt den Baiern zum König. Aber schon tags zuvor, am 19., hatte die habsburgisch gesinnte Minderheit des Wahlkollegiums ihren Friedrich den Schönen zum neuen Herrscher ausgerufen – dezenterweise auf dem anderen Ufer des Mains, in Sachsenhausen – dort also, wo heute Frankfurts Äppelwoi- und Amüsierviertel ist. Natürlich wurden dann auch beide Herren gekrönt, und zwar am selben Tag. Und da fängt's nun fast an, komisch zu werden. Üblich war es nämlich, dass ein neuer deutscher König in Aachen zu krönen war, und zwar vom Kölner Erzbischof. Nun traf es sich allerdings so, dass der eine König – nämlich Ludwig der Baier – zwar den Aachener Dom zur Verfügung hatte, aber nicht die echte Krone und leider auch nicht den richtigen Erzbischof. Also nahm er halt statt dem Kölner den von Mainz.

Der Gegenkönig Friedrich der Schöne hingegen konnte sich die Krone zwar vom richtigen, nämlich vom Kölner Erzbischof aufstülpen lassen. Aber halt leider nicht im Aachener Dom, wie sich das eigentlich gehörte. Und so tat man's eben mangels besserer Gelegenheit auf freiem Feld vor der Stadt Bonn.

Dass und wie sich dann – wenn auch erst Jahre später – doch der Wittelsbacher gegen Habsburg durchsetzte und alleiniger König und schließlich sogar Kaiser wurde, davon handelt das nächste Kapitel. Tatsache ist aber, dass er wohl nie gewählt worden wäre ohne die siegreiche Schlacht von Gammelsdorf. Zur Gedächtnisfeier versammeln sich die weißblauen Patrioten alljährlich am 3. Samstag im Januar gegen Mittag vor Ort.

Der brave Schweppermann und seine Eier

Oder:

Wo hat die Schlacht von Mühldorf und Ampfing stattgefunden?

Am Nordrand von Ampfing führt die Straße nach Neumarkt-St. Veit über den kleinen Fluss Isen. Und direkt neben der Isen-Brücke liegen im grünen Gras zwei riesige harte Eier aus Stein. Ein Denkmal für den Osterhasen? Nein, sondern für den wackeren Kriegshelden Seyfried Schweppermann, der sich in der Schlacht von Mühldorf und Ampfing im September 1322 als Belohnung für seine Tapferkeit zwei Eier verdient haben soll. Nachdem er bereits einige Jahre zuvor nach einer anderen Schlacht von seinem Herrn Ludwig wesentlich fürstlicher bedankt worden war, nämlich mit einem Schloss (vergleiche das vorige Kapitel »Ausgerechnet Gammelsdorf!«).

Manche Historiker bezweifeln zwar, dass dieser Schweppermann bei Ampfing und Mühldorf überhaupt mit von der Partie gewesen sei. Aber andere bleiben dabei – auch solche, die an den Ereignissen zeitlich noch viel näher dran waren, wie beispielsweise der Vater der bairischen Geschichtsschreibung, Aventinus. Der nämlich wusste zu berichten:

»Auf der bairischen seiten Seifried Schwepherman, ein grosser alter kriegsman, der war öbrister velthaubtman, der tailet auch alles volk in drei haufen. – War ein strenger, heftiger streit, werte vom aufgang der sunnen bis zum nidergang, bis zehen stunden aneinander.«

Nein, vom Achtstundentag wusste man damals noch nichts – schon gar nicht bei einer so wichtigen Schlacht. Und vielleicht wäre die sogar noch länger als zehn Stunden gegangen, hätte nicht der öberste Feldhauptmann auf bairischer Seite eine List angewandt: »wie etwan Hannibal wider die Römer«, meint Aventin ein bisschen übertreibend. Und zwar: »Da machet oftg'nanter Schwepherman die ordnung dermaßen, das der wint den feinten den staub in die augen trieb, dergleichen der glanz der sunnen (so in den harnasch fiel) ein grossen widerschein gab, die feint blendet; sie mainten, der himel brän.«

Und dann fiel den Österreichischen auch noch der Burggraf Friedrich von Nürnberg mit seinen Mannen in den Rücken und nahm sie in die Zange, womit die totale Niederlage besiegelt war. Nach einer so langen und noch dazu gewonnenen Schlacht hatten die tapferen Baiern natürlich Durst und Hunger – aber leider nichts zu essen. Bloß ein paar Körbe voll Eier sollen dagewesen sein. Wobei man sich fragt, wieso denn gerade ein so zerbrechlicher Proviant mit aufs Schlachtfeld genommen wurde? Aber sei's drum – jedenfalls reichten die Vorräte angeblich hin, dass sich jeder der siegreichen Kämpen an einem Ei stärken konnte – und dann war nach genauem Abzählen noch ein einziges übrig. Worauf König Ludwig entschieden haben soll, jeder Mann bekomme ein Ei, der brave Schweppermann aber, der sich so besonders hervorgetan hatte, deren zwei. Dieses Reimsprüchlein klingt so volkstümlich, dass man es einem deutschen König und späteren Kaiser gar nicht zutrauen möchte. Aber vielleicht ist es doch authentisch. Denn andernfalls wäre man doch kaum auf die Idee gekommen, Herrn Seyfried Schweppermann, als er 1337 starb, auf seinen Grabstein in Kastl wörtlich diesen Zweizeiler zu setzen:

»Jedem ein Ey
Dem frommen Schweppermann zwey«

Und heute noch, fast sieben Jahrhunderte nach der Schlacht von 1322, macht dieser Spruch in Altbayern die Runde, wenn unter mehreren Leuten irgendwas aufgeteilt wird und einer mehr kriegen soll als die andern.

Vetter, Feind und Mitregent

Man kann stark bezweifeln, ob irgendeine der zigtausend Schlachten, von denen die Geschichtsschreiber berichten, sehr sinnvoll gewesen sei. Besonders unsinnig und überflüssig – so will es scheinen – muss aber diese gewesen sein, der wir den Eierspruch verdanken. Worum ging es? Um das vorige Kapitel kurz in Erinnerung zu rufen: Herzog Ludwig von Baiern war von einer Mehrheit der Kurfürsten zum deutschen König gewählt worden. Die Minderheit, der das nicht passte, wählte ihrerseits den Habsburger Friedrich den Schönen, und so hatte man nun also wieder mal gleich zwei Könige. Einen konnte man aber nur brauchen, und weil eine gütliche Einigung nicht zustandekam, griff man zu den Waffen. Das alles brauchte gute Weile und zog sich über Jahre hin, aber schließlich brachte die Schlacht von Mühldorf und Ampfing eine eindeutige Entscheidung. Nicht nur, weil das habsburgische Heer geschlagen wurde, sondern auch weil der Ritter Albrecht Rindsmaul, Schweppermanns Schwager, den Gegenkönig Friedrich gefangen nahm. Was stellt man nun mit einem solchen Widersacher an, der noch dazu ein Vetter ist?

In späteren Zeiten hätte man ihn vielleicht flugs einen Kopf kürzer gemacht oder an die Wand gestellt, aber so streng waren damals die Bräuche noch nicht – da ging man ritterlich miteinander um. Also bewirtete Herr Ludwig seinen Gefangenen erst einmal köstlich und unterhielt sich lange und recht freundschaftlich mit ihm. Und dann schickte er ihn auf die Burg Trausnitz, auf dass er dort in einer ehrenvollen Haft Gelegenheit zum Nachdenken habe, ob er nicht seinen Ansprüchen auf den Thron entsagen wolle.

Nach zweieinhalb Jahren war Friedrich der Schöne mürbe und erklärte sich bereit, auf die Krone zu verzichten und sich von König Ludwig mit seinen österreichischen Erblanden belehnen zu lassen. Nun hatten da allerdings die Brüder Friedrichs in Wien auch noch ein Wörtchen mitzureden. Also ließ König Ludwig seinen ehemaligen Widersacher an Ostern 1325 dorthin reisen – Hafturlaub auf Ehrenwort. Und so unglaublich es uns Heutigen auch klingen mag: Als Friedrich die Zustimmung seiner Brüder nicht durchsetzen konnte, kehrte er tatsächlich in die Gefangenschaft nach Baiern zurück. Mittlerweile hatten sich die beiden Herren schon so angefreundet, dass

Kein Denkmal für den Osterhasen, sondern für den tapferen Ritter Schwepper-
mann, der nach der Schlacht bei Ampfing und Mühldorf als einziger zwei Eier
bekommen haben soll.

König Ludwig noch im selben Jahr den ehemaligen Gegenkönig zum
Mitregenten ernannte. Da war freilich auch ein bisschen Taktik im
Kampf gegen den Papst dabei – aber immerhin: Man hatte nun für
eine kurze Weile wieder genau das, was man vor der Schlacht bei
Gammelsdorf von 1313 gehabt hatte: Nicht einen König, sondern
deren zwei. Und für dieses Resultat waren auf dem Schlachtfeld
irgendwo bei Ampfing und Mühldorf an die 1100 Menschen ums
Leben gekommen.

Fast wäre die Sache noch kurioser geworden: Um der ewigen
Streiterei mit dem Papst und den deutschen Fürsten ein Ende zu
machen, spielte König Ludwig schließlich Hasard und bot seine eigene Abdankung an, wenn der Papst seinen neuen Mitregenten

Friedrich den Schönen als rechtmäßigen König anerkennen würde. Man stelle sich einmal vor, es wäre so gekommen: Wozu war dann der Sieg von Ampfing und Mühldorf nötig gewesen? Aber Ludwigs taktisches Manöver lief in seinem Sinne, und schließlich gab's doch wieder nur einen König in Deutschland, und das war nun er, der Baier. Und ganz zuletzt wurde er, obwohl ihn der Papst mit dem Kirchenbann belegt hatte, auch noch Kaiser: Er ritt nach Rom und ließ sich dort die Krone aufs Haupt setzen. Nicht vom Heiligen Vater, denn der residierte zu jener Zeit im französischen Avignon, sondern von Roms Stadtvätern. Dazu gaben pikanterweise zwei Bischöfe ihren Segen, die der Papst ebenfalls gebannt hatte. Und auf dem Rückweg von diesem Italienzug gründete der frischgebackene Kaiser 1330 »in einem dicken wald, do vil mörderey geschach« eine von Bayerns sehr bekannten Sehenswürdigkeiten: Kloster Ettal bei Oberammergau.

Ampfing? Mühldorf? Frixing? Maxing?

Noch einmal zurück zur Schlacht von 1322: Wo heute Herrn Schweppermanns zwey Eyer im Gras liegen, genau dort an der Ampfinger Isenbrücke – möchte man annehmen – wird dann wohl auch das historische Ereignis stattgefunden haben. Und tatsächlich war ja in früheren Zeiten zunächst immer nur von der Schlacht von Ampfing die Rede. Bis schließlich einige Forscher herausgefunden zu haben glaubten, die ganze Sache habe sich wohl doch eher ein paar Kilometer weiter abgespielt, nämlich nördlich von Mühldorf. Und wieder andere meinten, es sei irgendwo zwischen diesen beiden Orten gewesen, worauf man sich für lange Zeit auf die Kompromissformel einigte: Schlacht von Mühldorf und Ampfing.

Inzwischen liest man bei jüngeren Historiographen schon wieder neuere Erkenntnisse: Einerseits, so wird behauptet, habe das blutige Fechten eher auf der Ampfinger Seite stattgefunden, nämlich beim ehemaligen Schloss und jetzigen Kloster Zangberg. Aber andererseits spricht nun manches doch auch wieder für die Mühldorfer Seite, und zwar für die Gegend zwischen den Dörflein Frixing und Maxing. Darf man als nichtgelernter Historiker und bloß interessierter Laie auch einmal eine Hypothese wagen? Dann tät' ich sagen: Wahrscheinlich haben alle recht und alle unrecht. Kann nicht im Lauf von zehn Stunden eine solche Schlacht um etliche Kilometer hin und her gewogt haben auf diesem Gelände zwischen der Isen und dem Inn? Bei der großen Wittelsbacher-Ausstellung 1980 wurden auf der Landshuter Burg Trausnitz unter vielen anderen Exponaten auch jede Menge Lanzeneisen, Schwerter, Axtklingen, Beile, Stachelsporne und Radsporne gezeigt, die allesamt aus dieser Zeit stammen. Bei einigen, so stand's im Katalog, lässt sich ihre Verwendung in der Schlacht von 1322 mit erheblicher Sicherheit behaupten. Und alle diese ritterlichen Waffen und Ausrüstungsgegenstände wurden weit verstreut in diesem Terrain gefunden, teils bei verschiedenen Orten an der Isen, teils am und im Inn bei Mühldorf.

Was heute in dieser Gegend noch sichtbar an die Schlacht erinnert, das ist – außer den steinernen Schweppermann-Eiern – eine Kapelle in Wimpasing bei Ampfing. Ein großes rundes Deckengemälde zeigt dort sehr farbig bis kunterbunt das große Hauen und Stechen zwischen rotweißrotem und weißblauem Fähnelein. Und auch bei einem Spaziergang unter den Arkaden im Münchner Hofgarten kann man ein altes Fresko besichtigen, das den Sieg Ludwigs des Baiern schildert. Bei Ampfing – oder wo immer es auch gewesen sein mag.

Die zwei Eier sieht man übrigens nicht nur an der Isenbrücke, sondern – auch aus Stein, aber klein – in der Klosterkirche Kastl, wo Schweppermanns Grab ist. In der Vorhalle der Kirche erinnert an den wackeren Mann eine Ehrentumba, die von besagten Eiern gekrönt wird.

Des Kaisers letzte Bärenjagd

Oder:

Wo Ludwig der Baier tot vom Pferd herunterfiel

An der Bundesstraße 2 von München nach Augsburg liegt zwischen Fürstenfeldbruck und Mammendorf der kleine Ort Puch. Nichts Besonderes. Nichts Auffälliges. Stünde da nicht am Dorfrand und nahe der Straße in einer kleinen Grünanlage ein steinerner Obelisk, der so ganz anders aussieht als die üblichen Kriegerdenkmäler, wie man sie in vielen bayerischen Dörfern findet.

Aber dieses Mahnmal erinnert ja auch nicht an viele Gefallene, sondern nur an einen. Denn just auf diesem Anger – seitdem Kaiserwiese genannt – fiel Ludwig der Baier ganz plötzlich vom Pferd. Die Inschrift auf dem Obelisk besagt:

»Hier starb in den Armen eines Bauers vom Tode überrascht den 11. Oktober 1347 Ludwig der Baier, römischer Kaiser.«

Und natürlich wird auch nicht verschwiegen, welcher Nachfahre dem größten wittelsbachischen Herrscher diesen Gedenkstein aus Ettaler Marmor gesetzt hat: »Errichtet 1808 Maximilianus rex Boiariae.«

Der Landshuter Chronist Veit Arnpeck wusste ein paar Details mehr zu berichten über diesen Todestag des Kaisers: »Es kamen die jäger und sageten, sy hieten ainen peren gefunden. Mit lust und begyr rait er in den wald alein mit zbayn ritteren. Sein smerz und swindl des haubcz was so gross, dass er viel von dem ross und sprach: o du süesse junkfraw maria, bis bi miener schiedung.«

Eine vertrackte Sache, diese alten deutschen Texte aus jenen Zeiten, als noch kein Konrad Duden für eine einheitliche und gleichbleibende Schreibweise gesorgt hatte. Aber so viel wird schon klar: Der Schmerz und Schwindel des Hauptes deutet darauf hin, dass den

Unweit der Gedenksäule hat ein naiver Maler in einem Fresko Kaiser Ludwigs jähes Ende auf seine Art dargestellt.

Kaiser der Schlag getroffen hat. Etwas missverständlich für uns Heutige könnten seine letzten Worte sein: »Bis bi miener schiedung« – mit der Auflösung einer Ehe hat das natürlich nichts zu tun. Scheidung war damals ein anderes Wort für das Sterben, für den Tod. Verscheiden und hinscheiden sagt man in diesem Zusammenhang manchmal ja auch jetzt noch. Und was das »bis« betrifft: Das ist eine nicht mehr gebräuchliche Befehls- oder Wunschform des Zeitworts sein (im Englischen gibt's das noch: be careful – sei vorsichtig). Der fromme und dennoch im Kirchenbann sterbende Kaiser, von einem

Papst vielfach verflucht, bat also die süße Jungfrau, sie solle im Tode bei ihm sein oder ihm beistehen.

Ein leichtes Leben war ihm wahrlich nicht beschieden, diesem Herrscher des Deutschen Reiches. Obwohl er ein tüchtiger und beim Volk sehr beliebter Mann gewesen sein muss. Der Geschichtsschreiber Aventin rühmt ihm nach:

»Hat gelebt dreiundsechzig jar, regiert dreiunddreissig minder ainer wochen. Und ist kaiser Ludwig ein fast geschickter fürst gewesen, von leib gerad, auch hoher vernunft, gleich in glück und widerwertigkeit, nit unkundig der lateinischen sprach, güetig gegen mäniglich und ain besunderer Fürdrer g'mains fried ... darumb er mit seiner geschickligkeit gueten fried im reich erhalten hat, von mäniglichen von seiner tugent wegen geliebt ist worden.«

Herzlicher Glückwunsch zum Tod des Verdammten

Das Wort »mäniglich« im Aventin-Text würde heute vielleicht am besten durch »jedermann« ersetzt. Nur: Jedermann hat diesen gütigen Herrn Ludwig trotz all seiner gerühmten Tugend wohl doch nicht geliebt. Und manche haben ihn sogar gehasst wie die Pest, darunter ein Mann, der eigentlich ob seines Amtes zu einem besonders hohen Maß an christlicher Nächstenliebe verpflichtet gewesen wäre: Papst Clemens VI. Der nämlich wie schon sein Vorgänger Johannes XXII. hatten zeitlebens mit allen Mitteln versucht, Ludwig zu Fall zu bringen, denn an diesem Wittelsbacher missfiel ihnen, dass er die Autorität des Heiligen Stuhls ankratzte.

Tatsächlich verzichtete der Kaiser, nachdem er ohnehin schon im Kirchenbann war, auf die Krönung durch einen Papst. Und er setzte später auch noch durch, dass die überwältigende Mehrheit der deutschen Kurfürsten erklärte: Der Heilige Vater habe sich in die deutsche Königswahl gefälligst hinfort nicht mehr einzumischen. Allein die Tatsache, dass einer von den Kurfürsten gewählt sei, mache ihn bereits rechtskräftig zum deutschen König, und es sei nicht nötig, dass der Papst seinen Segen dazu gebe. Tatsächlich wurde nach Ludwig auch nie mehr ein deutscher Kaiser in Rom vom Papst gekrönt – die weltliche Macht hatte sich endgültig von der kirchlichen Vormundschaft freigemacht.

Kein Wunder, dass die Kirche einen solchen Mann nicht schätzte. Als in Avignon die Nachricht vom Tod Ludwigs des Baiern eintraf, ließ der Heilige Vater ein großes Freudenfest feiern – fromm und voll der Nächstenliebe, wie er offenbar war. Und außerdem verschickte er ein Glückwunschschreiben, in dem er Ludwigs jüngstem und letztem politischem Widersacher sehr herzlich zur Scheidung des »verdammten Ludwig von Baiern« gratulierte.

Ein Pfaffenkönig wider den Ketzer

Hatte Ludwig der Baier gleich am Anfang große Schwierigkeiten, einen Gegenkönig auszuschalten (vergleiche hierzu das vorige Kapitel »Der brave Schweppermann und seine Eier«), so blühte ihm zuschlechterletzt und im 33. Jahr seiner Regierung der gleiche Ärger noch einmal.

Da zettelten nämlich die drei Erzbischöfe von Köln, Mainz und Trier und dazu Herzog Rudolf von Sachsen-Wittenberg, allesamt Kurfürsten, einen Putschversuch an, indem sie in Abwesenheit der anderen flugs einen neuen König wählten, obwohl der alte noch gar nicht tot war. Und zwar handelte es sich da um den böhmischen Thronfolger Karl, der auch ein Kurfürst war und keine Hemmungen hatte, für sich selbst zu stimmen. Treibende Kraft war der Erzbischof Balduin von Trier, der sich mit dem Baiern überworfen hatte und es sich hübsche Bestechungsgelder kosten ließ, um seinen böhmischen Neffen Karl zum Gegenkönig ausrufen zu lassen. Unterstützt wurde dieser Kandidatur auch vom Papst, dem der neue Mann zuvor weitreichende Bedingungen unterschreiben musste. Das sprach sich natürlich herum und trug dem Neugekürten alsbald den Spottnamen »Pfaffenkönig« ein. Aber Spott hin oder her: Man kann nicht wissen, wie die Sache ausgegangen wäre, hätte nicht der Schlaganfall Kaiser Ludwigs der Kontroverse ein vorzeitiges Ende gesetzt. Damit war der Weg frei und der »Pfaffenkönig« wurde als Karl IV. zum Herrscher des Reichs. Wenige Jahre später versuchten zwar die Wittelsbacher, den Spieß umzukehren, indem sie einen Günther von Schwarzburg zum Gegenkönig ausriefen, aber der überlebte diese Ehrung nicht lange und starb schon ein halbes Jahr danach.

Proteste nach 500 Jahren

Der »verdammte« Ludwig, der böse Ketzer, erhielt trotz päpstlichen Banns ein kirchliches Begräbnis: Er ruht in der Krypta im Münchner Dom, wo sein monumentales Grabmal eines der berühmtesten Kunstwerke ist. Man kann dort auch sehen, wie der Mann ausgeschaut hat, wobei man freilich nicht weiß, ob ihn der Bildhauer vielleicht etwas schöner modellierte »als wia im richtign Lebn«. Aber so ungefähr wird das Porträt wohl schon stimmen. Herr Ludwig hat aber noch zwei andere Denkmäler in München, und das kommt nicht von ungefähr, denn diese Stadt hatte ihm besonders viel zu verdanken. Er war nämlich der erste Kaiser, der nicht ständig mit seinem Hofstaat wie mit einem Wanderzirkus von Pfalz zu Pfalz zog, sondern einen festen und dauernden Regierungssitz wählte, und das war der Alte Hof in München, das damit zur Residenzstadt wurde.

Übrigens: Auch die Münchner Stadtfarben Gelb und Schwarz stammen aus jener Zeit, denn sie wurden vom Banner des Reiches übernommen.

Aus diesen Gründen ist es ein sehr sinniger Standort, den man 1967 für das dritte Münchner Denkmal des Kaisers wählte: Die Reiterstatue, ein besonders schönes Werk des bekannten Bildhauers Hans Wimmer, steht vor dem Eingang zum Alten Hof.

Ein bisschen älter ist das zweite Denkmal, ebenfalls hoch zu Ross, das am Kaiser-Ludwig-Platz steht. Gestiftet hat es vor über hundert Jahren der Brauereibesitzer Matthias Pschorr, und einem damaligen

On-dit zufolge soll seine Wahl ganz bewusst auf diesen Mann gefallen sein, weil der so antipäpstlich gewesen war. Herr Pschorr nämlich, ein Liberaler, mochte den Klerus als politischen Faktor auch nicht sehr und wollte mit diesem Denkmal die »Schwarzen« ein bisschen provozieren. Und ob man's nun glaubt oder nicht: Mehr als fünf Jahrhunderte nach seinem Tod wurde Ludwig der Baier noch einmal zum Ärgernis. Klerikale Kreise protestierten heftigst gegen dieses Denkmal für einen Mann, der ob seiner antipäpstlichen Gesinnung wahrhaftig keiner Ehrung in der gutkatholischen Stadt München würdig sei. Geholfen hat's freilich nichts, wie man noch heute am Kaiser-Ludwig-Platz sehen kann, wo der Kaiser mittlerweile ebenso viel Patina angesetzt hat wie der damalige Streit um ihn.

Wenn übrigens von drei Denkmälern für Ludwig den Baiern in München die Rede war, so ist das nicht ganz korrekt, denn seit 1960 gibt es ihn noch ein viertes Mal: Der Bildhauer H. Osel schuf ihn damals als Figur für eine Nische im Westgiebel des Alten Rathauses am Marienplatz. Aber dort steht er so hoch droben und so gut versteckt, dass ihn in den vielen Jahren seitdem von jeweils 1000 Münchnern mindestens 999 noch nie gesehen haben – wetten?

Tote nach dem Techtelmechtel

Oder:

Wo durch einen Seitensprung die Landshuter Verschwörung aufflog

»Woaß i net!« – »Bin nich' von hier« – »Was soll'n des sei'?« – So ähnlich lauteten ehedem die Antworten, wenn man zu Landshut an der Isar irgendwelche Passanten nach dem Röcklturm fragte. Was vielleicht weniger erstaunen würde, wäre Landshut eine noch besonders türmereiche Stadt wie Rothenburg oder Nördlingen oder Dinkelsbühl. Aber in der einstigen Residenzstadt der niederbairischen Herzöge ist ja – ausgenommen ein paar Tore – von der alten Umwallung kaum was übrig geblieben. Und der einzige Wehrturm, der noch komplett steht und sogar bewohnt wird, ist eben jener, den kaum einer kannte.

Sieht also ganz so aus, als wären die meisten Landshuter zufällig gerade dann krank gewesen, als in Heimatkunde oder Geschichte die Landshuter Verschwörung von 1410 durchgenommen wurde. Denn bei der spielte dieser unscheinbare Röcklturm eine wichtige Rolle. Aber vielleicht hat man dieses lokale Ereignis mittlerweile ganz vergessen. Denn auch in den Fremdenverkehrsprospekten der Stadt und des Verkehrsvereins wurde diese Geschichte aus der Geschichte mit keinem Wort erwähnt.

Bevor man die teils pikante, teils blutige Story erzählt, sollte allerdings noch klargestellt werden, wieso es dazu kam. Angefangen hatte die ganze Sache eigentlich schon am Ende des 14. Jahrhunderts, als sich die drei bairischen Prinzen Johann, Stephan und Friedrich nicht brüderlich in die Herrschaft teilen mochten, nachdem ihr Vater gestorben war. Weil man gemeinsam nicht regieren konnte und auch keiner von den dreien den andern zweien ein Zugeständnis machen

In diesem Turm am Isar-Ufer wurde in der Karfreitagsnacht anno 1410 das Techtelmechtel einer liebeslustigen Frau etlichen Landshuter Verschwörern zum Verhängnis.

wollte, kam es 1392 zu einem Beschluss, der dem bairischen Volk später noch viel Krieg und Kummer bescheren sollte: Das Herzogtum wurde in drei Teile zerlegt. Johann bekam Oberbaiern mit der Residenz München. Stephan errichtete den Regierungsmittelpunkt seines Landfetzens in Ingolstadt. Und Friedrich bekam Niederbaiern, was damals allerdings noch viel mehr war als der heutige Regierungsbezirk. Zu Herrn Friedrichs Territorium gehörte nach Westen zu sogar noch Freising, nach Osten hin manches, was heute schon österreichisch ist, und auch ein Teil des Chiemgaus und Reichenhall mit seinen Solequellen waren einst niederbairisch. Weshalb sich die Herren dieses wohlhäbigen Teilherzogtums auch gleich zwei Residenzen leisteten: Eine in Landshut und die zweite in Burghausen an der Salzach.

»Ein kleiner, brauner, jäher Herr«

Der Herzog Friedrich hatte nicht mehr viel Freude an seinem Alleinbesitz. Schon ein Jahr nach der Teilung, 1393, kam er von einer Reise ins Böhmische nicht mehr heim. Erbe war sein Sohn Heinrich, der aber erst sieben Lenze zählte und für den eine Regentschaft eingesetzt wurde, bis er 1404 selber die Zügel in die Hand nehmen konnte. Offenbar hatte dieser junge Mann viel von seiner Mama mit bekommen. Die nämlich war eine geborene Visconti aus Mailand, Tochter des dortigen Herrn der Stadt, Bernabó Visconti, der es sich leisten konnte, seine Töchter mit der für damalige Zeiten recht beachtlichen Mitgift von 100 000 Gulden auszustatten, weshalb sie dann auch prompt alle zwei von Wittelsbacher Prinzen geheiratet wurden. Eine recht feine Familie scheinen diese Visconti nicht gewesen zu sein, denn sie regierten mit viel Hinterfotzigkeit, Verschlagenheit und Brutalität, und dass sie eine Giftschlange im Wappen führten, dürfte manchem Zeitgenossen recht passend erschienen sein.

Herzog Heinrich, neuer Herrscher von Niederbaiern, muss wohl charakterlich wie in seinem Äußeren ziemlich viel von seiner Mutter mitgekriegt haben. Als »ein kleiner, brauner, jäher, frischer Herr« wird er in einer alten Chronik geschildert. Und zunächst hatte er den Beinamen Heinrich der Schwarze, wobei nicht sicher ist, ob sich das nur auf seine Haarfarbe bezog. Später wurde er Heinrich der Reiche, und das sicher nicht von ungefähr, denn wie viele Fürsten seiner Zeit verstand er es bestens, seine Untertanen auszuflöhen und den Daumen drauf zu halten.

Die Bauern auf dem flachen Land ließen sich das meistens auch gefallen. Die Städter aber zeigten in jenen Jahren immer wieder einen Hang zum Aufmucken – nicht nur in Landshut, sondern auch anderswo, beispielsweise in Passau. Klar, man wäre halt gar zu gern auch so frei gewesen wie die Bürger in den freien Reichsstädten. Und so kam es, dass die Landshuter ihrem herzoglichen Herrn deutlich zu verstehen gaben, dass ihnen nicht nur die Steuern zu hoch seien, sondern dass sie auch auf eine eigene Gerichtsbarkeit Wert legten. Und weil sie mit solchen Forderungen auf wenig Gegenliebe stießen, überlegten sie sich sogar, ob man sich nicht an einen noch höheren Herrn wenden solle, nämlich gleich an den Kaiser.

Vom Gastmahl ins Gefängnis

Als Heinrich der Schwarze das spitz kriegte, reagierte er nach bewährter Visconti-Manier mit einem heimtückischen Trick. Er tat so, als könne man über alles das ja mal in Ruhe und ganz freundschaftlich reden und lud zu diesem Zweck die Herren Bürger zu einem Gastmahl auf seine Zwingburg Trausnitz hoch über der Stadt. Aber zum Dessert gab's plötzlich gezückte Schwerter und Lanzenspitzen: Gewappnete des Herzogs verhafteten sämtliche Teilnehmer und warfen sie ins Burgverlies. Dort ließ der Herzog die aufrührerischen Herren eine lange Weile schmoren. Und als sie wieder herauskamen, verwies er einige des Landes, anderen beschlagnahmte er ihr Vermögen und die übrigen bekamen empfindliche Geldbußen aufgebrummt. Damit, so dachte der kleine, braune, jähe frische Herr, werde er seinen lieben Landshutern das Meutern für alle Zeit ausgetrieben haben. Da hatte er sich aber arg getäuscht. Denn nach diesen unguten Erfahrungen waren Landshuts Bürger ihrem schwarzen Heinrich schon gleich gar nicht mehr grün und überlegten sich nun sogar, ob und wie man sich dieses jähen Herrn nicht vielleicht ganz entledigen könnte. Offen ließ man darüber natürlich kein Sterbenswörtlein verlauten, aber die Verschwörer-Runde traf sich zu nachtschlafender Zeit heimlich, und zwar in eben jenem Turm, dessen Name den Landshutern später so unbekannt war. Dort wohnte nämlich der Ratsherr Dietrich Röckl, einer der aktivsten Konspiratoren gegen den Herzog. Und ob es nun daran lag, dass seine Frau ein gutes Stück jünger war, oder ob dieser Herr Röckl vor lauter Verschwörerei nicht mehr genug Zeit für seine ehelichen Pflichten fand: Jedenfalls lachte sich Frau Röckl einen Liebhaber an. Wahrscheinlich fand sie es sogar ganz praktisch, dass ihr Mann und seine Kumpane so häufig streng geheim und stundenlang die Köpfe zusammensteckten. Bot sich ihr dadurch doch die Gelegenheit, ihren Galan ganz ungeniert auf ein Schäferstündchen ins eigene Haus zu bitten. Also geschah es auch wieder einmal in der Karfreitagsnacht anno 1410.

Das alles wäre nicht weiter schlimm gewesen, wenn die Dame den Mund gehalten hätte. Und wenn ihr Liebhaber irgendein anderer gewesen wäre – und nicht ausgerechnet der Ritter Ulrich Ebran von Wildenberg, ein treuer Gefolgsmann des Herzogs. In jener Karfreitagsnacht machte die Dame ihrem Gespielen ein paar Andeutungen, dass sie zwei nicht die einzigen seien, die in diesem Gemäuer ein heimliches Rendezvous hätten, sondern dass da noch etliche andere beisammen säßen, die aber nichts so Lustiges wie die Liebe im Schilde führten. Der Ritter Ebran war kein Dummkopf und machte sich seinen Reim auf solche Andeutungen. Nach gehabtem Vergnügen verabschiedete er sich sehr bald von seiner Buhlin, eilte auf die Burg hinauf und hinterbrachte dem Herzog brühwarm, was er gehört hatte. Worauf Heinrich der Schwarze rot sah und sofort den Röcklturm umstellen ließ. Einigen der Verschwörer gelang es noch, sich durch einen

Sprung über die Stadtmauer zu retten. Viele aber wurden gefangen genommen, und mit denen machte Herr Heinrich nun kurzen Prozess: Sofern nicht gleich die Köpfe rollten, ließ er den Revoluzzern die Augen ausstechen oder eine Hand abhacken. Das mindeste aber, womit er einige davonkommen ließ, war die Verbannung – nicht nur aus Landshut, sondern aus dem ganzen Land.

Und diesmal hatte er sein Ziel erreicht: Die Landshuter waren so eingeschüchtert, dass sie hinfort nicht mehr aufzumucken wagten. Trotzdem traute aber auch der Herzog den Bürgern und dem Frieden nie mehr so ganz und ging nun daran, für alle Fälle seine Zweitresidenz in Burghausen noch besser auszubauen. Wobei er noch nicht wusste, wie gut sich diese feste Burg eines Tages als Abstellkammerl für nicht mehr begehrte Ehefrauen und sonstige missliebe Verwandtschaft verwenden ließ.

Aber das sind nun schon wieder ganz andere Geschichten, und über die finden Sie Näheres in dem Kapitel »Zwischen Ach, Weh, Kreuz, Kümmernis und Klausen …«

Mittlerweile sieht der Landshuter Röcklturm nicht nur besser aus, sondern die meisten kennen ihn auch. Da ist jetzt nämlich ein Museum drin, außerdem finden ständig Ausstellungen statt und es treffen sich historisch Interessierte zum Landshuter Stammtisch. Und schließlich gibt es da auch noch ein Literaturcafé.

Husan, Husaus, Husdada!

Oder:

Wo die rollende Festung aus Böhmen geknackt wurde

Dass die Regierenden – selbst wenn sie das Beste wollen – oft trotzdem genau das Falscheste tun, dafür gibt's in der Geschichte mehr als genug Beispiele. Eines davon ist der folgenschwere Wortbruch des Kaisers Sigismund im Jahre 1415 auf dem Konzil zu Konstanz.

1411 hatte der Tscheche Johann Hus, Theologieprofessor an der Prager Universität und Prediger an der dortigen Bethlehem-Kapelle, ein Reformationspapier veröffentlicht, in dem er – genau wie gut ein Jahrhundert später Martin Luther – die Erneuerung der Kirche an Haupt und Gliedern forderte. Das brachte ihm nicht nur begeisterte Anhänger in seiner böhmischen Heimat, sondern ein Jahr danach auch den Kirchenbann ein. Was besagten Herrn Hus aber den Teufel kümmerte: Er predigte seine Lehre unbeirrt weiter. Und das missfiel nun nicht nur dem Papst, sondern auch dem Kaiser, denn der befürchtete, die Hus'sche Bewegung könne den Abfall ganz Böhmens von der Kirche und darüberhinaus sogar einen Aufstand gegen die Reichshoheit zur Folge haben.

Nun war zu dieser Zeit die katholische Kirche ja wirklich nicht in allerbestem Zustand. Es gab zwei und eine Weile sogar drei Päpste, von denen jeder den jeweils anderen als den Antichrist bezeichnete und mit dem Bannfluch belegte. Auf dem Konzil von Konstanz, wo das geistliche und weltliche Establishment diesen Wirrwarr in Ordnung zu bringen gedachte, brauchte man fast vier Jahre, um alle drei Gegenpäpste abzusetzen und mit Martin V. einen vierten neu zu wählen. Und weil man nun schon mal beim Aufräumen war, wollte Kaiser Sigismund auch gleich die lästige Angelegenheit mit diesem böhmischen Jan Hus aus der Welt schaffen. Man lud den Prediger aus

Prag also ein, zur Wiederherstellung des Friedens seine Thesen auf dem Konstanzer Konzil zu diskutieren. Schriftlich wurde ihm freies Geleit für die Hin- und Rückreise zugesagt, und der fromme Eiferer Hus war so naiv, ebenso wie an Gottes Wort auch an das des Kaisers zu glauben. Das hätte er lieber nicht tun sollen, denn als er in Konstanz nicht widerrufen wollte, machte man ihm – freies Geleit hin oder her – flugs den Prozess, verurteilte ihn zum Tod auf dem Scheiterhaufen und verbrannte ihn am 6. Juli 1415 bei lebendigem Leib. Mit diesem Wortbruch verfuhr Kaiser Sigismund offenbar nach der Devise, wonach ein Ende mit Schrecken allemal besser sei als ein Schrecken ohne Ende – aber genau den bekam er anschließend, und er musste lernen, was schon viele Mächtige vor ihm und nach ihm oft so schwer kapierten: Dass man Ideen nicht dadurch ausrotten kann, dass man ihren Urheber umbringt.

Die Einäscherung von Jan Hus bewirkte in Böhmen, dass seine Anhängerschaft noch viel mehr Zulauf bekam – und nicht nur das: Aus der ursprünglich rein religiösen Gruppe wurde alsbald sowas wie eine tschechische Nationalbewegung, die gegen die deutschen Herren mobil machte und vom Reich los wollte:

Mit dem Prager Fenstersturz fing's an

Der Böhmenkönig Wenzel bekämpfte zwar nach Kräften die Hussiten, aber die schlugen immer heftiger zurück. Als 1419 der Rat der Prager Neustadt eine hussitische Prozession unterbinden wollte, stürmte die wütende Menge das Rathaus und warf die katholischen Räte aus dem Fenster, die unten auch noch auf Lanzenspitzen fielen – rein zufällig? Als König Wenzel von diesem Aufruhr erfuhr, wurde er sofort vom Schlag getroffen und verschied. Was vielleicht das Beste für ihn war, denn wer weiß, ob er – hätte er noch länger gelebt – später auch eines so friedlichen Todes gestorben wäre. Denn nun wurden die Hussiten erst richtig gewalttätig und attackierten mit ihrem fanatischen Volksheer Kaiser und Reich.

Gewiss, die Obrigkeit versuchte zurückzuschlagen. Aber ihr Aufgebot an Rittern, Söldnern und rekrutiertem Volk kämpfte halt nicht für eine Idee und dementsprechend mit wenig Begeisterung. So kam es, dass die Heere des Kaisers über Jahre hinweg immer wieder vernichtende Niederlagen einstecken mussten und das Heil in der Flucht suchten, obwohl der neue Papst Martin V. einmal sogar zu einem Kreuzzug gegen die rebellischen Tschechen aufgerufen hatte. Alles vergeblich: Die böhmischen Ketzerhaufen fielen nun immer öfter und immer tiefer in deutsches Gebiet ein, wobei es ihnen allerdings nicht um religiöse Bekehrung der Katholiken, sondern nur um deren Ausplünderung ging. Ob Jan Hus das gut geheißen hätte? Tja, wer weiß … im Gegensatz zu Martin Luther konnte sich dieser Reformator nicht mehr zu den vielleicht ungewollten Folgen seiner Lehre äußern.

Da und dort gelang es zwar einmal, die militanten Nachfolger des Jan Hus zu vertreiben. Aber im Allgemeinen marschierten sie recht ungeniert in den angrenzenden Ländern herum und holten sich, was sie brauchten. Im Frühjahr 1430 – um nur ein Beispiel herauszugreifen – plünderten sie, abgesehen von ein paar Dutzend Klöstern und Dörfern, auch die Städte Bayreuth, Kulmbach und etliche andere. Bamberg und Forchheim entgingen diesem Schicksal nur, weil sie »freiwillig« je 1200 Gulden zahlten, und die mächtige freie Reichsstadt Nürnberg legte sogar 8000 Gulden hin, um eine Belagerung durch die »Huscerer« abzuwenden. Auf Bitte des Herzogs von Niederbaiern brach die Stadt Regensburg die Brücke bei Donaustauf ab und errichtete in Stadtamhof einen stark befestigten Brückenkopf, um wenigstens das Land südlich der Donau gegen hussitische Überfälle abzusichern. Bilanz dieses einen Jahres 1430: Im deutschen Reich wurden rund 100 kleinere Städte und über 1000 Dörfer in Schutt und Asche gelegt – die Quittung dafür, dass Kaiser Sigismund besonders staatsmännisch zu handeln meinte, als er 1415 Jan Hus verbrennen ließ.

Besonders hatte unter den Hussiten-Invasionen immer wieder die bairische Oberpfalz zu leiden, was nicht verwunderlich ist, wenn man mal einen Blick auf die Landkarte wirft. Es kommt sicher nicht von ungefähr, dass dort in manchen Gegenden noch bis heute der Hofhund mit dem Ruf »Husan!« scharf gemacht wird. Und dass man das freilaufende Federvieh, um es schnell in den Stall zu bringen, mit Rufen wie »Husaus!« oder »Husdada!« scheucht.

Die Wagenburg als Wunderwaffe

Dass den hussitischen Heerscharen so schlecht beizukommen war, lag nicht nur an ihrem kämpferischen Fanatismus, sondern auch am nur halbherzigen Zusammenstand der Verteidiger. Nur ein Beispiel: Als 1431 für die Invasoren aus Böhmen das Egerland und Schlesien »dran« war, sammelte der Kaiser in der Oberpfalz 40 000 Reiter und 90 000 Mann Fußtruppen, dazu schweres Geschütz und einen Tross mit Lebensmitteln für sechs Wochen. So vorbereitet wollte man den Gegner belagern – aber siehe da: Über Nacht hatte sich unversehens der bairische Herzog davongemacht, worauf auch große Teile des Heeres auseinanderliefen und Geschütze und Trosswagen einfach stehen ließen. Als der Gegner nachsetzte, kam es zu einer Massenflucht, wobei aber trotzdem noch 12 000 Mann des Reichsheeres niedergemacht und 700 gefangengenommen wurden.

Was den Hussiten einen besonders großen Vorteil verschaffte, war aber ihre »Wunderwaffe«, die Wagenburg. Der Anführer Schischka, der diese Kampftechnik besonders ausgefeilt hatte, soll einmal gesagt haben: »Die Wagenburg wird rasseln, bis dem letzten Deutschen die Hirnschale eingeschlagen ist.« Offenbar hatte auch er nicht damit gerechnet, dass seine rollenden Festungen jemals geknackt werden könnten.

Wie sah so ein Ding aus? Die Hussiten zogen mit Sack und Pack und mit Kind und Kegel ins Feld – auf langen Kolonnen von schweren Wagen. Drohte ein Angriff, dann schob man die Fahrzeuge – oft mehrere tausend – zu einem Kreis zusammen und verband sie mit schweren Ketten. An den äußeren Wagen konnten zwischen den Rädern Bohlen herabgelassen werden. Oben wurden Sturmdächer gegen Pfeilschüsse und Steinkugeln aus Geschützen hochgeklappt, und rund um die Wagenburg wurde ein weiterer Schutzwall aus »Pavesen« gezogen – das waren schwere, miteinander verkettete Schilde. Wenn Zeit blieb, hob man davor auch noch einen zwei bis drei Meter tiefen Graben aus und schaufelte aus dem Erdreich einen Wall auf.

Diese hussitische Trutzburg zwang nun regelmäßig die katholischen Ritter zum Absteigen, denn mit einer Kavallerie-Attacke war dagegen nichts auszurichten. Gegen ihre Belagerer setzten die Leute in der Wagenburg eine weitere hussitische Wunderwaffe ein: Die Streubüchse, ein Feuerrohr mit Kartätschenwirkung. So gelang es ihnen fast immer, die Angreifer schnell abzuschlagen und sie dann oft genug bei ihrem Abzug durch einen Ausfall aus der rollenden Festung zu vernichten – geschockt und demoralisiert wie die deutschen Truppen nach so vielen schweren Niederlagen ohnehin schon waren.

Aber die Hussiten verschanzten sich nicht nur – sie wurden oft auch selbst zu Belagerern. So anno 1433, als sie unter ihrem Anführer Prokop (»der Große«) mit 36 000 Mann einen Ring um die bis dahin immer noch deutsche und katholische Stadt Pilsen geschlossen hatten. Die muss allerdings gut befestigt gewesen sein, denn die Sache zog sich arg in die Länge, und allmählich hatten die Belagerer nicht mehr viel zu essen. Aus dem Land rundum war nichts zu holen, denn die Kriegswirren der vorausgegangenen Jahre hatten dafür gesorgt, dass die Felder brachlagen und die Ställe leerstanden. Außerdem hatte der Kaiser schon zu Beginn der Hussitenbewegung eine wirtschaftliche Waffe eingesetzt, die man heute als Embargo bezeichnen würde: Die Ausfuhr von Lebensmitteln nach Böhmen wurde unterbunden. Viel half das freilich deshalb nicht, weil sich die Hussiten dann halt auf Raubzügen alles das mit Gewalt holten, was sie brauchten.

So war's auch im September 1433: Prokop der Große, der Belagerer von Pilsen, schickte seine Unterführer Jan Pardus von Horka und Jan Ritka von Bezdecic mit 500 Reitern, 1400 Leuten zu Fuß und mit einem langen Wagenzug in die Oberpfalz hinüber, um dort Proviant zu requirieren. Fünf Tage lang zog dieser Trupp plündernd und sengend von der Grenze bei Waldmünchen über Cham und Roding bis Nabburg. Und überall wurden nicht nur die Wagen vollgeladen, sondern auch ganze Viehherden weggetrieben. Schwerbeladen und entsprechend langsam machte man sich dann vorbei an Neunburg wieder auf den Rückmarsch nach Pilsen.

Der Hussitenhammer schlägt zu

Der wittelsbachische Pfalzgraf Johann, nachmals Hussitengeißel oder Hussitenhammer genannt, hielt sich um diese Zeit gerade in seiner Stadt Neunburg auf, wo er – wegen der Belagerung von Pilsen – ohnehin schon Truppen als Grenzschutz zusammengezogen hatte. Jetzt wurden noch Mitstreiter aus der Oberpfalz und Niederbayern zusammengetrommelt, und mit einer Streitmacht von etwa 200 Rittern und 1200 Mann Fußvolk – teils nur mit Sensen, Äxten und Dreschflegeln bewaffnet – setzte er dem hussitischen Beutezug nach und stellte ihn bei Hiltersried. Als die Eindringlinge merkten, dass man sie nicht kampflos ziehen lassen wollte, wandten sie sofort wieder ihre alte und schon so oft bewährte Taktik an: Auf dem Trosendorfer Berg, der seitdem Hussitenbirl heißt, verschanzten sie sich samt dem erbeuteten Vieh in ihrer Wagenburg, um die Verfolger abblitzen zu lassen.

Wer heute den Schauplatz der Schlacht von Hiltersried besichtigt, sucht freilich vergebens nach einem Berg: Ein abgeflachter Hügel ist es nur, an der Straße nach Loitendorf gelegen, wo für die Böhmen der Anfang vom Ende kam. Über die Schlacht dichtete noch im selben Jahr der Teilnehmer Otto Eßmann aus Nabburg »Vom Hussenkrieg ein Sang«, und da heißt es in den Strophen 12 und 13:

Da ward ihnen ein bott entgegengesandt:
»Lieben herren, kompt allzuhandt!
Die Husceren wöllen unser beuten.
Zu Hiltersriett wol an dem berg,
da müß wir mit ihnen streiten.«

Da sprach der Rüeger Wardperger:
»Liebe herren, ohn alß gefahr,
wir wöllen uns geschickt machen,
dass wir yberwinden unsre feind
nach höfelichem suchen.«

Was dann passierte, als man den Feind gefunden hatte, war allerdings nicht mehr höflich. Was den Rittern immer misslungen war, das schaffte hier erstmals eine Sturmkolonne von Handwerkern. Vor allem Schmiede aus Neunburg sollen es gewesen sein, die mit ihren schweren Vorschlaghämmern an einer Stelle die Ketten sprengen und einen Wagen aus dem Festungsring herausreißen konnten. Durch diese Bresche drangen die Belagerer ein, und nun wurde für die Hussiten ihre bis dahin unbezwingliche Wagenburg zur tödlichen Falle. Ergebnis des Gemetzels: rund 1000 Böhmen tot und 300, die verwundet in Gefangenschaft kamen. Nur ein kleines Häuflein konnte sich mit den Anführern Ritka und Padus über die nahe Grenze flüchten.

Die Deutschen waren diesmal glimpflich weggekommen: Die Schlacht von Hiltersried kostete nur 10 Rittern, 55 Edelleuten und 129 Bürgern und Bauern das Leben. Noch heute wird in Erinnerung an diesen 21. September 1433 im Hiltersrieder Kirchturm zu jeder Messe das Hussitenglöckl geläutet. Und seit dem 500. Jahrtag anno 1933 erinnert ein Denkmal auf dem Schlachtfeld an den entscheidenden Sieg. Der Text auf der Bronzetafel ist erstaunlich zurückhaltend, aber in Heimatblättern wurde zum Jubiläum im noch jungen »Dritten Reich« manch unguter Ton angeschlagen – zum Beispiel:

»Wir blicken hinauf in Himmelsauen,
wo unsere Heldenväter niederschauen
und schwören mit stolzer Kampfeslust:
Du Ostmark bleibst deutsch wie unsere Brust!«

Hipphipphurra – etcetera! Sechs Jahre später zeigte man dann den bösen Tschechen mal, was eine deutsche Harke ist (siehe das Kapitel »Peace in our time«).

Der Anfang vom Ende

Für die bis dahin stets siegessicheren Hussiten muss sich die vernichtende Niederlage von Hiltersried sehr demoralisierend ausgewirkt haben. Als die paar Überlebenden ins Heerlager vor Pilsen zurückkamen, gab's Aufruhr. Man beschimpfte den Anführer Pardus als Verräter und Feigling. Als man ihn lynchen wollte, ging der große Prokop dazwischen, worauf dem jemand einen Stuhl um die Ohren schlug Danach setzten ihn die Meuterer sogar gefangen. Und als sie ihn kurz darauf reumütig wieder freiließen, da war Prokop sauer und schmiss den Oberbefehl hin.

Es kam freilich noch etwas anderes hinzu: Schon lange hatten sich die Hussiten in zwei Gruppen gespalten: Da waren einerseits die gemäßigten Kalixtiner, denen es nach wie vor um Glaubensdinge ging. Und andererseits die radikalen Taboriten (zu denen Prokop gehörte), die bloß noch dreinschlagen wollten. Schon seit 1431 ließ Kaiser Sigismund verhandeln. Und mit den Prager Kompaktaten, mit denen man religiöse Zugeständnisse machte, konnte man die Kalixtiner gewinnen. Um endlich wieder Ruhe zu haben, verbündeten die sich schließlich sogar mit den Kaiserlichen, und ein Jahr später, 1434, wurden die unnachgiebigen Taboriten bei Böhmisch-Brod vernichtend geschlagen.

1436 war dann der grausame Spuk – 21 Jahre nach der Verbrennung des Reformators Hus – endgültig vorbei: In den Iglauer Kompaktaten einigten sich der Kaiser, Vertreter Böhmens und des in Basel tagenden Konzils. Sigismund wird als König von Böhmen anerkannt – es ist wieder Friede im Land. Aber genau das, was der Kaiser mit dem wortbrüchigen Todesurteil für Jan Hus zu verhindern gehofft hatte, kam später durch Martin Luther halt doch noch: Eine Spaltung der Kirche.

Die Schlammschlacht bei Hoflach

Oder:

*Wo anno 1422 Ludwig Ganghofers »Ochsenkrieg«
zu Ende ging*

Ungefähr halbwegs zwischen der Münchner Vorortgemeinde Germering und der Kreisstadt Fürstenfeldbruck schwingt sich die vielbefahrene Bundesstraße 2 in einem plötzlichen Bogen hügelaufwärts. Und just dort steht am Hang und nur einen Steinwurf von der Fahrbahn entfernt ein weißer Bau mit Satteldachturm, den man für eine kleine Dorfkirche aus gotischer Zeit halten könnte. Nur: Weit und breit gibt's hier kein Dorf. Für wen also wurde die Kirche dort an den Waldrand gestellt? Nur für den lieben Gott: Zum Dank dafür, dass er an diesem Punkt den Herzögen Ernst und Albrecht von Baiern-München in der Schlammschlacht von Hoflach einen glänzenden Sieg gegen das übermächtige Ritterheer des Vetters Ludwig im Bart von Baiern-Ingolstadt geschenkt hatte. Wofür nicht zuletzt das Schlachtfeld ausschlaggebend war, denn die schwergepanzerten Rittersleut' des Ingolstädters versanken samt ihren gewichtigen Schlachtrössern hilflos im Morast des Starzelbach-Mooses.

Wer anhält und aussteigt und von der Anhöhe Hoflach das Kampfgelände in Richtung Alling überblickt, wird wahrscheinlich meinen, da könne doch irgendwas nicht stimmen. Denn bis zum Horizont sieht er nichts als Maisfelder oder Kartoffeläcker, aber nirgendwo einen Sumpf. Durch den fruchtbaren Talgrund schlängelt sich nur ein winziges und harmloses Wässerlein, der Starzelbach. Aber vor viereinhalb Jahrhunderten war das halt noch ganz anders. Man kann's bei Ludwig Ganghofer nachlesen, der das Schlachtfeld also schildert: »Zahllose Wassertümpel des weiten Moorgeländes, große und winzige, spiegelten den hellen Glanz des Himmels und waren wie blitzende

Silberschilde und wie verschwenderisch ausgestreute Goldmünzen. Und die kleinen, unsichtbaren Zwerge, die diesen Hort von Gold und Silber bewachten, sangen eine geheimnisvolle Weise. Millionen von Fröschen und Kröten unkten im schönen Abend: ›Gwo gwo gwo gwo gwo …‹. Es war wie ein Urweltslied mit einem einzigen Worte, wie ein Schwingen und Beben der abendlichen Erde, wie eine Todesstimme der unerforschlichen Tiefe.«

Schön, gell? Jaja, so müsste einer halt heute noch schreiben können, wie's der Ganghofer Wiggerl gekonnt hat. Aber leider war er halt auch ein Fabulierer, dessen Erzählungen man nur sehr vorsichtig trauen darf. Um bei obiger Schilderung einzuhaken: Hat vielleicht schon einmal jemand einen Frosch »gwo gwo« unken hören? Ich nicht. Aber das sind ja nur die ganz kleinen und unwesentlichen dichterischen Freiheiten. Bei denen bleibt's jedoch nicht: Will uns Ganghofer doch glatt weismachen, diese Schlacht bei Hoflach und all die Scharmützel in den Jahren zuvor, dieser ganze Vetternzwist im Hause Wittelsbach habe nur deswegen stattgefunden, weil Berchtesgadener Hintersassen 17 Ochsen auf einer Alm grasen ließen, wo sie dies eigentlich nicht gedurft hätten. Wer den Roman »Der Ochsenkrieg« gelesen oder noch zu UFA-Zeiten den gleichnamigen Film gesehen hat, wird sich erinnern, wie's angeblich weitergegangen sein soll: Es kam zu einem Hickhack zwischen den gadnischen Bauern und ihrem Fürstprobst, den die geistlichen Herren des Nachbarländchens Reichenhall zu Provokationen nutzten – und schwuppdiwupp lieferten sich Berchtesgaden und Reichenhall ein Kriegerl, das keines der beiden damals selbständigen Territorien gewinnen konnte.

Darauf habe Reichenhall den Herzog von Niederbaiern zu Hilfe gerufen, mit dem wiederum die Vettern in München verbündet waren, wogegen sich Berchtesgaden mit dem Ingolstädter Herzog liierte. Und jahrelang, so wollte Ganghofer wissen, hätten sich folglich die drei Wittelsbacher Linien letztlich wegen einem umstrittenen Almweiderecht für 17 Ochsen erbittert befehdet.

Böser Schimpf an Kaisers Tafel

Nun ja, ein Roman halt. Aber vergessen wir besser die schönen Geschichten, die uns Ganghofer über seinen Helden Malimmes und dessen Brüder Marimpfel und Mareiner erzählt, denn die Wirklichkeit sah ein bissl anders aus. Der eigentliche Kriegsgrund liegt schon viel früher, nämlich 1392. Nachdem Herzog Stephan »mit der Hafte« gestorben war, regierten seine Söhne Stephan »der Kneißl«, Friedrich und Johann das Land zunächst gemeinsam. Aber die vertrugen sich so schlecht miteinander, dass sie schließlich Baiern in drei Herzogtümer zerlegten: Jedem das Seine. Friedrich bekam Niederbaiern mit den Residenzen Landshut und Burghausen. Johann wurde Herzog von Baiern-München. Und Stephan »der Kneißl« richtete sich seine Residenz in Ingolstadt ein. Und somit war nun Baiern nach den Landesteilungen von 1255 und 1349 zum drittenmal zerstückelt.

Eine rechte Ruh' war deshalb aber immer noch nicht. Schon gar nicht, als in allen drei Territorien nach dem Tod der zerstrittenen Brüder deren Söhne nachrückten.

Diese drei Vettern – Ludwig der Bärtige von Ingolstadt, Heinrich der Reiche von Landshut und Ernst von München – waren sich erst recht nicht grün. Vor allem der Ingolstädter stänkerte immer wieder gegen den Landshuter und behauptete: Sein Vater sei bei der Teilung von 1392 schmählich beschissen worden, und zur Wiedergutmachung müsse Niederbaiern einen Teil seines Gebiets an ihn abtreten. Zum Eklat kam es anno 1417, als man gemeinsam an des Kaisers Tafel speiste und – wahrscheinlich – auch soff.

Und da nun schleuderte Ludwig der Bärtige von Ingolstadt seinem Vetter Heinrich dem Reichen von Landshut die grimme Schmähung ins Gesicht: Eigentlich habe der ja überhaupt kein Recht auf irgendeinen Fetzen Land, denn er sei gar kein waschechter Wittelsbacher, sondern bloß der untergeschobene Bastard eines Kochs.

Na, das reichte! Der Landshuter machte mobil, der Ingolstädter desgleichen, und man lieferte sich erst einmal etliche Scharmützel. Zum richtigen Krieg kam's dann aber erst 1420, und in den wurden nun auch Herzog Ernst von München und sein Sohn Herzog Albrecht hineingezogen, weil sie mit dem Vetter in Landshut einen Beistandspakt hatten.

Aber bevor's so richtig hart auf hart ging, wurde die Sache dem deutschen König und Kaiser Sigismund denn doch zu bunt. Der hatte zu jener Zeit nämlich ganz andere Sorgen, vor allem mit den böhmischen Hussiten (siehe das vorige Kapitel) und konnte nichts weniger brauchen als eine Verwandtenfehde unter seinen deutschen Fürsten. Also las er am 1. September 1422 auf dem Reichstag zu Nürnberg den drei Wittelsbachern energisch die Leviten und drohte ihnen mit Konsequenzen, falls sie sich nicht allsogleich verträgen und ihre dumme Kriegsspielerei bleiben ließen. Das wirkte: Man gab sich allerseits versöhnungsbereit und beschloss, die Händel alsbald durch Friedensverhandlungen beizulegen.

Ob es den Herren in Landshut und München so ganz ernst damit war? Wer weiß, wer weiß … doch Herr Ludwig zu Ingolstadt gedachte sich insgeheim das zunutze zu machen, was Realpolitiker unserer Tage gern als »die normative Kraft des Faktischen« bezeichnen. Gegen den Landshuter traute er sich nicht recht – da hatte er schon zu sehr draufgezahlt. Die schwächeren Münchner aber, die er für arglos und friedensgläubig hielt, wollte er ganz schnell noch durch einen Handstreich überrumpeln.

Wenn erst einmal vollendete Tatsachen geschaffen wären, so kalkulierte er wohl, dann würden ihm die beim Friedensschluss schon abgesegnet werden. Also marschierte er Mitte September 1422 mit einem stattlichen Aufgebot von Rittern, Söldnern und zwangsrekrutierten Bauern in Münchner Territorium ein. Als Vorhut schickte er seinen Hauptmann Westenacker mit 700 Mann voraus. Die sollten die Münchner Stadt in einem tollkühnen Stoßtrupp-Unternehmen überrumpeln.

War Herr Westenacker ein Trottel?

Fast möchte man's meinen. Denn was tat er? Anstatt so schnell und so heimlich wie nur machbar die schlafende Stadt anzugreifen, sollen seine Reiter erst einmal in aller Gemütsruhe die Orte Gauting, Germering, Aubing und Pasing geplündert und gebrandschatzt haben. Es ist allerdings nicht ganz sicher, ob das wirklich die Gruppe Westenacker war. Tatsache ist jedoch, dass diese Orte in Flammen aufgingen und dass Münchens Türmer angesichts der vier Feuersäulen und Rauchwolken im Vorfeld der Stadt Alarm schlugen. Als Hauptmann Westenacker mit seinen 700 Ingolstädtern vor den Toren der Stadt anlangte, da waren die Münchner auf dem Posten und schlugen seine Attacke blutig ab.

Wenn Ganghofer ein Historiker und kein Romanschreiber gewesen wäre, dann fände sich bei ihm eine plausible Erklärung. Er behauptet nämlich: Die vier Dörfer vor München hätten nicht die Westenacker-Leute in Flammen aufgehen lassen, sondern Brandstifter, die dazu angeheuert worden waren. Und zwar von wem? Pikanterweise vom Sohn des Ingolstädter Herzogs Ludwig, der ebenfalls so hieß, aber wegen einer Verkrüppelung den Beinamen »der Bucklige« oder auch »das Höckerlein« hatte.

Das Motiv: Ludwig »das Höckerlein« hasste seinen Vater Ludwig im Bart so sehr, dass er ihm die Münchner Tour vermasseln wollte. Um ein italienisches Sprichwort zu zitieren: »Si non é vero, é ben trovato« – sollte es schon nicht wahr sein, so ist's doch wenigstens gut erfunden. Ganz undenkbar wäre es jedenfalls nicht. Denn Ludwig senior und Ludwig junior konnten sich nicht ausstehen, zumal der Vater einen illegitimen Ableger dem ehelichen Sproß deutlich vorzog. Und etliche Jahre später hat ja »das Höckerlein« dann tatsächlich den Papi bekriegt und in Neuburg an der Donau belagert und schließlich einsperren lassen. (Wie diese Geschichte weiterging, darüber erfahren Sie mehr in dem Kapitel »Zwischen Ach, Weh, Kreuz, Kümmernis und Klausen …«).

Wie dem auch sei und wer auch daran schuld gewesen sein mag: Die Überrumpelung von München war jedenfalls kläglich gescheitert. Worauf Hauptmann Westenacker mit den Mannen, die ihm danach noch geblieben waren, den geordneten Rückzug antrat. Er traf seinen Herzog mit der Hauptstreitmacht nahe bei Fürstenfeld und Bruck. Aber da waren nun schon die Münchner Herzöge Ernst und Albrecht mit ihrer kleinen Streitmacht und der zünftigen Münchner Bürgerwehr hinter ihm her. Und so kam es zu jener Schlammschlacht bei Hoflach, die auf einem festeren Boden wahrscheinlich ganz anders ausgegangen wäre. Denn der Vetter Loys (wie man Ludwig den Bärtigen auch nannte) war der Stärkere und verfügte über ziemlich viel schwere Reiterei. Und diesem überlegenen Aufgebot hatten die Münchner fast nur leicht bewaffnetes Fußvolk entgegenzustellen. Aber gerade das sollte ihnen im Morast des Starzelbach-Mooses zum Vorteil gereichen.

Dabei sah es für die Münchner zunächst gar nicht gut aus. Zumal sich der hitzige Junior Albrecht mit seinem bisschen Reiterei zu weit vorgewagt hatte und niedergemacht wurde. Das sah von seinem Feldherrnhügel Hoflach der Vater und brachte in seiner Wut die Wende. Ein Chronist jener Tage berichtet so:

»Do dies sein Vater vermerkt, entbrannt er vor jaher Hitz und Zorn und ergriff seinen Kolben mit beyden Händen, wiewohl der schon sehr blutig war, und klopfte rechts und links dermaßen plump und kuebig darein, bis er endlich auf den todten Körpern sich einen Weg machte und ihn befreyte.«

Ludwig Ganghofer muss diese Passage wohl auch gekannt haben. Denn bei ihm liest sich das so:

»Aus des Herzogs Kehle fährt ein rauher Schrei. Gleich einer Mauer, die zu laufen verstand und jetzt das Springen lernte, drängt die beigeschlossene Reihe des Städter- und Bauernheeres dem Herzog nach und fällt mit Sensen, mit Bidenhändern und Morgensternen gegen Ludwigs ankeuchende Reitermenge. Und Herzog Ernst bahnt eine Gasse, fasst den Streitkolben mit beiden Fäusten und haut nach links und rechts hinunter, mit plumpen, klobigen Streichen, mit gewaltigen Hammerschlägen, unter denen die Helme und Schädel, die Platten und Knochen splittern.«

Kurzum: Die Ingolstädter Ritter gerieten a) in Panik und b) dadurch immer tiefer in den Sumpf, und damit war die Schlacht entschieden. Der »Loys« konnte zwar entkommen, aber nun musste er wirklich Frieden machen. Schon am 2. Oktober war's so weit: In Regensburg wurde die Fehde beigelegt, und König Sigismund ließ den Ingolstädter für seinen Überfall auf München empfindlich büßen.

Kehren wir mit Ludwig Ganghofer aber noch einmal auf das Schlachtfeld zurück:

»Im sinkenden Zwielicht werden die Verwundeten zusammengetragen, Freunde und Feinde. An die dreihundert hocken und liegen im Wiesgarten vor dem Hoflacher Jägerhause. In der matten Helle, die der versinkende Brand der beiden Dörfer am späten Abend noch machte, musterte Herzog Ernst die Schar der Gefangenen. Fast ein halbes Tausend. Nicht viele waren in der Schlacht gewonnen. Die meisten der Gefangenen – darunter mehr als zweihundert adlige Herren – hatte man nach der Schlacht aus dem grauen Pfuhl gezogen. Wie man Fische im Moorwasser fängt, mit der hohlen Hand. Bevor man diese erbeuteten Grafen und Barone unter Siegesjubel und Glockengeläut nach München einbringen konnte, musste man sie ein bisschen säubern. Mit plätschernden Wassergüssen spülte man ihnen den Morast von den kostbaren Rüstungen. Lachend sagte Herzog Ernst: ›Ihr Herren, verzeihet der groben Wäsch! Meinem Sohn ist's auch nicht feiner ergangen. Der putzt noch allweil an seinem langen Haar und riecht wie ein fauler Karpf.‹«

In der Nacht zum 22. September 1422 kehrte man im Triumphzug nach München zurück und zelebrierte dort zuerst ein feierliches Hochamt und danach ein großes Besäufnis. Und was passierte mit den Gefangenen? Gar nichts: Die mussten lediglich mit der Hand auf der Heiligen Schrift und bei ihrer Ritterehre schwören, dass sie niemals wieder gegen die Münchner Herzöge und ihr Landl zu den

Waffen greifen würden. Und nach diesem Friedensschwur ließ man sie unbehelligt laufen. Oh mei, müssen das noch humane Krieglein gewesen sein, als man im Umgang miteinander derart noble Spielregeln wahrte!

Mit der Dankbarkeit gegenüber dem lieben Gott hatten es die Münchner Herren nicht ganz so eilig: Erst 13 Jahre nach dem Sieg, 1435, ließ Herzog Ernst auf dem Hügel oberhalb des Schlachtfeldes die spätgotische Kirche Stan. Maria und St. Georg errichten. Dazu später noch das Wohnhaus für einen Benefiziaten, der fünfmal wöchentlich eine Messe für das Seelenheil der Gefallenen und der Münchner Herzöge zu lesen hatte.

Das Kirchenportal ist mit einem stabilen Gitter versperrt, aber zwischen den Stäben durch sieht man auf das große Fresko-Gemälde an Nordwand. Es zeigt den Herzog Ernst mit seinem Sohn Albrecht sowie das Aufgebot ihrer Ritter und Münchner Bürger, und zwar kniend bei der Danksagung nach dem Sieg bei Alling. Im Lauf der Jahrhunderte musste dieses Bild schon mehrmals aufgefrischt und konserviert werden – zuletzt nach einem Wasserschaden zu Beginn des 21. Jahrhunderts.

Wenn Sie vom Ausguck-Hügel Hoflach aus den Schauplatz der Schlammschlacht überblickt haben, dann könnten Sie noch den einen Kilometer nach Alling hinüberfahren, das damals auch in Flammen aufgegangen war. Auf dem dortigen Friedhof wurden Gefallene begraben. Grabsteine mit Aufschriften aus jenem Jahr 1422 oder eine Gedenktafel sucht man allerdings vergebens. Aber die Allinger Zwiebelturmkirche und dieser Gottesacker drumherum – das ist ein friedliches Stück Oberbayern wie aus dem Bilderbuch. Das einzige, was hier noch sichtbar an die Schlacht von damals erinnert: Allings Gemeindewappen, dessen zwei gekreuzte Lanzen symbolisieren sollen, was hier einst geschehen ist.

Der Engelmacher von Straubing

Oder:

Wo Herzog Ernst seine Schwiegertochter
»gen Hymel fertigte«

Der Mesner von St. Peter in Straubing, der die Besucher durch Kirche und Friedhof führt, macht's kurz. Er erzählt zwar ausführlich von einem Spatzen, der sich mal in die gotische Agnes-Bernauer-Kapelle verirrt hatte, und wie schwer der wieder rauszukriegen war. Aber mit der Historie hat er nicht viel im Sinn. Sein Zeigestab deutet auf eine Steinplatte an der Kapellenwand: Das sei das Grabmal der berühmten Agnes Bernauer – und: »Über de G'schicht brauch i Ihnen ja nix erzähln, de kennt ja sowieso a jeder.«

Einige Feriengäste aus Deutschlands hohem Norden sind damit allerdings nicht zufrieden. »Geschichte? Was für 'ne Geschichte denn? Na, nu schießen Se doch mal los, Chef!«

Und so kommt der gute Mann halt doch nicht darum herum, wenigstens im Stenogrammstil zum tausendsten Mal jene rührende Lovestory des späten Mittelalters zu rekapitulieren, die mittlerweile nicht nur von den Dichtern Melchior Meyer, Martin Greif und Friedrich Hebbel dramatisiert, sondern von Carl Orff als »Die Bernauerin« auch auf die Opernbühne gebracht wurde.

Auch wenn man in etwa weiß, was sich damals abgespielt hat: Lassen wir's uns von Aventin, dem ersten bairischen Geschichtsschreiber, ganz kurz noch einmal schildern. In heutiges Deutsch übertragen heißt es in seinen Annalen der bairischen Herzöge:

»Im Oktober des gleichen Jahres (1436) zog Herzog Ernst nach Straubing, während sein Sohn Albrecht nicht dort war. Dieser war so verliebt in Agnes Bernauer, die Tochter eines Augsburger Baders, dass er sie ganz wie seine rechtmäßige Gemahlin hielt und sie öffentlich in kirchlicher Feier heiraten wollte. So nannte sie selbst sich Gemahlin des bairischen Fürsten und Herrscherin von Baiern und gedachte, ausgestattet mit Ehrenjungfern, weiblichem Hofstaat und Dienerschaft, öffentlich aufzutreten. Herzog Ernst ließ alle ratsfähigen Männer, soweit sie in der Stadt waren, zusammenrufen und auf Beschluss dieser Versammlung Agnes gefangensetzen. Als sie sich in weiblichem Leichtsinn allzu keck verteidigte, ließ er sie in einen Sack einnähen und gemäß dem Urteil der Vornehmen vom Henker in der Donau ertränken. Das geschah am 12. Oktober 1436. Danach ließ er zu ihrem Seelenheil eine Kapelle außerhalb der Stadtmauer zur Linken der Peterskirche erbauen und stiftete eine ewige Messe. Dort ruhen ihre Gebeine unter einer Steinplatte, auf der ich Jahr und Tag, da sie aus dem Leben genommen wurde, als wortkarges Zeugnis ihres Schicksals eingegraben gelesen habe.«

Es stimmt nicht ganz, was der gute Aventin da schrieb, denn erstens liegt das Opfer nicht mehr hier begraben, sondern in der Straubinger Karmelitenkirche, wobei der genaue Platz nicht bekannt ist. Zweitens ist das wahre Todesjahr 1435. Und drittens hatte der junge Herzog Albrecht nicht nur die Absicht, die Bernauerin zu heiraten, sondern er hatte dies – wie man heute mit ziemlicher Sicherheit weiß – bereits längst getan. Wobei allerdings nicht ganz klar ist, ob die Zeremonie nun in der Dorfkirche von Aubing bei München stattgefunden hat. Oder wahrscheinlich auf der Burg Vohburg an der Donau.

Der Engel von Augsburg – eine Badhur'?

Wie kam ein bairischer Jungherzog dazu, die Tochter eines Baderwaschls zu freien? Nun ja, er hatte sich halt unhaltbar in die schöne Maid verknallt. Und schön, fast überirdisch schön muss diese Agnes wohl gewesen sein, wenn man den Zeitgenossen glauben darf. Als Engel von Augsburg wurde sie oft bezeichnet, und der Chronist Arnpeck nannte sie »ain wunderschöne fraw«. Und so zarthäutig, dass

Wie schön die Bernauerin war, lässt sich an ihrer Grabplatte kaum mehr er-
kennen. Wohl aber sieht man noch deutlich die Handfesseln, die sie bei ihrer Hin-
richtung am Schwimmen hinderten.

»wann sy roten wein getrunken hett, so hett man ir den wein in der kel hinab sechen gen.« Wenn's wirklich wahr sein sollte, dann würde man ein solches Mädchen heutzutage als hochgradig anämisch bedauern – aber mei, die Schönheitsideale wechseln halt im Lauf der Zeit. Dem Herzog Albrecht jedenfalls gefiel seine Baderstochter aus Augsburg dermaßen gut, dass er sich über alle Standesunterschiede und die Staatsraison hinwegsetzte und sie 1432 heiratete.

Fünf Jahre zuvor, im Fasching 1428, hatte er sie in der Freien Reichsstadt am Lech kennengelernt. Frage: Wie kommt ein bairischer Jungherzog ausgerechnet nach Augsburg, und was will er dort? Das ist schnell gesagt: Amüsieren wollte er sich halt. Und während heutzutage viele Augsburger zu diesem Zweck nach München hinüberfahren, weil dort mehr auf dem Programm steht, war es anno dazumal genau umgekehrt. München war im 15. Jahrhundert noch ein sehr bescheidenes Residenzstädtlein eines ziemlich unbedeutenden Teilherzogtums. Augsburg hingegen galt – man kann sich's heute kaum noch vorstellen – als eine aufstrebende Weltstadt hohen Ranges. Und von der bairischen Grenzfestung Friedberg am anderen Lech-Ufer hatte es der junge Herr Albrecht ja wirklich nicht weit in diesen großstädtischen Sündenpfuhl. Freilich, offiziell kam er zu einem Stechen, also zu einem ritterlichen Turnier. Aber so ganz nebenbei besuchte er halt auch eine Badstube am Vorderen Lech, das Kellerbad. Wobei man wissen muss, dass zu damaliger Zeit in solchen Bädern nicht nur der Reinlichkeit gefrönt wurde. Da gab's auch Musik und was zu essen und zu trinken und allerlei sonstige Unterhaltung. Denn die Mädchen, die dort die Gäste bedienten, schrubbten den Herren nicht nur den Rücken, sondern taten oft auch noch mehr für deren Wohlbefinden. Kurz: So manche Badstube war gleichzeitig das, was man heute vornehm als Eros-Center umschreibt, wenn man nicht das derbe Wort Puff gebrauchen möchte.

War die junge und so schöne Agnes Bernauerin auch so eine Gefälligkeitsdame? Und hätte Herzog Albrecht demnach gar eine Badhur' geheiratet? Das wohl doch nicht. Man darf eher annehmen, dass der

Badbesitzer Bernauer diesem hohen Herrn eben nicht seine Mägde als Bedienerinnen zumuten wollte, sondern für ihn sein ehrbares Töchterlein an den Zuber kommandierte. Die Steuerregister der Stadt Augsburg weisen allerdings keinen Kaspar Bernauer aus – vielleicht war also der Papa auch nur ein Badeknecht? Aber selbst wenn er Badbesitzer gewesen wäre: Dieses Gewerbe galt damals als dermaßen unehrenhaft, dass ein hoher Herr schon arg verrückt sein musste vor lauter Liebe, um »so eine« zu heiraten. Dabei wäre Herzog Albrecht im selben Jahr ohnehin schon fast mit einer standesgemäßen Braut vor den Altar getreten. Er war nämlich verlobt mit der Tochter von Graf Eberhard (dem »Milden«) von Württemberg. Aber diese Elisabeth mochte ihn nicht und heiratete heimlich einen anderen, was den Münchner Herzögen aber immerhin ein stattliches Reu'geld eintrug.

Nun war der junge Mann also wieder frei und freute sich eines ungebundenen Lebens, war er doch ohnehin ein »gar frölicher herr« und außerdem »ain liebhaber der zarte frawen und ains mandlichen hertzens«.

Nun ja, diese Augsburger Baderstochter war gewiss die erste nicht, die der junge Herr aus München vernaschte. Deshalb dachte sich wohl sein Vater anfänglich auch bei dieser Liaison nicht viel. Aber je länger das dauerte, desto mehr missfiel es ihm. Nicht, dass Herzog Ernst so sittenstreng gewesen wäre. Aber er fürchtete um sein Landl und den Frieden. Baiern war ja zu jener Zeit dreigeteilt und hatte schon etliche Bruderkriege hinter sich (vergleiche das vorige Kapitel »Die Schlammschlacht von Hoflach«). Wenn sein Sohn bei dieser Frau bliebe und mit ihr Kinder hätte, so die Überlegung des alten Herrn, dann wäre das eine willkommene Gelegenheit für die Vettern in Landshut und Ingolstadt, sich später mal über das Herzogtum Baiern-München herzumachen. Denn Kinder aus der Ehe mit einer Baderstochter waren selbstverständlich Bastarde und in einem herzoglichen Hause nicht erbberechtigt.

Blamage beim Turnier

Um den Jungen von diesem Teufelweib wieder abzubringen, dürfte Herzog Ernst höchstwahrscheinlich die Blamage von Regensburg arrangiert haben. Aber selbst wenn er nicht dahintergesteckt haben sollte: Jedenfalls wurde dort im November 1434 der junge Herzog Albrecht stark gedemütigt. Da fand nämlich ein Turnier statt, und auch Albrecht ritt von Vohburg, wo er mit seiner Frau Agnes damals wohnte, dorthin. Aber man schloss ihn wegen seiner unstandesgemäßen Buhle glatt von der Teilnahme aus und schickte ihn weg. Und es ist möglich, wenn auch nicht beweisbar, dass es deswegen zu einer Rauferei kam, bei der Albrecht ordentlich Prügel bezog.

Vater Ernst hatte gehofft, Schimpf und Schande solcher Art würden ausreichen, um dem Sohn die Bernauerin zu verleiden, zumal er ohnehin schon eine andere und ebenbürtige Braut für ihn in petto hatte. Aber nichts da: Jetzt wurde der junge Herr erst recht starrköpfig.

Und wenn er seine schöne Frau bislang auf der Vohburg ein bisschen versteckt gehalten hatte, so zog er mit ihr jetzt demonstrativ in die Stadt Straubing, die damals zum Herzogtum Oberbaiern-München gehörte, und wo er in der Hofhaltung ohnehin Statthalter des Vaters war. Und dort, im Straubinger Schloss, spielten die zweie nun vor aller Öffentlichkeit Herzog und Herzogin. Was aber noch schlimmer war: Die Leute schien das gar nicht zu stören. Im Gegenteil: Agnes muss beim Volk sogar sehr beliebt gewesen sein.

Nun gedachte Herzog Ernst nicht mehr lang zu fackeln. Er sorgte dafür, dass Albrecht vom Vetter in Landshut zu einer Jagd samt wichtiger Besprechung eingeladen wurde. Und kaum war der Junge weg, ließ der Vater die Bernauerin gefangen nehmen. Der Turm an der Nordwestecke des Schlosses, wo sie eingesperrt war, steht heute noch. Und auch das Glöckchen der Schlosskapelle, das bei den Agnes-Bernauer-Festspielen geläutet wird, ist immer noch das nämliche, das die Bernauerin auf ihrem letzten Gang läuten hörte.

Aha – und gleich beim Schloss ist ja auch die Donaubrücke: Also da hat man dann die arme Frau, nachdem sie partout nicht ins Kloster gehen wollte, ins Wasser gestoßen? Nein, von dieser Brücke schon deshalb nicht, weil man im 15. Jahrhundert noch keine Stahlbrücken zu bauen pflegte. Und außerdem floß die Donau damals noch nicht direkt am Schloss vorbei. Der Ort, wo die Bernauerin ersäuft wurde, ist nicht mehr genau zu lokalisieren. Und ob sie dazu wirklich in einen Sack gebunden oder gleich so … auch das steht nicht beweisbar fest. Bekannt ist nur, dass der Henker, der den Auftrag erhielt, Emeram Nusperger geheißen hat. Und dass die Aktion erfolgreich war, denn: »Mittwochen vor Galli ertranck man Engel Pernerin zu Straubing«, heißt es in einer Chronik. Als der Bote mit der Todesnachricht in die Residenzstadt kam, notierte der Münchner Stadtschreiber, dass man nun die »Bernawerin gen hymel gefertigt hett«. Herzog Ernst hat also, so könnte man bösartig witzeln, den Engel von Augsburg tatsächlich zum Engel gemacht.

Ende gut – alles gut?

Zunächst schien die Rechnung Herzog Ernsts nicht aufzugehen. Denn in einem ersten Wutanfall dachte der Sohn daran, mit den feindlichen Vettern in Ingolstadt gegen den Vater zu konspirieren. Aber das legte sich schon nach wenigen Monaten. »Herzog Albrecht der kunstreichist maister der Musica, fand dadurch sein Verstand, den er verloren hätt, da man daz Weyb ertränkt«, sagt eine Chronik. Ein schönes Marmorrelief im Münchner Dom zeigt die Versöhnung zwischen Vater und Sohn.

Und schon Ende 1436 heiratete Albrecht dann noch einmal, jetzt aber standesgemäß: Die Tochter Anna des Herzogs von Braunschweig. Mit der hatte er dann zwar nicht weniger als zehn Kinder, was ihn aber keineswegs an Seitensprüngen hinderte. Und war seine große Liebe Agnes eine Baderstochter gewesen, so trieb er's zuletzt mit einer Münchner Kürschnersfrau.

Das alles dürfte dem Vater Ernst, soweit er es noch miterlebte, herzlich gleichgültig gewesen sein, hatte er doch nun die legitimen Erben, um derentwillen er die Bernauerin aus der Welt schaffen ließ. Und nachdem nun die leidige Angelegenheit zu einem für ihn guten Ende gebracht war, ließ er über dem ursprünglichen Grab der Ertränkten auf dem Friedhof von St. Peter vor Straubing eine schöne Kapelle bauen und setzte ihr einen feinen Grabstein. Dass sich der Steinmetz irrte und als Sterbejahr statt 1435 das Jahr 1436 einmeißelte, darauf kam's fürwahr nicht mehr an.

Herzog Albrecht überlebte seine geliebte Agnes um 25 Jahre und starb 1460. Er liegt im Kloster Andechs begraben – und sein Nachbar im Tode ist dort just jener Carl Orff, der fünfhundert Jahre nach dem Mord von Straubing die Oper »Die Bernauerin« komponiert hat.

Wieder auferstanden ist mittlerweile – wenn auch nur auf der Freilichtbühne – die Delinquentin von Straubing. Just dort nämlich, wo sie gefangengesetzt, verhört, bedrängt und schließlich dem Henker überantwortet wurde, im Straubinger Schloss also, finden seit dem 500. Todestag (1935) alle vier Jahre Agnes-Bernauer-Festspiele statt, und zwar unter freiem Himmel. Lauter Laienspieler zwar, aber das tut dem ebenso rührseligen wie gewaltigen Schauspiel wenig Abbruch. Nicht weniger als 317 Rollen müssen hier besetzt werden. Und vor der Kulisse des Schlosses finden – der ritterlichen Zeit entsprechend – auch viele Auftritte hoch zu Ross statt. Zum Schluss wird die arme Agnes auf dem Schinderkarren hinweggefahren – genau wie damals. Nur ertränkt man sie natürlich nicht – das wäre denn doch selbst am historischen Schauplatz ein bisschen zu viel der Authentizität – und außerdem braucht man die schöne Bernauerin ja wieder für die nächste Aufführung.

Die nächsten Jahre, in denen das Drama um die schöne Agnes wieder gespielt wird: Sommer 2015 – usw. im Vierjahresturnus.

Anfragen: Städtisches Verkehrsamt, Tel. 0 94 21/94 43 07.

Zwischen Ach, Weh, Kreuz, Kümmernis und Klausen ...

Oder:

Wo eine feste Burg zur fürstlichen Sippen-Haftanstalt wurde

Burghausen an der Salzach: Ein altes Städtchen, gekrönt von der längsten Burganlage Deutschlands. Und so romantisch und lieblich, dass Literaten manchmal arg ins Schwärmen geraten. Wie beispielsweise Wilhelm Hausenstein, der 1955 rühmte, diese Stadt sei »in unwahrscheinlichem Grade fabelhaft, merkwürdig, in epischen Maßen großartig wie mittelalterliche Geschichte von mythischer Gestalt; Ballade; Stadtfigur von einer Ungewöhnlichkeit, die nicht mehr der wirklichen Welt anzugehören, vielmehr in das Außerordentliche der Legende und des Traumes entrückt zu sein scheint ...« Ach du lieber Himmel, man kann's ja auch viel einfacher sagen: Fahren Sie hin und schauen Sie sich Stadt und Burg an – es lohnt sich wirklich! Vor allem die 1 km lange Burg mit sechs hintereinanderliegenden Höfen ist jede Anfahrt wert. Denn nur selten sieht man noch alles so komplett beisammen, was eine mittelalterliche Burg ausmachte.

Freilich: So idyllisch und gemütlich, wie es heute aussieht, war's hier nicht immer. O nein, diese Stadt und ihre Bergfestung standen bei der Bevölkerung des weiten Umkreises lange Zeit in sehr schlechtem Ansehen. Behauptet doch ein altes Sprüchlein: »Zwischen Ach, Weh, Kreuz, Kümmernis und Klausen liegt das Schindernest Burghausen.« Wobei man wissen muss, dass Ach und Weh und so weiter Ortsnamen sind. Das Schindernest aber bezog sich auf die Tatsache, dass Burghausen Gerichtssitz war und 1505 eines der vier bairischen Rentämter wurde, das heißt sowas wie eine Oberfinanzdirektion, wo herzogliche Steuerbeamte mit harter Hand die Abgaben für ihren

»Schöner wohnen« – das dürften sich wohl manchesmal die drei Herzogsgattinnen gewünscht haben, die in tristen Burghausener Burggelassen viele Jahre lang Hausarrest hatten.

hohen Herrn einzutreiben hatten. Viel Weh, Ach, Kümmernis und manch ein Kreuz gab es hier aber auch noch aus einem ganz anderen Grund. Hatten doch mehrere bairische Herzöge die Angewohnheit, unliebsam gewordene Ehefrauen und andere Anverwandte, die man weit vom Schuss haben wollte, auf die Burghausener Burg zu verbannen.

Erbaut haben diese mächtige Festung freilich nicht die Wittelsbacher – denen ist sie zusammen mit dem Herzogtum zugefallen. Urkundlich erwähnt wird der Ort erstmals 1025 (obwohl er viel älter ist), und 1104 findet sich in alten Urkunden erstmals ein Graf von Burghausen.

Der stammte aus der bairischen Pfalzgrafensippe der Aribonen. Als der letzte Burghauser Graf 1164 ohne Erben starb, riss sich der damalige Baiernherzog Heinrich der Löwe diesen hübschen Besitz unter den Nagel – nicht nur, weil ihm die Gegend so gut gefiel, sondern weil die Salzach ein wichtiger Wasserweg für den Salzhandel war, und mit Salz ließ sich damals gutes Geld machen.

Als Heinrich der Löwe 1180 in kaiserliche Ungnade fiel und sein Herzogtum Baiern einbüßte, kamen die Wittelsbacher dran. Und die begannen sofort, die schon vorhandene Burg ordentlich auszubauen. Trotzdem wäre Burghausen nie das geworden, was es später war, hätte es nicht die folgenreiche Landesteilung von 1392 gegeben, als das schöne Baiernland in die drei Teilherzogtümer Baiern-Ingolstadt, Baiern-München und Baiern-Landshut zerlegt wurde.

»Wie eine Gefangene«

Einer der Herzöge im niederbairischen Landshut war Herr Heinrich (1386–1450), der zunächst »der Schwarze« genannt wurde und später – wie auch sein Sohn und sein Enkel – den Beinamen »der Reiche« erhielt. Das muss ein sauberer Herr gewesen sein, der sich um Recht und Gesetz und um das Wohl seiner Untertanen herzlich wenig scherte. Weshalb er auch mit den Bürgern von Landshut immer wieder Ärger bekam (vergleiche hierzu das Kapitel »Tote nach dem Techtelmechtel«). Da es immer wieder zu Aufständen kam, die er mit List und Tücke niederschlug, besann er sich auf seine ruhigere Nebenresidenz Burghausen. Den braven Leuten dort, die offenbar nicht so aufmüpfig waren wie die Landshuter, wird in einer Urkunde sogar einmal bescheinigt, sie seien recht »piedere« und »frumbe« Untertanen. Und nachdem man dort auch noch eine so feste Burg zur Verfügung hatte, zog es der Herzog vor, seine Schätze an der Salzach in Sicherheit zu bringen. In einem dicken, runden Turm (der 1482 einstürzte) wurden kistenweise Gold, Juwelen und andere Kostbarkeiten eingelagert.

Nicht der Sicherheit wegen, sondern um die Dame in Landshut los zu werden, wies Herzog Heinrich seiner Gemahlin Margaretha von Österreich die Burghausener Nebenresidenz als Wohnsitz zu. Das hört sich ganz erträglich an, und sicher hatte die hohe Frau auch genug Dienerschaft dabei.

Trotzdem muss die Burg an der Salzach für sie sowas wie ein Internierungslager gewesen sein. Als sie 1447 starb, gab sie kurz zuvor verbittert kund, sie sei hier von ihrem Mann wie eine Gefangene gehalten worden.

Übrigens ist auch der Sohn Heinrichs des Reichen, Ludwig, schon als Kind lange Jahre in Burghausen gesessen und war deshalb auf den Alten, der ihn samt der Mutter dorthin abgeschoben hatte, stocksauer. So sehr, dass er beim Tod des Vaters keine Trauerfeier, sondern ein frohes Fest veranstaltete.

Mit 28 in den lebenslänglichen Arrest

Als Ludwig der Reiche, endlich selbst Regent, die sächsische Prinzessin Amalie (auch Ameley genannt) heiratete, da konnte die blutjunge Braut nicht ahnen, dass es ihr einmal genau so ergehen würde wie ihrer Schwiegermutter. Die Vermählung der beiden war zwar noch kein ganz so glanzvolles Spektakel wie eine Generation später die berühmt gewordene Landshuter Fürstenhochzeit. Aber immerhin berichtete der Chronist Arnpeck, sie »war gar kostlich mit viel freuden zu Landshut begangen«. Wenn kostlich kostspielig heißen soll, so mag das schon stimmen, denn der junge Ehemann bewirtete nicht weniger als 11 000 Hochzeitsgäste und fütterte auch deren 9000 Pferde. Aber es dauerte gar nicht lang, bis auch dieser hohe Herr sich als rechter Tunichtgut entpuppte – kaum besser als sein Herr Vater. Dass er wenig Hemmungen hatte, sich mit den Gattinnen und Töchtern seiner Untertanen zu vergnügen – ja mei, sowas kam auch anderwärts vor. Aber dieser Ludwig der Reiche verprügelte seine Angetraute, und nach elfjähriger Ehe, anno 1463, hatte er sie so übersatt, dass er sie nicht mehr sehen mochte: Ab nach Burghausen! Die arme Frau war damals gerade 28 Jahre alt, und sie hätte bis zu ihrem Tod 1502 noch 39 lange Jahre in diesem noblen Gefängnis abzusitzen gehabt. Wobei man sie freilich nicht richtig einkerkerte – was hätten denn da die Leut' gesagt! O nein, die Frau Herzogin wurde ganz standesgemäß isoliert: Mit einer Dienerschaft von mindestens hundert Leuten und mit einem Aufpasser namens Hans Ebran von Wildenberg, der nicht nur als Burgkommandant, sondern auch als »hofmeister« der hohen Frau fungierte.

Eine besonders hübsche Pointe: Just in jenem Jahr 1463, als er Frau Ameley lebenslänglich nach Burghausen verbannte, drohte der sittenstrenge Herr Herzog seinen Untertanen strenge Bestrafung für den Fall an, dass Eheleute, die es nicht mehr miteinander aushalten, sich trennen.

Was die lebenslängliche Verbannung betrifft, so hatte die Herzogin noch Glück. »Lebenslänglich« bezog sich nämlich in ihrem Fall nicht auf das eigene Leben, sondern auf das ihres Mannes, der schon lange vor ihr starb, nämlich 1479. Da war nun die arme Ameley plötzlich und unverhofft doch wieder frei, und es stand ihr sogar ein Witwengeld zu. Das nahm sie zwar an, aber von Bayern hatte sie wohl genug. Jedenfalls reiste sie alsbald ab nach Sachsen, wo sie hergekommen war. Wer weiß – vielleicht hatte sie auch Angst, ihr Sohn könnte dem Vater nachschlagen?

Warum weinte die Braut?

Ähnliche Befürchtungen könnte vielleicht auch die Braut des nächsten Herzogs gehabt haben, dem Ludwig der Reiche wenige Jahre vor seinem Tod 1475 die glanzvolle Landshuter Fürstenhochzeit mit der polnischen Königstochter Jadwiga oder Hedwig ausrichtete.

Als man die 18-jährige künftige Herzogin zum Traualtar führte, da so berichtet ein Zeitgenosse – »weint sie gar sehr«. Und auch danach, so heißt es weiter, habe sie wieder geweint und ihr Gesicht mit den

Händen bedeckt und den Kopf hängen lassen. Bloß Rührung? Freudentränen? Oder schon Angst, dass auch ihr Georg der Reiche kein angenehmerer Ehemann sein würde als schon sein Vater und sein Großvater? Wenn ja, dann sollte sie recht behalten. Falls man den Chronisten glauben darf, dann muss diese Jadwiga zwar eine recht aparte Weibsperson gewesen sein, nämlich »sehr hübsch und dazu aufrecht und lieblich von Angesicht«. Vom Busen und sonstigen Rundungen ist zwar nicht die Rede, wohl aber lobt der Chronist ausdrücklich »über die Maßen schöne Hände, sehr schmal mit langen kleinen Fingern, und auch gar schöne kleine Arme«.

Aber ach, was half ihr das alles! Ihr Georg liebte nun mal die Abwechslung, und damit sie ihm bei seinen Techtelmechteln nicht einmal mit vorwurfsvollen Blicken lästig werden konnte, schickte er seine Frau ziemlich rasch in die Burghausener Haft. Sogar noch eiliger als Ludwig der Reiche und Heinrich der Reiche. Die hatten zuvor wenigstens noch dafür gesorgt, dass ein Stammhalter da war. Georg aber dauerte das bei Jadwiga zu lang: Kind oder keins, das war ihm alles eins – ab mit der Gattin nach Burghausen!

Er selbst aber ging in Landshut in die Vollen. Wie ein Chronist namens Fuetrer berichtet, war er dabei nicht sehr geschmäcklerisch und trieb es auch mit Nutten: »Dann allain mit unbeleumten weibern und offentlichen puelerin (Buhlerinnen) hat er unverschambt und offentlich viel wesen.« Nicht nur das: Unter seiner Ritterschaft wird sogar gemurrt, dass er dann und wann eine schöne, aber sittsame Frau auch mit Gewalt auf seine Zwingburg Trausnitz über Landshut verschleppe. Deshalb hat ihm auch der Geschichtsschreiber Aventin keine gute Nachrede gegönnt, sondern sein Treiben als ehe- und verbrecherisch benannt.

Das wäre für die arme Jadwiga, hätte sie's noch zu lesen gekriegt, auch nur ein schwacher Trost gewesen. Denn im Gegensatz zu ihrer Schwiegermutter Amalie von Sachsen, die sich wenigstens noch als Witwe für die letzten 23 Jahre ihres Lebens befreien konnte, starb sie ein Jahr vor ihrem Mann, nämlich 1502, also gleichzeitig mit der

Schwiegermutter. Und Jadwiga hat somit wirklich in Burghausen lebenslänglich gesessen.

Der verkaufte Vetter

Jetzt geht's noch einmal zurück zu Herzog Heinrich dem Reichen. Der hielt nämlich in Burghausen nicht nur seine Ehefrau gefangen, sondern auch noch seinen Ingolstädter Vetter Ludwig im Bart. Und das kam so:

Dieser bärtige Herzog Ludwig von Ingolstadt hatte mit dem Vetter Heinrich eine Fehde gehabt (vergleiche das Kapitel »Die Schlammschlacht von Hoflach«). Und wenn Ludwig Ganghofer in seinem »Ochsenkrieg«-Roman nur Tatsachen zu Papier gebracht hätte, dann wäre schon damals sein Sohn Ludwig der Bucklige insgeheim gegen ihn gestanden. Der Vater hatte ihn von jeher gekränkt indem er ihm seine illegitimen, aber gerade gewachsenen Söhne vorzog und den bresthaften Buckligen wie den letzten Deppen behandelte. Als er es schließlich gar zu bunt trieb, putschte der Buckel-Ludwig gegen den eigenen Vater, und das mit Erfolg, denn der hatte mittlerweile auch bei all seinen Untertanen jegliche Sympathie verspielt. Der alte Herr verschanzte sich vor seinem Sohn im befestigten Schloss Neuburg an der Donau, aber der Junge nahm die Stadt ein und seinen gehassten Erzeuger gefangen. Und was jetzt mit dem 75jährigen Greis? Umbringen will ihn der Bucklige denn doch nicht. Aber im Land behalten mag er ihn auch nicht. Da trifft es sich gut, dass der Bucklige einen angeheirateten, aber ziemlich weit entfernten Verwandten hat, nämlich den Markgrafen Albrecht Achilles von Ansbach, den Bruder seiner Ehefrau Margarethe. Soll doch bitte der den abgehalfterten Ludwig den Bärtigen in Verwahrung nehmen, bis er über kurz oder lang stirbt.

Ach nein, der liebe Gott hatte sich's anders überlegt und ließ zuerst und schon nach eineinhalb Jahren den buckligen Sohn über den Jordan gehen. Womit nun, da keine legitimen Kinder da waren, der bärtige Vater alleiniger Erbe und somit wiederum Herzog von Baiern-Ingolstadt gewesen wäre. Albrecht Achilles wollte aber den alten Herrn nicht aus Ansbach ziehen lassen, ohne zuvor ein saftiges Lösegeld abzukassieren, und dabei spielte nun der sture gebartete Ludwig nicht ums Verr… mit. Als ihm der Markgraf wieder einmal seine Geldforderung vortrug, soll er gesagt haben: »Nimm ein Schwert in Dein Hand und stich das in mich und sprich: Ich will Geld von Euch haben! Als oft will ich sprechen: Ich will dir nichts geben, als bis mir die seel ausgeht, denn du hast weder Recht noch Glimpf zu meinem Leib oder Guet.«

Da wurde es Albrecht Achilles zu dumm, und er holte sich sein Lösegeld, indem er den Gefangenen an dessen Vetter verkaufte: An den Landshuter Herzog Heinrich den Reichen, den ewigen Todfeind des Bart-Ludwigs. Und was tat der mit ihm? In Burghausen hat er ihn eingesperrt, den unliebsamen Verwandten. Und da sollte der so lange sitzen, bis er bereit war, auf die Forderungen Herrn Heinrichs einzugehen. Lösegeld? Ach was, Geld hatte der selber grad genug – umsonst hieß er ja nicht der Reiche. Nein, ihm ging's um territoriale Ansprüche. Aber darüber konnte man mit Herrn Ludwig nicht reden. Wenn ihn Vetter Heinrich wieder einmal besuchte, war der glatt Luft für ihn. Er sprach kein Wort mit dem Verhassten, erwiderte keinen Gruß und schaute ihn nicht einmal an. Also musste er weiter brummen, bis ihn 1447 der Tod erlöste: »Do lag der Fürst etlich kurz Zeit und starb ohne Peicht und Pueß und im Pann und ward zu Raitenhaslach begraben, do er war über die 80 Jahr seines Alters.«

Drei Jahre später segnete auch Heinrich der Reiche von Baiern-Landshut das Zeitliche, aber er hatte es gerade doch noch derwarten können: Mangels anderer Erben fiel nun ihm und seinen Nachkommen das Teilherzogtum Baiern-Ingolstadt zu – und genau das war's ja, was er schon immer gewollt hatte.

Gewahrsam für einen lästigen Bruder

Nicht nur ungeliebte Ehefrauen und ein verhasster Vetter, sondern auch zwei Brüder, die man vorsichtshalber nicht bei Hofe haben wollte, wurde vom Haus Wittelsbach nach Burghausen abgeschoben. Das war 1508 beim Tod des Herzogs Albrecht IV (Beiname »der Weise«). Der hatte es geschafft, die Teilung zu beenden und Ober- und Niederbaiern wiederzuvereinigen. Und damit das so bleiben sollte, erließ er 1506 ein Primogeniturgesetz, das besagte: Das Herzogtum ist künftig unteilbar und wird in der männlichen Linie jeweils an den Erstgeborenen weitervererbt.

Erstgeborener Sohn Albrechts und somit neuer Herzog war Wilhelm IV., damals gerade 15 Jahre alt und nur regierungsfähig zusammen mit einem Onkel als Vormund. Da waren aber auch noch zwei jüngere Brüder, ein Ludwig und ein Ernst. Und um die erst einmal für alle Fälle aus dem Weg zu haben, schickte sie der Jungherzog Wilhelm von seiner Münchner Residenz weit fort ins ferne Burghausen. Nicht in Haft – das keineswegs. Nur zu einem Erziehungsaufenthalt. Und damit die zwei auch was lernen sollten, gab er ihnen einen gelahrten Mann als Erzieher mit: Den späteren Geschichtsschreiber Johannes Turmair, genannt Aventinus. Und so kam es, dass dieser Aventin sich zusammen mit den beiden Prinzen in den Jahren 1509 und 1510 in Burghausen aufhielt. Das Haus, das er auf der Burg bewohnt hat, ist noch heute dort zu sehen. Am liebsten hätte Wilhelm es ja gehabt, man hätte seine zwei Brüderlein gleich zu künftigen Geistlichen herangebildet. Und beim jüngsten, dem Ernst, ist es ja dann später auch so gekommen, denn der wurde schließlich zwar kein geweihter Hochwürden, aber doch immerhin Bistumsadministrator von Passau und Salzburg, und war's zufrieden so.

Nicht so der mittlere, der Ludwig. Als der von seinem Burghausener Bildungsurlaub nach München zurückkam, ging der Zirkus mit der Erbstreiterei gleich wieder los. Plötzlich stellte nämlich dieser Ludwig fest, das Primogeniturgesetz sei ja vom Vater Albrecht erst nach seiner, Ludwigs Geburt erlassen worden, und somit gelte es für ihn noch nicht. Nur mit einem Titel, der ihm nach diesem Gesetz zugestanden hätte, wollte er nicht zufrieden sein, und es half auch nichts, dass ihn Bruder Wilhelm flugs zum Domherrn in Freising ernannte. Zum Schluss einigten sich die beiden aber doch noch friedlich: Wilhelm ließ den Ludwig in Gottesnamen mitregieren, und zwar als Verwalter in Landshut. Und kaum hatte der das erreicht, da interessierte es ihn auch schon nicht mehr. Er ließ sich's in seiner prächtigen Landshuter Residenz gut gehen, kümmerte sich kaum um Politik und pfuschte dem älteren Bruder nicht dazwischen. Womit er sich möglicherweise erspart hat, noch einmal nach Burghausen verschickt zu werden.

Überhaupt hatte Burghausen jetzt seine Rolle als Nebenresidenz und Sippen-Haftanstalt ausgespielt. Es war nur noch eins von vier Rentämtern, und auch als solches nicht mehr so bedeutend, nachdem das Innviertel auf dem anderen Salzachufer an Österreich abgetreten werden musste. Und die Burg? 1783 schreibt der Reiseschriftsteller Philipp Wilhelm von Gercken über sie nur noch dies:

»Die alte Festung oder vielmehr das Bergschloss liegt sehr hoch, und ist weitläufig genug, worauf ein Zuchthaus, sonst aber sind die Festungswerke von keiner Bedeutung. Die Garnison in der Stadt und auf der Festung macht auch nur 300 Mann aus.«

Burghausen war in eine Randlage geraten und in einen langen Dornröschenschlaf verfallen. Und das hat seine Vorteile für uns Heutige. Blieb doch auf diese Weise der Schauplatz ziemlich unverändert erhalten, auf dem sich ein paar delikate Kapitel Wittelsbachscher Familienhistorie abgespielt haben. Fahren Sie einmal hin und Sie werden sehen: Hier gibt's Geschichte »zum Anfassen«.

Dem »Bruder Martin« hinterher

Oder:

Wo Luther in Augsburg wohnte und wo er floh

Ob man nun von der breiten Fuggerstraße durch einen engen Torbogen kommt, oder aber von der schmalen Annastraße: Verfehlen kann es der Besucher kaum. Denn die St.-Anna-Kirche mit dem ehemaligen kleinen Karmeliterkloster liegt zwar ein bisschen versteckt, aber mitten im Herzen der Stadt und nur wenige Schritte von Augsburgs Verkehrsdrehscheibe, dem Königsplatz.

In der Kirche: Ein schönes Portrait des großen Reformators. Im Lutherjahr 1983, zum 500. Geburtstag, wurde außerdem eine »Lutherstiege« hergerichtet. Draußen, im Kreuzgang, gibt's ein Lutherhöfle und dort sieht man noch das Fenster jener Zelle, in der »Bruder Martin« einst gewohnt haben soll.

So – und nun gehen wir ein kleines Stückchen weiter zur Kirche Heilig Kreuz. Wo eine zum Lutherjahr angebrachte Bronzetafel verkündet: Just in demselben Jahr, da er bei St. Anna hauste, habe der große Mann hier gewohnt. Hier und nirgendwo sonst!

Nanu – wo gibt's denn sowas, dass einer an zwei Orten gleichzeitig weilt? In Augsburg gibt's das, wo sich zwei evangelische Kirchengemeinden darum streiten, wer anno 1518 während der Vernehmung durch den Kardinal Cajetan Luther beherbergen durfte. Und beide führen gute Gründe ins Feld.

Zunächst einmal St. Anna: Es spricht viel dafür, dass der Reformator hier Quartier nahm. Denn in diesem damaligen Karmeliterkloster konnte er sich von lauter Sympathisanten umgeben fühlen. Die Patres neigten – von wenigen Ausnahmen abgesehen – schon frühzeitig den Ideen und Thesen Martin Luthers zu. Das gilt besonders für den Prior Dr. Johannes Frosch, der es wagte, auch von der Kanzel herab solche ketzerischen Gedanken zu verkünden. Später trat er übrigens, wie »Bruder Martin«, aus dem Orden aus und heiratete 1525, was ihn aber nicht hinderte, weiter eines geistlichen Amtes zu walten, denn noch im selben Jahr stellte ihn der Rat der Stadt als Prediger bei St. Anna an.

Man kann also diese Kirche und die dazugehörigen Klostergebäude mit Recht als die Keimzelle des Protestantismus in Augsburg bezeichnen. Und es spricht viel dafür, dass Luther tatsächlich hier Zuflucht gesucht hat, als er zum Reichstag nach Augsburg zitiert wurde, um sich wegen seiner Thesen vor einem hohen Abgesandten des Papstes zu rechtfertigen.

Das Dumme ist nur: In irgendeinem Tagebuch hat er in lateinischer Sprache selbst vermerkt, er habe, als er nach Augsburg kam, bei den Augustinern gewohnt. Unsinn, meinen die Leute von St. Anna: Da muss er sich wohl in der Eile verschrieben haben. Oder aber er hat's verwechselt mit seinem ersten kurzen Aufenthalt in der Stadt, als ihn 1511 sein Erfurter Kloster nach Rom geschickt hatte. Für einen Augustinermönch, der er damals noch war, erscheint es naheliegend, dass er bei den Brüdern des gleichen Ordens anklopfte. Es ist auch völlig unumstritten, dass er 1511 bei Heilig Kreuz genächtigt hat. Nur: dieser Aufenthalt war halt historisch völlig belanglos, da hat sich nichts Wichtiges getan – sehr im Gegensatz zu Luthers zweitem Besuch in Augsburg 1518. Und da behaupten nun die Leute von Heilig Kreuz: Auch bei dieser Gelegenheit sei der große Mann selbstverständlich wieder hier abgestiegen. Denn immer noch war er ja Augustinermönch.

Haha! hohnlachen da die Leute von St. Anna: Bei den Augustinern konnte er doch 1518 gar nicht wohnen, weil es zu diesem Zeitpunkt keine Augustinermönche in Augsburg gegeben hat – ätsch!

Ja und? trumpfen dagegen die Leute von Heilig Kreuz auf: Augustinermönche der armen Sorte gab's freilich zu jener Zeit in Augsburg nicht – wohl aber die vornehmen Augustiner-Chorherren, und bei denen hat Luther folglich gehaust und damit basta. In St. Anna … na schön, da war er vielleicht mal zum Essen eingeladen, mehr nicht.

HIER IM KARMELITERKLOSTER
BEI ST. ANNA WOHNTE
DR. MARTIN LUTHER
VOM 7. BIS 20. OKT. 1518
WÄHREND SEINER VERHAND-
LUNGEN MIT DEM PÄPSTLI-
CHEN LEGATEN CAJETAN.

Diese Gedenktafel an den Aufenthalt Luthers sieht man im ehemaligen Karme-
literkloster bei St. Anna, wo Luther logierte und von wo aus er nach den Aus-
einandersetzungen mit dem päpstlichen Legaten Cajetan vorsichtshalber bei
Nacht und Nebel aus der Stadt geschleust wurde.

Man möcht's kaum glauben, aber diese Kontroverse wurde 1983 in Augsburg mit großer Heftigkeit und sogar unter Androhung gerichtlicher Schritte ausgetragen. Um ein Haar hätte also Luther zu seinem 500. Geburtstag nachträglich noch einmal zu einer lokalen Kirchenspaltung geführt, wäre nicht der Leiter des Römischen Museums noch rechtzeitig auf eine historische Quelle gestoßen, die beiden Parteien Genüge tut. Da heißt es nämlich: »… quartierte sich zuerst bey den Augustinern, nach kurzer Zeit aber im Kloster der Karmeliter bey St. Anna ein, in welcher Kirche er auch während seines Aufenthalts mehrmals Messe las.«

Na also! Dann schauen wir uns halt beide Lokalitäten an, um ganz sicher gesehen zu haben, wo Luther wohnte, und wenden uns nunmehr der wichtigeren Frage zu: Was wollte er denn in Augsburg?

Das große Verhör

Um es klar zu sagen: Er wollte gar nichts. Er kam ja nicht freiwillig, sondern weil er herzitiert worden war. Denn wenn die Amtskirche zunächst auch die Thesen des Mönchleins aus dem sächsischen Wittenberg nicht sonderlich ernst genommen hatte, so bekam man allmählich doch ein wenig Muffensausen. Nein, länger wollte man diesem Treiben nun nicht mehr untätig zuschauen, sondern der Mann musste zur Raison und zum Schweigen gebracht werden. Obwohl er mit seiner Kritik ja nur deshalb so viel Widerhall finden konnte, weil er völlig recht hatte.

Wie sehr die Dinge im Argen lagen, war erst ein Jahr zuvor vom Bischof Christoph von Stadion ausgerechnet in Augsburg bestätigt worden, der auf der ersten Synode seiner Diöse nach seiner Amtseinführung darüber klagte, dass es leider Geistliche gebe, »die Frömmigkeit, Gehorsam und Demut hassen, den Umgang mit Weibspersonen, den Wucher, den Handel und Gewinn lieben«.

Als man Luther vor den päpstlichen Kardinallegaten Cajetan in Augsburg zitierte, wollten ihn seine sächsischen Schutzherren zunächst nicht reisen lassen. Erst als ihm freies Geleit zugesichert worden war, ließen sie ihn ziehen.

Einige Wochen war er unterwegs, und überall, wo er Station machte, warnte man ihn davor, in die Höhle des Löwen zu gehen. Freies Geleit? Oh je – das hatte schließlich hundert Jahre zuvor auf dem Konzil in Konstanz auch Johann Hus gehabt und war trotzdem verbrannt worden! (Vergleiche das Kapitel »Husan, Husaus, Husdada«.)

Kein Wunder, dass Martin Luther nach den körperlichen und auch solchen psychischen Strapazen der Reise nicht gerade frohgemut eintraf. Erst die Patres in Nürnberg hatten ihn zuguterletzt wieder ein bisschen ermutigt, so dass er in einem Brief vom 3. Oktober 1518 nach Wittenberg einigermaßen gelassen schrieb: »Auch in Augsburg herrscht Christus. Es lebe Christus, es sterbe Martinus und jeder Sünder, wie geschrieben steht.«

In Augsburg wurde Luther gut empfangen. Sogar der Stadtschreiber und bekannte Humanist Dr. Conrad Peutinger – obwohl selbst gut katholisch und papsttreu – lud ihn zum Abendessen ein. Unangenehm wurde es am 12. Oktober, als der Widerspruchsgeist aus Wittenberg erstmals vor dem Kardinal Cajetan zu erscheinen hatte. Der Prior Frosch und zwei weitere Karmelitermönche von St. Anna begleiteten ihn auf diesem schweren Gang, was darauf schließen lässt, dass Luther wohl doch bei denen zu Gast war. Aber auch die beiden Freunde Link und Beyer marschierten mutig mit zum großen Verhör im Palais der steinreichen Familie Fugger, wo sich der Kardinallegat einquartiert hatte.

Wenn Sie nach dem Fuggerhaus fragen: Den Weg dorthin kann Ihnen in Augsburg jedes Kind weisen. Aber geben Sie sich keinen Illusionen hin: Wenn Sie vor diesem mächtigen Bau in der Maximilianstraße stehen, sind Sie zwar am historischen Ort, aber das Gebäude ist nicht mehr dasselbe wie damals.

Bomben des Zweiten Weltkriegs hatten davon nur noch einen Trümmerhaufen übrig gelassen, und das Fuggerhaus von heute ist ein historisierender Neubau aus den Fünfzigerjahren. Da gibt es ganz gewiss keinen einzigen Raum, wo Martin Luther jemals dringewesen wäre.

Dass »Bruder Martin« zu dem Gespräch mit sehr gemischten Gefühlen angetreten sein mag, lag nicht zuletzt daran: Dieser Cajetan war, bevor er päpstlicher Kardinallegat wurde, General der Dominikaner gewesen – genau jenes Ordens also, dem auch der Ablassprediger Tetzel angehörte, gegen dessen Geldschneidereien Luther so wütend gepredigt und gewettert hatte.

Und um den Ablass gegen Geld ging's dann auch hauptsächlich beim Verhör. Der Kardinal verwies auf eine Bulle von Papst Clemens VI., worin der haarklein nachgewiesen hatte, warum solcher Ablasshandel rechtens sei. Wogegen Luther bekanntlich auf die höhere Autorität der Heiligen Schrift verwies.

Drei Tage lang redete der Mann aus Rom auf den Mönch aus Wittenberg ein, um ihn zum Widerruf zu bewegen – ergebnislos. Am dritten Tag schickt er ihn wütend weg mit den Worten: »Geh und komme mir nicht wieder unter die Augen, wenn du nicht widerrufen willst.«

In seiner Wohnzelle – ob nun bei St. Anna oder Heilig Kreuz – gab Luther darauf schriftlich zu Protokoll, er sei bereit, sich den päpstlichen Lehrsätzen zu unterwerfen – aber bitte nur dann, wenn sie nicht im Widerspruch zur Schrift stünden.

Die Flucht bei Nacht

Dieses Papier schickte Luther an Cajetan. Als darauf tagelang keine Reaktion kam, wurde einigen Gefährten der Boden zu heiß und sie reisten ab. Der Argwohn war nicht grundlos, wie sich später herausstellen sollte, denn Cajetan hatte eine Anweisung aus Rom, den Wittenberger Rebellen verhaften zu lassen, falls er nicht widerrufe. Freies Geleit hin oder her. Ob Luther selbst keine Spürnase für die Gefahr hatte, die ihm drohte? Vielleicht doch, aber das Davonlaufen war seine Sache nicht. Dass er schließlich doch ebenfalls klamm-

Ordnung muss sein: Obwohl hier niemand wohnen kann, hat jene Schlupftür in Augsburgs Stadtmauer, durch die Luther entkam, schon seit langem eine eigene Hausnummer.

heimlich abreiste, kam wohl daher, dass ihm Freunde stark zuredeten. Ihr Argument: Ein toter oder auch nur mundtot gemachter Mann könne der Sache nicht mehr nützen, wohl aber ein lebendiger Martin Luther.

Auf normalem Weg – einfach so durch's Stadttor hinaus – war unter den gegebenen Umständen kein Durchkommen. Die Wahrscheinlichkeit wäre jedenfalls sehr groß gewesen, dass man den Mann aus Wittenberg bei der Abreise festgenommen hätte. Augsburg war also für Luther zur Mausefalle geworden. Aber der Domherr

Langenmantel wusste einen Ausweg. Da gab es nämlich in der Nähe des alten Galluskirchleins eine ganz kleine Schlupftür in der Stadtmauer – und die gibt es auch noch heute. Im Lutherjahr 1983 wurde dort eine Gedenktafel angebracht, denn Langenmantel sorgte dafür – wahrscheinlich mit einem saftigen Bakschisch –, dass diese sonst gut verschlossene Pforte in der Nacht vom 20. auf den 21. Oktober 1518 »zufällig« nicht versperrt war. Ein Stallknecht, so wurde berichtet, wartete dort mit einem Pferd auf Luther und soll ihm, als er durch das Schlupfloch wies, nur gesagt haben: »Da hinab!« Seitdem heißt diese zimmertürgroße Lücke in Augsburgs Stadtumwallung nur noch »Der Dahinab«.

Martin Luther ritt die ganze Nacht hindurch und muss eine scharfe Gangart angeschlagen haben, denn er kam ohne Unterbrechung bis in das kleine Städtchen Monheim nördlich von Donauwörth. Und von da gelangte er unangefochten zurück nach Sachsen. In Augsburg aber durfte er sich hinfort nicht mehr blicken lassen – auch nicht beim Reichstag 1530, als das berühmte Augsburger Bekenntnis zur Debatte stand. (Vergleiche hierzu das Kapitel »Der ausgesperrte Reformator«.)

Weil gerade von dieser »Confessio Augustana« die Rede war: Die wurde Kaiser Karl V. im Kapitelsaal der Bischofspfalz überreicht, also im Fronhof, und darauf weist auch eine Gedenktafel hin. Schauen Sie sich diesen Fronhof und den dazugehörigen Hofgarten ruhig an – es lohnt sich. Nur gilt hier das gleiche wie beim Fuggerhaus mit dem Cajetan-Verhör: Der Ort ist zwar noch genau lokalisierbar, aber das Gebäude hat sich seitdem stark verändert.

Das Signal zum Massenaufstand

Oder:

Wo die »12 Artikel« der revoltierenden Bauern verfasst wurden

Memmingen? Ja sicher, den Namen dieser Stadt kennt man vom Vorbeifahren auf der Autobahn München–Lindau oder Kempten–Ulm. Man kann also auf der Durchreise Memmingen links oder rechts liegen lassen – was dann ja auch die allermeisten tun. Weil sie halt nicht wissen, was sie sich da entgehen lassen.

Wenn Sie wieder einmal in die Gegend kommen: Fahren Sie nicht an Memmingen vorbei, sondern nehmen Sie sich ein, zwei Stunden Zeit für diese alte Reichsstadt und alles das, was sie auf engstem Raum an Besonderheiten zu bieten hat. Bei einem Stadtbummel werden Sie fast unvermeidlich auch auf den Weinmarkt kommen, und dort dürfte Ihnen ein großes, rosarötliches und reich dekoriertes Haus auffallen. Ein Zunfthaus, wie es in Memmingen etliche und sogar noch prächtigere gibt. Aber hier, in diesem Haus der einstigen Kramerzunft, hat sich anno 1525 ein Ereignis zugetragen, durch das anschließend ein großer Teil Deutschlands vollends in Aufruhr versetzt wurde. Hier nämlich, in der Zunftstube, entstanden die »12 Artikel« der rebellischen Bauern, und die erwiesen sich als Zündfunke für einen Massenaufstand, der schließlich von der Schweizer Grenze über Schwaben, Schwarzwald und Franken bis hinauf nach Thüringen reichte.

Das alles passierte freilich nicht plötzlich und von heute auf morgen, denn um diese Zeit gärte es schon lang im Deutschen Reich und seinen Gauen. Angefangen hatte die Sache mit den Lehren Martin Luthers, die sich binnen weniger Jahre überall ausbreiteten. Und weil sich ohnehin schon viel sozialer Sprengstoff angesammelt hatte, lasen viele Leute aus Luthers Pamphleten auch Leitsätze und Gedanken heraus, mit denen der Reformator selbst eigentlich gar nichts im Sinn hatte. So auch ein gewisser Dr. Christoph Schappeler, den die Memminger an einer ihrer Kirchen als Prediger anstellten. Dieser Mann, der nicht nur von Luthers Gedanken beeinflusst, sondern auch ein Schüler des Schweizer Reformators Zwingli war, begann nun alsbald allerlei von der Kanzel herab zu verkünden, was dem »Establishment« wenig behagte, bei der weniger wohlhabenden bis verarmten Bürgerschaft jedoch viel Anklang fand. Denn dieser Christoph Schappeler predigte nicht nur das, was in der Schrift stand, sondern mehr oder weniger den Aufruhr der Armen gegen die Reichen. Man mahnte ihn zwar freundlich zur Mäßigung, aber mehr wagte der hohe Rat schon kaum noch zu unternehmen, zumal nicht nur innerhalb der Stadt aufgemüpft wurde, sondern auch draußen auf dem Land. Da wollten die Bauern nun auch nicht länger hinnehmen, wie die Obrigkeit und die Grundherren mit ihnen umzuspringen pflegten. Und wie immer, wenn sich sowas zusammenbraut: Los ging's dann wegen einer Lappalie, und zwar im Herbst 1524 in der Landgrafschaft Sühlingen südlich vom Schwarzwald, wo es nicht nur zu Zusammenrottungen und Drohreden, sondern auch zu Gewalttätigkeiten kam. Und das machte alsbald anderswo Schule.

Ein »Haufen« vor den Toren

Binnen kürzester Zeit rotteten sich immer mehr Bauern im südwestlichen Deutschland, dann aber auch im Elsass, im Odenwald und noch weiter nach Norden zusammen. Die einzelnen Gruppen dieser bewaffneten Aufständischen – oft mehrere tausend Leute – nannten sich »Haufen«. Da gab's beispielsweise den Allgäuer »Haufen«, den Schwarzen »Haufen« im Fränkischen, den Seehaufen am Bodensee – und wieder ein anderer nannte sich Baltringer »Haufen« nach dem Ort Baltringen in der Nähe von Memmingen, wo der Anführer Ulrich Schmidt sein Hauptquartier hatte. Man darf annehmen, dass der Rat

Gut erhalten steht heute noch das Haus der Kramerzunft in Memmingen. Ein später angebrachtes Fresko an der Giebelwand zeigt die Zusammenkunft der Bauernführer.

der freien Reichsstadt Memmingen diese Leute dorthin wünschte, wo der Pfeffer wächst. Aber weil Teile der städtischen Bürgerschaft Sympathisanten der aufständischen Bauern waren, wagte man nicht so recht, die Tore dicht zu machen. Und so kam es, dass sich die Bauern unbehelligt in Memmingen mit dem Prediger Schappeler und dem Kürschnergesellen Sebastian Lotzer treffen konnten, um ihre bis dahin nur mündlich vorgetragenen Forderungen zu Papier zu bringen. Am 6. März tagten etwa 50 Delegierte des Baltringer, des Allgäuer und des Seehaufens in Memmingen, um ein gemeinsames Programm und eine Bundesordnung auszuarbeiten. Dummerweise hatten sie die Form nicht gewahrt und nicht um eine Versammlungserlaubnis nachgesucht, weshalb sie der Rat sogar vorsichtig tadelte. Aber als sich die Bauern entschuldigten, das sei nicht mit Absicht passiert und sie hätten's nur »aus Unverstand« getan, da machte man gute Miene, stellte ihnen das Haus der Kramerzunft als Tagungsraum zur Verfügung und spendierte ihnen auf städtische Kosten sogar noch ein Fass Wein. Worauf die Bauern um einen zweiten Versammlungstermin nachsuchten und ihn am 14. März auch gewährt erhielten.

Bei diesen Zusammenkünften in der Kramerzunft formulierten nun Schappeler und Lotzer nach langen Diskussionen in 12 Punkten »Die grundtlichen und rechten haupt Artickel aller baurschaft und hindersessen der Geistlichen und Weltlichen Oberkeyten vonn welchen sye sich beschwert vermeinen.« Die Forderungen waren nicht neu: Aufhebung der Leibeigenschaft, Abschaffung des Zehnten für die Kirche, Freiheit der Jagd, des Fischfangs und der Holzung und etliches andere. Neu war jedoch, dass man sich auf Gottes Wort berief und der anderen Seite den Schwarzen Peter zuschob, indem man im letzten der 12 Artikel feststellte:

»Zum zwelfften ist unser beschluss und endtlich meinung/ wann einer oder meer Artickel alßhie gestelt so dem wort Gottes nit gemeß weren, als wir dann nit vermeinen die selbigen artickel/ wo man uns mit dem wort Gottes für unzimlich anzeygen wollt/ wir davon abston/ wann mans uns mit grundt der schrifft erklert.«

Zum Schluss heißt es dann noch: »Der frid Christi sey mit uns allen.« Aber mit Christi Frieden wurde es nichts – ganz im Gegenteil. Die 12 Artikel wurden als Flugblatt gedruckt und machten so viel Furore, dass sich nun die Gegenseite zum Angriff rüstete, um den Aufstand niederzuschlagen. Es kam zu den Bauernschlachten, wo manchmal – wie bei Königshofen im Taubertal oder bei Frankenhausen in Thüringen – gleich mehrere Tausend Aufständische erschlagen oder nach der Schlacht hingerichtet wurden.

Als die Köpfe rollten

Auch Memmingen kam nicht ganz ungeschoren davon. Als der Bauernhaufe draußen vor der Stadt immer mehr Unterstützung forderte und schließlich sogar die Herausgabe von Geschützen verlangte, sagte der Rat schließlich nein. Daraufhin belagerten die Bauern Memmingen, und in der Stadt kam es zu einem Aufstand von Sympathisanten, den man gerade noch einmal durch geschicktes Taktieren beilegen konnte. Jetzt reichte es aber den Stadtoberen, und heimlich schickten sie einen Hilferuf an den Schwäbischen Bund.

Schwäbischer Bund: Das war eine 1488 gegründete Vereinigung von Adel und Städten zum gegenseitigen und gemeinsamen Schutz. Den anderen Partnern in diesem Bund hatte die wachsweiche Haltung der Städte Memmingen und Kempten gegen die Bauern und überhaupt die ganze Aufmüpferei schon lange missfallen. Ja, es gab sogar Leute, die glatt behaupteten, diese Stadtfräcke hätten den ganzen Aufruhr mehr oder weniger selber angezettelt, um dadurch vom Reich loszukommen und sich an die Schweizerische Eidgenossenschaft anzuschließen. Kurzum: Der Memminger Hilferuf kam dem Schwäbischen Bund gerade recht, und statt der 300 Mann Kriegsvolks, die angefordert worden waren, schickte er gleich ein dreimal so starkes Kontingent, um in der Stadt Ordnung zu machen. Am 9. Juni 1525 trafen die Bundestruppen ein: 200 Berittene und 700 Mann zu Fuß unter den Hauptleuten Siegmund von Berg, Diepold von Stein und Lienhard von Gundelsheim. Die drei Herren machten kurzen Prozess: Die Stadt wurde besetzt, man riegelte sämtliche Tore ab und nahm sofort zahlreiche Verhaftungen vor. Die Hauptträdelsführer erwischte man allerdings nicht, denn die hatten von der Aktion Wind bekommen und waren zu Dutzenden rechtzeitig stiften gegangen. Das nahm man auch vom Prediger Schappeler an, auf den man es hauptsächlich abgesehen hatte. Aber den versteckten gute Freunde einige Tage und verhalfen ihm erst später zur Flucht in seine schweizerische Heimatstadt St. Gallen. Den Kürschnergehilfen Lotzer erwischte man auch nicht, denn der war schon längst Feldschreiber beim Baltringer »Haufen« geworden – über sein weiteres Schicksal ist nichts bekannt. Zwei Tage nach dem Einmarsch in Memmingen wurden drei Männer öffentlich hingerichtet:

»Man schlug ynen die kepf auf dem marckt oder platz ab, liess die koerper daselbst biss an den montag liegen« – zur gehörigen Abschreckung. Daraufhin schlossen die Bauernhaufen den Ring um die Stadt und belagerten sie etwa einen Monat lang, wobei sie den Memmingern und ihren Besatzern sogar die Trinkwasserbrunnen abgruben. Erst als der Truchseß von Waldburg mit Unterstützung anrückte, zog der Bauernhaufen eilig ab – und dann rollten in Memmingen wieder etliche Köpfe. Noch im gleichen Jahr 1525 wurde die Bauernrevolution überall blutig niedergeschlagen. Es war wieder Ruhe im Land – Friedhofsruhe.

Wer heute die friedliche Kleinstadt Memmingen und das behäbige Haus der Kramerzunft sieht, kann sich's nur schwer vorstellen – und doch war es so: Just von hier ist einmal mit den 12 »bäurischen« Artikeln ein entscheidender Anstoß ausgegangen für den ersten Massenaufstand in Deutschland. Woran man wieder mal sieht: So schön und angenehm, wie sie uns in ihren Überbleibseln erscheint, kann das, was man gern die gute, alte Zeit nennt, eigentlich auch nie gewesen sein …

Im Oktober 2005 kam der ehemalige Außenminister und spätere Ministerpräsident Ungarns, Gyula Horn, nach Memmingen, um genau in jener Stube, in der einst die 12 Artikel abgefasst worden waren, den »Memminger Freiheitspreis 1525« entgegen zu nehmen. Der wurde da zum ersten mal verliehen und soll künftig alle vier Jahre, dotiert mit 15 000 Euro, Persönlichkeiten auszeichnen, die sich – wie damals die Bauern – mutig für die Freiheit eingesetzt haben.

Gyula Horns Verdienste wurden in einer Feierstunde von Bundestagspräsident Wolfgang Thierse gewürdigt. Der Ungar hatte im Juni 1989 im Alleingang den Stacheldrahtverhau an der Grenze zu Österreich und damit den »Eisernen Vorhang« beseitigen lassen.

Der ausgesperrte Reformator

Oder:

Wo Luther mit Sicherheitsabstand am Reichstag mitmischte

Heute wäre das alles viel einfacher: Da würde Philipp Melanchthon auf dem Reichstag zu Augsburg einfach auf seinem Handy die Vorwahl 09561 drücken – und schon könnte er mit Martin Luther auf der Festung in Coburg schnell mal durchsprechen, ob bei der Abfassung des Augsburger Bekenntnisses eine Textstelle nun so oder besser anders zu formulieren sei.

Damals war die Sache sehr viel schwieriger und zeitraubender. Da musste das alles schriftlich abgestimmt werden, und mit jedem Brief war ein reitender Bote zwischen Augs- und Coburg an die zweieinhalb Tage unterwegs. Nun fragt man sich natürlich: Wenn der Reformator Martin Luther auf dem Reichstag zu Augsburg anno 1530 unbedingt mitmischen musste – warum ist er dann nicht selber hingeritten, sondern fast ein halbes Jahr lang weit vom Schuss in Coburg gesessen?

Gepasst hat ihm das höchstwahrscheinlich selber nicht, dass er von der Teilnahme an den Augsburger Verhandlungen ausgesperrt blieb und nur aus der Ferne und mit einem großen Sicherheitsabstand mitbekam, was da lief. Aber seit dem Reichstag zu Worms 1521 war er halt in Acht und Bann und somit seines Lebens nicht mehr sicher. Offenbar muss er selbst ebenso wie sein Beschützer, der sächsische Kurfürst Johann der Beständige, zunächst geglaubt haben, nach neun Jahren würde das alles doch nicht mehr ganz so ernst genommen. Zumal ja Kaiser Karl V. diesen Augsburger Reichstag einberufen hatte, um zwischen Katholiken und Protestanten eine gütliche und schiedliche Einigung zu erzielen.

Am Karfreitag, dem 15. April 1530, traf in Coburg, das damals nur 2000 Einwohner zählte, ein ziemlich pompöser Zug ein: Der sächsische

Landesherr auf dem Weg nach Augsburg, und in seinem Gefolge 200 Reisige mit 300 Pferden. Mit ihm unterwegs war eine Delegation von protestantischen Theologen: Der Mitreformator Philipp Melanchthon, seine Mitarbeiter Justus Jonas, Georg Spalatin und Johannes Agricola – und vor allem der, mit dessen 95 Thesen an der Wittenberger Schlosskirche alles angefangen hatte: Martin Luther. Bis hierher drohte ihm keine Gefahr, denn Coburg gehörte noch zum Herzogtum Sachsen. Aber wenige Meilen vor der Stadt begann bereits unsicheres Terrain für den Gebannten. Man hatte sondieren lassen, wie es um freies Geleit stünde. Aber weder die freie Reichsstadt Nürnberg noch die freie Reichsstadt Augsburg mochten sich dafür verbürgen, und so beschloss Kurfürst Johann der Beständige, Luther solle erst mal in Coburg bleiben und in sicherer Entfernung den Gang der Dinge abwarten. Am frühen Morgen des 24. April stieg Luther mit seinem Assistenten Veit Dietrich und seinem Neffen Cyriacus Kaufmann zur Veste Coburg hinauf, um dort Logis zu nehmen, während sein Beschützer samt Gefolge nach Augsburg weiterreiste.

»In Lieb und Einigkeit«

Einen Reichstag hatte es schon ein Jahr zuvor in Speyer gegeben. Aber dort konnte man sich nicht zusammenraufen. Die evangelischen Reichsstände sahen sich durch den Reichstagsabschied (das Schlusskommuniqué würde man heute sagen) gegenüber den Katholiken benachteiligt, weshalb sie heftig dagegen protestierten – und von daher stammt der Name »Protestanten« für Leute lutherischer Konfession.

In der Zwischenzeit hatte sich allerdings die Situation verändert: Dem Reich drohte Gefahr und der Kaiser hatte Muffensausen, denn die Türken waren auf dem Balkan erneut im Vormarsch und standen im Herbst 1529 mit einem Heer von 250 000 Kriegern bedrohlich nahe vor Wien. Es gelang zwar, sie zu stoppen – aber für wie lange? Jeden Tag konnte die Gefahr von neuem akut werden, und unter dieser Bedrohung von außen wurde Karl V. plötzlich recht tolerant. Der Reichstag, den er für 1530 nach Augsburg einberief, sollte dazu dienen, um »in Lieb und Einigkeit auf den anderen zu hören und sich zu einer einigenden und christlichen Wahrheit zusammenzufinden«. Ein schönes Motto – aber ganz so harmonisch ging's dann doch nicht zu. Es begann sogleich mit einem Missklang, denn kaum in Augsburg angekommen, hatte der Herrscher die feinfühlige Idee, die protestantischen Stände zur Teilnahme an der Fronleichnamsprozession einzuladen, was die aber dankend ablehnten.

Nächster Streitpunkt war die Tagesordnung. Zunächst, so meinte der Kaiser, müsse das Allerwichtigste beraten werden, nämlich die Türkengefahr, und wie ihr beizukommen sei. Wenn man das geklärt habe, könne man sich in aller Ruhe den zwar auch nicht unwichtigen, aber doch nicht so dringlichen theologischen Streitereien zuwenden. Die evangelischen Stände hingegen sahen das ganz anders: Hilfe gegen die Türken? Ja – aber zuerst bitte konfessionelle Zugeständnisse.

Um überhaupt mal ein Diskussionspapier zu haben, wurden die protestantischen Stände beauftragt, eine Bekenntnisschrift auszuarbeiten, aus der hervorgehen sollte, was sie denn nun ganz konkret wollten, und in welchen Punkten man noch Gemeinsamkeit mit den Katholiken sah und wo nicht. Dieses Dokument, die berühmte »Confessio Augustana«, wurde am 25. Juni 1530 im Kapitelsaal des Augsburger Bischofshofs dem Kaiser überreicht. Überbringer war als Anführer der evangelischen Reichsstände der sächsische Kurfürst Johann der Beständige. Die Verfasser aber waren Melanchthon und seine Mitarbeiter, die allerdings ein so bedeutsames Schriftstück nicht zu Papier bringen wollten, ohne zu allen entscheidenden Punkten die Meinung und den Rat Martin Luthers einzuholen. Und so kam es, dass im Frühsommer 1530 ein reger Reitpostverkehr zwischen Augsburg und Coburg einsetzte. Dem eifernden Luther ging die Kompromissbereitschaft des maßvolleren Melanchthon oft zu weit. Er krittelte an vielen Formulierungen herum und gab zu verstehen, dass er selber nicht so moderat geschrieben hätte. Aber schließlich kam, wenn auch mit einigem Widerstreben, aus

Coburg doch die Zustimmung zur »Confessio Augustana« mit dem Schlusssatz: »Christus, unser Herr, helfe, dass sie viel und große Frucht schaffe, wie wir hoffen und bitten. Amen.«

Wann hat Luther geschlafen?

Diese Frage stellt man sich, wenn man erfährt, womit der Reformator in den 166 Tagen seiner Sicherheitsverwahrung auf der Veste Coburg beschäftigt war. Sein Neffe berichtet:

»Es vergeht kein Tag, an dem er nicht zumindest drei Stunden – und gerade die zum Studieren geeignetsten – aufs Gebet verwendet.« Dann die vielen Briefe aus Augsburg, die durchzuarbeiten und zu beantworten waren – und da ging's ja um Fragen von größter Wichtigkeit, die entsprechend gründlich durchdacht sein wollten. Aber das ist noch längst nicht alles: Luther verfasst während des Reichstags an die zwanzig reformatorische Begleitschriften. Nachdem er Jahre zuvor auf der Wartburg bereits das Neue Testament ins Deutsche übersetzt hatte, macht er sich jetzt an das Alte Testament. Er überträgt die Fabeln Aesops aus dem Griechischen, er beschäftigt sich mit der Auslegung der Psalmen und wird bei alledem immer wieder von Besuchern gestört und aufgehalten.

Kurzum: Dieser Mann muss ein Energiebündel gewesen sein und kann sich nicht viel Zeit für den Schlaf gegönnt haben. Und das, obwohl es ihm während dieser Zeit gar nicht sehr gut ging, denn wie man von seinem Famulus und seinem Neffen weiß, hat er sich dort mit allerlei Beschwerden herumschlagen müssen: Ohrensausen, ein Magenleiden, fiebrige Erkältungen. Und auch seelisch muss er nicht in Hochform gewesen sein, denn er hatte immer wieder einmal Anfälle von Schwermut.

Auf der Veste Coburg kann man heute noch jene zwei Zimmer besichtigen, in denen Luther ein knappes halbes Jahr lang wohnte, arbeitete und schlief. Die Räume sind authentisch, das Mobiliar hingegen stammt »aus der Zeit«, aber man sieht dort auch einige bemerkenswerte Bilder des sächsischen Hofmalers Lucas Cranach d. Ä., der Luthers Freund und Trauzeuge war, und das berühmte Luther-Bildnis von Cranach d. J.

Die Luther-Kapelle hingegen muss man fast als Bluff bezeichnen, denn die gab's zur Zeit des Reformators noch gar nicht, die wurde erst in den letzten hundert Jahren neu errichtet (und das gleich zweimal) – allerdings an Stelle einer ehemaligen romanischen Doppelkapelle, in der Luther damals seine stundenlangen Gebete zu verrichten pflegte.

Im übrigen: Dieses Coburg, ehemalige Residenzstadt des Herzogtümchens Sachsen-Coburg-Gotha, wäre auch ohne die Luther-Gedenkstätten durchaus einmal einen Besuch wert – sehr sogar!

Um aber zum Schluss noch einmal auf die »Confessio Augustana« zurückzukommen, die hier aus der Ferne vom ausgesperrten Reformator mitredigiert wurde: Die ganze Arbeit blieb – mindestens zunächst – ziemlich vergebens. Denn Kaiser Karl V. ließ von einer katholischen Kommission eine »Confutatio« ausarbeiten, also eine Widerlegung der protestantischen Standpunkte. Und als die fertig war, wollte er den Protestanten in ultimativer Form gerade noch ein halbes Jahr Bedenkzeit einräumen, um reumütig zum alten Glauben zurückzukehren. Der nachgiebige Melanchthon versuchte durch Kompromisse dennoch, einen Rest von der ursprünglich angesagten »Lieb und Einigkeit« zu retten. Aber Luther wurde nun sauer und schrieb ihm: »Wenn die Unsrigen etwas gegen das Evangelium nachgeben, so sollen sie des Teufels sein!«

Der Augsburger Reichstag lief ergebnislos auseinander. Das einzige, was er zunächst zur Folge hatte, was der Schmalkaldische Krieg zwischen dem katholischen und dem protestantischen Lager im Reich. Erst ein Vierteljahrhundert später, 1555, kam es zu jenem »Augsburger Religionsfrieden«, der den Protestanten erstmals die reichsrechtliche Anerkennung ihrer Konfession brachte. Das war zwar, wie sich später erweisen sollte, auch noch nicht viel wert, aber Luther hat nicht einmal das mehr erlebt: Mitten im Schmalkaldischen Krieg der protestantischen Stände gegen den Kaiser ist er 1546 gestorben.

Eine Liebesnacht rettet das Abendland

Oder:

Wo der Sieger der Seeschlacht von Lepanto gezeugt wurde

Das altehrwürdige Haus »Goldenes Kreuz« am Regensburger Haidplatz beherbergt heute ein Kunstauktionshaus und einige andere Läden, ein Cafe und das nach dem Hausnamen benannte Hotel. So etwas wie ein Hotel war es auch schon vor über 400 Jahren – im Gegensatz zu heute allerdings nicht für jedermann. Denn einst war das »Goldene Kreuz« die Fürstenherberge der Reichsstadt Regensburg, und das vor allem immer dann, wenn wieder mal Reichstag in Regensburg angesagt war und ein Kaiser zu Besuch kam. Einer davon war der Habsburger Karl V., der sein hohes Amt gar nicht hätte antreten können, wären da nicht zu Augsburg die unermesslich reichen und unheimlich berechnenden Fugger gewesen, die dem armen Thronanwärter das nötige Geld pumpten. Gegen einen Schuldschein, von dem die Legende hartnäckig behauptet: Anton Fugger habe dieses Dokument später vor den Augen des Kaisers im offenen Kamin großzügig verbrannt. Besagter Karl V. weilte mehrmals in Regensburg, ohne einen bleibenden Eindruck zu hinterlassen – außer bei seiner letzten Visite zum Reichstag anno 1546, als er wiederum im Haus »Goldenes Kreuz« logierte. Er war damals nicht mehr der Allerjüngste und litt an allerlei Krankheiten. Sorgen hatte er ebenfalls nicht zu knapp: Der Protestantismus, mit Frankreich gab's Knatsch, aber am schlimmsten war die Türkengefahr. Seitdem es dem Sultan gelungen war, Konstantinopel zu erobern, war das christliche Abendland ziemlich in Sorge.

Das alles machte den Kaiser Karl nicht gerade fröhlich, und so taten Regensburgs Honorationen alles, um ihn wenigstens während dieses Reichstags ein wenig aufzuheitern. Und da er Witwer war, dachte man wahrscheinlich, ein hübscher Betthase könnte ihn wohl

Ein recht attraktiver Mann scheint Don Juan d' Austria gewesen zu sein –
vorausgesetzt, dieses Relief an seinem Zeugungshaus zeigt ihn wirklich so, wie er
aussah.

am ehesten auf andere Gedanken bringen. Nun kann man ja einem so hohen Herrn nicht gut irgendeine Gewerbsmäßige aus dem nächstbesten Puff anbieten. Und so führte man ihm – in allen Ehren, versteht sich – etwas Edleres zu, nämlich:

Eine bürgerliche Jungfrau von 19 Jahren

Diese liebreizende junge Dame namens Barbara, Töchterlein der Gürtler-Eheleute Plumberger, machte dem Kaiser in seiner Herberge die Aufwartung. Und der großmächtige Herrscher verguckte sich dermaßen in die hübsche Handwerkerstochter, dass er noch in selbiger Nacht das Lager mit ihr teilte, um es mal vornehm auszudrücken.

Danach reiste er alsbald wieder ab, ohne zunächst zu ahnen, dass er in Regensburg nicht nur eine kaiserlich deflorierte Jungfrau zurückgelassen hatte, sondern auch einen Kegel – so nannte man damals das, was man im Volksmund als Bankert zu bezeichnen pflegt.

Ziemlich genau nach den üblichen neun Monaten war es dann so weit: Barbara Plumbergerin (die sich später Blomberg nannte) genas von einem Knäblein, das den Namen Hieronymus erhielt – zunächst wenigstens. Natürlich zögerte man nicht, das freudige Ereignis – mit aller Diskretion, versteht sich – dem hohen Herrn Papa mitzuteilen. Und der zeigte sich keineswegs kleinlich und sorgte bestens für Mutter und Kind: Den Buben ließ er nach Spanien holen und gab ihn dort dem kastilischen Edelmann Luis Quijada und dessen Frau Magdalena de Ulloa in Pflege, die ihn wie ein eigenes Kind behandelten und standesgemäß erzogen. Der Gespielin jener Regensburger Nacht jedoch setzte Karl V. eine Jahresrente von 400 Gulden und ein Heiratsgut von 5000 Gulden aus. Und sicher kam auch die Ehe mit einem spanischen Offizier nicht ohne sein Zutun zustande.

Barbara Blomberg zog mit ihrem Mann zunächst in die Niederlande, wo er Dienst tat, und dann nach Spanien, wo sie starb und begraben liegt. Das heißt: Begraben ist wohl nicht ganz das treffende Wort – werden doch ihre Gebeine im Kloster Montehano in einer Art

Lederkoffer aufbewahrt und für interessierte Besucher dann und wann ausgepackt. So konnte sich vor etlichen Jahren der Schriftsteller Thaddäus Troll angesichts der höckrigen Wirbelknochen von einem Mönch belehren lassen, dass Barbara Blomberg (sie wurde 70 Jahre alt) an ziemlich starker Arthrose gelitten haben muss.

Manche Regensburger meinten damals, ein Koffer in einem spanischen Kloster sei wohl keine würdige Aufbewahrung für die berühmte Tochter der Stadt. Sogar Bischof Graber setzte sich dafür ein, ihr in der Heimat ein ordentliches Grab zu richten. Aber einerseits machte der Abt des spanischen Klosters keine Anstalten, die Gebeine herauszugeben. Und andererseits lehnte auch der damalige Regensburger Kulturdezernent Boll eine Umbettung energisch ab. Seine Argumente: Erstens könne niemand garantieren, dass es sich bei diesen Knochen tatsächlich um das Skelett der Blombergerin handle. Und zweitens habe die Stadt keinen Anlass, sie besonders zu ehren, denn ihre Leistung habe ja nur darin bestanden, einen unehelichen Sohn zur Welt zu bringen – und dass der später berühmt geworden ist, dafür konnte sie ja nichts.

Ein Kaiser bekennt Farbe

Als Karl V. bereits abgedankt und sich zum Sterben in ein Kloster zurückgezogen hatte, beichtete er seinem legitimen Sohn und Nachfolger Philipp II. von Spanien, dass es da noch einen Halbbruder gebe. Und als Karl 1558 starb, konnte man's in seinem Testament auch schwarz auf weiß nachlesen:

»Neben dem, was mein Testament enthält, sage und erkläre ich, dass ich, als ich in Deutschland und Witwer war, einen natürlichen Sohn von einer unverheirateten Frau hatte, der Jerome genannt wurde, und dass es aus bestimmten Gründen meine Ansicht war und ist, er solle, wenn es erreicht werden kann, aus freiem Willen das Kleid eines reformierten Ordens nehmen, jedoch ohne dass Druck oder Gewalt auf ihn ausgeübt wird. Wenn es aber nicht möglich ist und er es vorzieht, ein weltliches Leben zu führen, befehle und gebiete ich, dass er jedes Jahr auf die übliche Weise zwanzig- bis dreißigtausend Dukaten aus den Steuereinnahmen des Königreiches Neapel erhalten soll; dabei seien ihm Land und Knechte mit jener dazugehörigen Rente überschrieben.«

Sohn Philipp hielt sich genau an diesen letzten Willen des Vaters, und so wurde der zwölfjährige Hieronymus an den Hof geholt und erhielt den klangvollen Namen Don Juan d' Austria. Philipp II. versuchte zunächst, seinen Halbbruder tatsächlich zum Eintritt in ein Kloster zu überreden. Aber als der Bub keinerlei Neigung zu einem mönchischen Leben zeigte, setzte man ihm nicht weiter zu.

Mit seiner fetten Jahresrente hätte sich der junge Mann damit begnügen können, hinfort von Beruf nur noch Kaisersohn zu sein und das zu werden, was man heutzutage einen Playboy nennt. Aber das reichte ihm nicht. Er wollte ein ruhmreicher Feldherr werden – und genau das wurde er dann auch, zu Lande und zu Wasser. Bereits mit 21 Jahren hatte er den Titel eines Generalkapitäns zur See – sprich: Er war Oberbefehlshaber der spanischen Flotte. Und schließlich ernannte man ihn auch noch zum Großadmiral jener Seestreitmacht, die von mehreren europäischen Ländern zur Abwehr der türkischen Gefahr zusammengezogen wurde, nachdem im Mai 1571 die »Heilige Liga« gegründet worden war. In Neapel überreichte ihm Kardinal Granvella die vom Papst gestiftete Standarte der Liga mit den Worten: »Nehmt, glücklicher Prinz, dieses Wahrzeichen des fleischgewordenen Wortes, diese Symbole des wahren Glaubens, und mögen sie Euch einen ruhmreichen Sieg über unseren gottlosen Feind schenken, und möge sein Hochmut durch Eure Hand zu Fall gebracht werden.«

Wie die Türken baden gingen

Die Standarte der Liga war sehr prächtig – ihre Flotte zunächst wohl weniger, denn der Admiral beklagte sich in einem Brief: »Ihr könnt Euch nicht vorstellen, in welch schlechter Verfassung Soldaten und

Seeleute waren. Waffen und Geschütze haben sie zwar, aber da nicht ohne Männer gekämpft werden kann, überläuft es mich kalt, wenn ich sehe, dass ich mit diesem Material etwas Großes erreichen soll.«

Das war Ende August. Aber schon ein paar Wochen danach stach Don Juan d' Austria ganz zuversichtlich in See: Mit der größten christlichen Flotte, die es im Mittelmeer je gegeben hatte. Seinem Kommando unterstanden 300 Schiffe und 80 000 Mann. Und etwa eben so viel – nämlich 300 Schiffe und 90 000 Mann – hatte die türkische Flotte aufzubieten, mit der man am 7. Oktober 1571 bei Lepanto zusammenstieß.

Dass dies keine bloße Bataille, sondern eine mörderische Vernichtungsschlacht war, zeigen die Zahlen über die Verluste beider Seiten: Die Liga verlor rund 15 000 Seeleute und Soldaten und 12 Galeeren. Aber viel schlimmer noch bei den Türken: 30 000 kamen auf ihrer Seite im Kampf um, 8000 wurden gefangengenommen, und wieviele ertrunken sind, darüber gibt es nicht einmal Schätzungen. Die türkische Flotte jedoch war völlig perdu, denn 113 Schiffe wurden versenkt und 117 von der Liga erbeutet, wobei man auch noch rund 15 000 christliche Gefangene befreite, die als Galeerensklaven an die Ruder gekettet waren.

Panik in Istanbul – Jubel im Abendland: Im Freudentaumel über diesen großen Sieg glaubten viele, nun sei es mit der türkischen Bedrohung ein für allemal vorbei. Ach, wie man sich oft täuschen kann: Rund 120 Jahre danach belagerten die Türken Wien – und erst dort wurden sie endgültig abgewehrt. Aber immerhin: Seit der Schlacht von Lepanto waren sie keine Seemacht mehr – und das hat ein kaiserlicher Bankert zuwegegebracht, an dessen Zeugungshaus zu Regensburg eine Gedenktafel nebst einem Portrait des Helden folgende Verslein bietet:

In diesem Haus von alter Art
hat oft geruet nach langer Fahrt
Herr Kayser Carl der Fünfft genandt

der hat auch hie zue gueter Stundt
geküsset einer Jungfraw mundt.

Dieselb die hieß bei fern und nah
man nur die schöne BARBARA
Ihr Stamm war bieder, schlicht und recht
PLUMBERGER schrieb sich das Geschlecht,
dem bracht des Kaysers Lieb viel Leid,
doch trost und heyl der Christenhait.

Dann draus erwuchs, dem Vatter gleich,
der DON JUAN VON ÖSTERREICH,
der bey LEPANTO in der Schlacht
vernichtet hat der Türckhen Macht.
Der HERR vergellt's Ihm alle Zeit
so yetzt wie auch in Ewigkeit.

Seit 1978 hat Regensburg auch ein lebensgroßes Bronce-Denkmal des
Don Juan d`Austria, und zwar am Zieroldplatz nahe dem Rathaus. Es
handelt sich um einen Nachguss des Originals von 1572 in Messina
auf Sizilien.

Leck mich am ... Lech!

Oder:

Wo man einen Wasserkrieg ohne Blutvergießen ausfocht

Über ein mit Zinnen und Türmchen verziertes Stauwehr gischten die Wasser des Lechs herab. Daneben, auf der Augsburger Seite, üben Kajak- und Kanufahrer im Eiskanal den Slalom. Und jenseits des Flusses, auf der Friedberger Seite, ist aus einem Altwasser des Lechs der Kuhsee entstanden – ein Badeparadies für sonnenhungrige Großstädter. Ansonsten: Schwäne, Wildenten, Möwen und Blässhühner. Und wenn schon nicht Stille, so doch Ruhe, denn das Tosen des Lechwehrs lässt die Geräusche der nahen Stadt kaum laut werden.

So ruhig war es aber nicht allezeit am Hochablass bei Augsburg. Denn viele Jahrhunderte hindurch bildete der Lech die Grenze zwischen dem Territorium der Freien Reichsstadt und dem Herzogtum Baiern, das mit den Augsburgern immer wieder im Clinch lag. Um nur ein Beispiel zu nennen: Als man in Augsburg einmal beschloss, kein bairisches Geld mehr anzunehmen, weil die Münzen nicht mehr genug Silbergehalt hatten, da rächte sich der Herzog mit einer Maßnahme, wie sie die Russen 1948 in Berlin versuchten: Mit einem Blockadering schnitt er der Stadt die Lebensmittelzufuhr aus dem Umland ab.

Viel empfindlicher jedoch, das wussten die Münchner Herren – konnte man die Augsburger treffen, wenn man ihnen den Zufluss des Lechwassers verwehrte. Denn darauf beruhte der ganze und nicht unbeträchtliche Wohlstand dieser Stadt, die einst zu den größten und geldigsten im Reich zählte. Schon um das Jahr 1000 hatten dort, wo heute der Hochablass steht, die Augsburger ein erstes Stauwehr gebaut, um Lechwasser über einen Hauptkanal in die Stadt zu leiten, wo es sich dann in unzählige Stadtbäche verzweigte und die Wasserräder von Mühlen, Schmieden, Drechslern, Plattnern und all den anderen

Handwerksbetrieben in Gang setzte, durch die Augsburg seinen Aufschwung zur überregionalen Bedeutung eingeleitet hatte.

Sehr früh schon nannte man dieses Stauwehr am Lech den Hohen Ablass. Wobei das mit seiner Höhe gar nichts zu tun hatte, sondern mit der damaligen zweiten Bedeutung des Adjektivs »hoch« = wichtig, überragend, bedeutend. Und wichtig war das Lechwasser für die Augsburger wahrhaftig – aber genau deswegen gönnten es ihnen die Baiernherzöge nicht, die diese Stadt ohnehin nicht sonderlich mochten. Nicht ohne Grund werden sie wohl auf der anderen Lechseite mit ihrer Grenzfestung Friedberg den Reichsstädtern ein Bollwerk vor die Nase gesetzt haben, das sich von ferne noch heute wie ein Auslug und eine Zwingburg ausnimmt.

»Niemand darf den Lech verschlagen«

Nun hatten zwar die Baiern keinerlei dringenden Bedarf an Lechwasser. Aber wenn sie selber es schon nicht brauchten, dann sollten es – Kruzifümferl! – diese ungeliebten Augsburger auch nicht kriegen. Und deshalb rückten immer wieder herzogliche Knechte aus der Festung Friedberg heran, um klammheimlich oder auch ganz offen das Augsburger Stauwehr zu demolieren – ätsch!

Das ging so lange, bis die Reichsstadt ihren obersten Herrn, den Kaiser, gegen die bösen Baiern mobilisierte. Schon 1418 hatte Kaiser Sigismund den Augsburgern das Privileg eingeräumt, sie dürften so viele Kanäle vom Lech ableiten, wie sie brauchten. Und 1462 machte es Kaiser Friedrich III. sogar aktenkundig und stellte einen Freiheitsbrief aus, wonach »niemand der Stadt Augsburg den Lech verschlagen und die Wasserläufe, die seit Menschengedenken in die Stadt geleitet sind, stören darf.«

Die Augsburger, friedliebend und geschäftstüchtig, wie sie nun schon waren, taten ihrerseits ein übriges und zahlten an Baiern eine Ablöse von 2000 Gulden, damit am Hochablass endlich einmal eine Ruh' wäre.

Der Hohe Ablass am Lech, wie er im frühen 20. Jahrhundert ausgesehen hat: Schauplatz eines Wasserkrieges, in dem kein Tropfen Blut vergossen wurde, aber viel Kurioses passierte.

Aber den rauflustigen Herren zu München war das alles ganz wurscht: Sechs Jahre danach ließ Herzog Albrecht IV. die Augsburger Wasserzapfstelle wieder einmal mit einer Pfahlpalisade verrammeln. Und wieder ein Weilchen später, als man gerade erneut am Ausbessern war, wurde den Augsburgischen Handwerkern von bairischen Landsknechten das Werkzeug weggenommen und ein Damm zerstört. Als aber 1596 erneut weißblaue Mannen gewalttätig wurden, da riss den Augsburgern die Geduld und es kam zum Wasserkrieg am Lech. Wenn man überhaupt je einen Krieg als lustig bezeichnen konnte, dann war es dieser, denn er ging schließlich zu Ende, ohne dass ein

Schuss gefallen wäre, und die fürchterlichste Abschreckungswaffe, die dabei eingesetzt wurde, war ein nackter Hintern.

Aber um die Sache der Reihe nach zu erzählen: Anfang Januar 1596 hörten die Augsburgischen Wächter am Hohen Ablass verdächtige Geräusche – und siehe: Bairische Knechte waren emsig am Werk, die Augsburger Wasserkästen kurz und klein zu hauen. Das berichtete man dem Rat der Stadt, und der entsandte nun die Juristen Dr. Trackl und Dr. Schiller an den Tatort, um den Baiern die Rechtslage zu verklaren und sie zur sofortigen Unterlassung aufzufordern.

Den beiden Herren erging's jedoch übel. Zuerst einmal nahmen die Baiern sie überhaupt nicht zur Kenntnis. Dann beantworteten diese die juristischen Belehrungen der Doktoren mit Spott und Hohn und Gelächter. Schlimmer noch: Der friedbergische Lechmeister, Michel Steinhardt des Namens, ließ seine Hose herunter und bedeutete den beiden Rechtskundigen, sie könnten und sollten ihn kreuzweis'! Und als die zwei Abgesandten immer noch weiterdozierten, gingen schließlich die bairischen Knechte auf sie los und jagten sie mit Drohungen in die Flucht.

Unerhört! Aber was sollte man machen? Man war nicht scharf darauf, es auf ernste Händel ankommen zu lassen. Und so versuchte man es noch einmal juristisch und schickte statt der zwei städtischen Rechtsgelehrten den Kaiserlichen Notar Georg Dambeck hinaus an den Lech.

Mit dem ging jedoch der Baiernrüpel Michel Steinhardt nicht weniger harsch um: Er weigerte sich, den Notar Dambeck überhaupt anzuhören, denn er und seine Leute seien zum Arbeiten hergekommen und hätten keine Zeit zum Schwätzen. Als der Kaiserliche Notar vergeblich versuchte, wenigstens ein zusammengerolltes Protestdokument über den Fluss zu werfen, ließ der Rottenführer auf der anderen Seite abermals die Hose herunter und lud den Rat der Stadt Augsburg auf Kirchweih.

»… ansonsten wir das Rohr gegen bairisch Land richten.«

Das war nun wirklich zu viel! Der Rat der Stadt beschloss, anderntags erneut einen Parlamentär an den Lech zu schicken – diesmal aber mit 160 Stadtsoldaten. Nun wurde es dem Michel Steinhardt doch ein wenig mulmig, und auf die Ankündigung »… ansonsten wir das Rohr gegen bairisch Land richten werden«, stellte er das Zerstörungswerk ein und räumte mit seinen Leuten den Schauplatz. Freilich nicht ohne die Drohung, es unverzüglich seinem Herrn Herzog zu stecken – und wenn der mit seinen Mannen käme, dann ginge es den Augsburgern aber dreckig!

Nun ja – sowas wollte damals Weile haben. Aber trotzdem: Ein bisschen Bammel hatte man in Augsburg schon und nutzte deshalb die Zeit, um weitere 560 Landsknechte für die Wacht am Lech anzuheuern. Ob diese Hochrüstung irgend jemand dem Herzog in München hinterbracht hatte? Er kam jedenfalls nicht, und so hielten die über 500 Mann am Hochablass bis ins späte Frühjahr hinein vergebens Ausschau nach dem Feind. Allmählich kam dieser Wasserkrieg, der gar nicht stattfand, verdammt teuer, und so versuchte man es lieber wieder auf diplomatischem Wege. Eine Delegation wurde zu Verhandlungen nach München geschickt, auch den Kaiser bemühte man wieder einmal als Schlichter, und so kam es am 5. Mai 1596 zu einem Vertrag, der die beiderseitigen Rechte und Pflichten auf lange Sicht regeln sollte.

Immerhin: Zu den Waffen wurde hinfort nicht mehr gegriffen. Aber juristisch ging der Krieg noch Jahrhunderte weiter. Und das, obwohl Augsburg schon seit 1803 keine Freie Reichsstadt mehr war und von da an zum Königreich Bayern gehörte. Anfang des 20. Jahrhunderts einigten sich Stadt und Staat darauf, dass Augsburg unentgeltlich 36 Kubikmeter pro Sekunde aus dem Lech abzapfen dürfe. Aber zu einem endgültigen Übereinkommen kam es – man lese und staune! – erst am 1. Oktober 1976 – also genau 380 Jahre nach jenem Wasserkrieg, der trotz anfänglicher Eskalation schließlich dann doch ins Wasser gefallen war.

Der Schweden Schmach bei Schmähingen

Oder:

Wo der Dreißigjährige Krieg schon nach der Halbzeit enden sollte

Angefangen hatte dieser Krieg damit, dass wütende Böhmen zwei hohe kaiserliche Beamte durchs Fenster auf die Straße hinunterwarfen. Mit diesem »Prager Fenstersturz« (vergleiche das Kapitel »Husan, Husaus, Husdada!«) begann ein Aufstand des protestantischen böhmischen Adels gegen den erzkatholischen Kaiser und König in Wien. Wie's dann weiterging und wie aus ursprünglichen Religionsstreitigkeiten weltlich-politische Händel und schließlich ein Dauerkrieg europäischer Mächte auf deutschem Boden wurde – das alles soll hier nicht noch einmal breitgetreten werden. So ungefähr wird sich ja jeder erinnern, was es mit dem Dreißigjährigen Krieg auf sich hatte und wer da alles dran beteiligt war – von berühmten Heerführern der katholischen Liga wie Wallenstein und Tilly einerseits bis zum Schwedenkönig Gustav Adolf andererseits. Dass die Armeen beider Seiten nicht gerade die feine englische Art an den Tag legten, ist ebenfalls bekannt, wird aber besonders deutlich durch die Schilderung eines protestantischen Landpfarrers:

»Diese Kaiserlichen kamen in unser Land und raubten und verwüsteten alles so weit, dass weder Rind noch Pferde, Schweine, Federvieh oder dergleichen Städten und Dörfern übrig blieben. Kein Mensch durfte sich auf dem Lande blicken lassen, ihm wurde nachgestellt wie einem Wildpret, er wurde ergriffen, unbarmherzig geschlagen, nackt an den heißen Ofen gebunden, aufgehängt, mit Rauch erstickt, mit Wasser und Jauche getränkt, was die Soldaten den Leuten aus Zubern in den Mund schütteten und mit Füßen auf ihren dicken Bäuchen herumsprangen. Dies wurde der schwedische Trunk genannt.«

So steht's in der Chronik eines Dorfpfarrers geschrieben über das Jahr 1634 – jenes Jahr also, das Deutschland nach 16 grausamen Kriegsjahren endlich wieder Frieden zu bringen schien. Denn einer der Hauptkontrahenten, der in den letzten vier Jahren besonders viel mitgemischt hatte, »der Schwed« nämlich, war durch eine Niederlage bei Nördlingen im Ries ziemlich am Ende.

Erst 1630 hatte Schwedens König Gustav Adolf angefangen, sich an dem Krieg in Deutschland, der schon seit 1618 dauerte, aktiv zu beteiligen. Das bekam ihm selbst allerdings nicht sehr gut, denn schon zwei Jahre später fand er in der Schlacht von Lützen am 6. November 1632 den Tod, was Königen und Oberbefehlshabern ansonsten nur recht selten zu geschehen pflegt, denn meistens sind die weit genug vom Schuss.

Trotz dieses allerhöchsten Verlustes hatten die Schweden aber noch kein Heimweh: Unter dem Kanzler Graf Axel Oxenstierna marschierten und schlachteten sie auch weiterhin in deutschen Landen herum. Und diesem Oxenstierna gelang es sogar, sich im Heilbronner Bund 1633 mit den evangelischen Reichsständen zusammen zu tun. Das aber alarmierte nun den katholischen Kaiser Ferdinand doch sehr.

Er zog an Truppen zusammen, was er nur auftreiben konnte, und ließ seine Armee von Regensburg die Donau aufwärts marschieren, um der Sache ein Ende zu machen. Nachdem sie Donauwörth und Gunzenhausen erobert hatten, standen die Kaiserlichen am 17. September 1634 vor der Reichsstadt Nördlingen.

Entscheidung auf dem Albuch

Fast drei Wochen lang dauerte die Belagerung Nördlingens, aber die Entscheidung fiel nicht dort, sondern etliche Kilometer weiter südlich auf dem Albuch, einem Höhenrücken zwischen der Stadt und dem Dorf Schmähingen. Da wurden die schwedische Armee unter ihrem General Horn und ihre Verbündeten unter dem Kommando des Herzogs Bernhard von Weimar geschlagen. Das war der Anfang vom Ende des Kriegs – so schien es jedenfalls den Zeitgenossen. Den Schweden reichte es nun nämlich, und ohne sie hatte auch der Heidelberger Bund nicht mehr viel in der Hinterhand – kurzum: Im Jahr darauf wurde der Friede von Prag unterzeichnet, der schon bei Halbzeit endlich jenen Krieg beenden sollte, der dann doch zum Dreißigjährigen wurde und erst 1648 aufhörte. Denn was nach der Schlacht bei Nördlingen niemand voraussah: Nun stiegen auch noch die Franzosen aktiv in diese Langzeit-Fehden ein. So dass die Schlacht auf dem Albuch dann doch nicht die letzte und friedenbringende wurde, sondern nur eine in einer langen Reihe weiterer Schlachten.

Ach ja – und dabei kann man sich kaum einen friedlicheren Ort vorstellen als dieses Schlachtfeld. Der Albuch, auf dem eine schlichte steinerne Pyramide an die Ereignisse von 1634 erinnert, ist ein ziemlich einsam gelegener, nur mit wenigen Bäumen, aber vielen Wacholdersäulen bestandener Hügel, wo man nichts weiter hört als das Rauschen des Windes und – vielleicht – mal das Geblöke einer Schafherde. Wer was für seine strapazierten Nerven tun will: Hier mag er sich ein, zwei Stunden im Gras hinstrecken, den ziehenden Wolken zuschauen und vielleicht auch ein wenig darüber nach-sinnieren, ob es denn wirklich dafür stand, dass dieser Hügel vor 375 Jahren mit dem Blut Tausender Gefallener und Verwundeter ge-tränkt wurde. Ja: Wenn die Schlacht auf dem Albuch wenigstens tatsächlich den Dreißigjährigen Krieg auf gut die Hälfte verkürzt hätte. Aber so …?

So schön und geruhsam es auf dem Albuch ist: Deswegen allein wird wohl kaum jemand in diese Gegend fahren. Aber es gibt ja noch einen Grund, sich hier mal umzusehen, und das ist jene Stadt Nördlingen, um die es eigentlich ging. Die hat nämlich immer noch ihren kreisrunden Mauerring und viele Tore – eins schöner als das andere – und darinnen nicht wenig, was anzuschauen sich durchaus lohnt. Rothenburg mag vielleicht bekannter sein – aber Nördlingen steht ihm mit dem, was es zu bieten hat, kaum nach.

Noch ein paar Anmerkungen:

Man kann von Nördlingen zu Fuß auf den Albuch spazieren, von der Alten Bastei über die Marienhöhe und den Stoffelsberg. Aber das ist doch ziemlich weit und braucht Zeit. Mit dem Auto kommt man so hin: Durchs Reimlinger Tor zur Stadt hinaus bis Reimlingen. Dort rechts abbiegen nach Schmähingen, von wo eine kleine (nicht beschilderte) Teerstraße in Richtung Albuch führt. Am halben Hang müssen Sie den Wagen auf einem Parkplatz stehen lassen und zu Fuß weitergehen: An der Weggabel rechts halten. Dann hört der Asphaltweg auf, weiter auf einem Natursträßchen. Linkerhand, am Ende der Felder, sehen Sie bereits die Steinpyramide auf dem Albuch. Vom Parkplatz bis dorthin geht man höchstens eine Viertelstunde, und dennoch ist man dort droben allein – auch am Sonntag.

… und das alles wegen Spanien!

Oder:

Wo Baiern unter Österreichs fürchterliche Fuchtel fiel

Was hat Winston Churchill mit dem kleinen schwäbischen Dorf Blindheim bei Höchstädt an der Donau zu tun? Direkt zwar gar nichts. Aber indirekt und um sechs Ecken herum schon. Der berühmte englische Premier W. C. war nämlich ein Nachfahr jenes Herzogs von Marlborough, der für seine Verdienste im Felde ein Schloss in England geschenkt bekam, und das benannte man nach dem Ort seines großen Sieges. Weil aber den Engländern der Name Blindheim offenbar unaussprechlich war, nannte man die Schlacht the Battle of Blenheim und das Marlborough-Schloss folglich Blenheim Palace.

Fragt sich jetzt nur: Wieso hatte anno 1704 ein englischer Herzog an der bairischen Donau eine Schlacht zu schlagen? Ganz einfach: Wegen dem Spanischen Erbfolgekrieg, in dem England mit Österreich verbündet war, Baiern aber mit Frankreich. Man sieht: Europäische Geschichte kann manchmal ganz schön verwirrend sein, aber dieser Knoten lässt sich ziemlich leicht aufdröseln. Die ganze Sache hatte schon viel früher angefangen, nämlich 1665, als König Philipp IV. von Spanien starb. Der hinterließ aber nicht nur einen Sohn, der damit Karl II. wurde, sondern auch zwei Schwiegersöhne, und die waren auch nicht irgendwer, sondern bei dem einen handelte es sich um den habsburgischen Kaiser Leopold I. zu Wien und bei dem anderen um den Bourbonenkönig Ludwig XIV. von Frankreich, den »Sonnenkönig« also.

Jeder dieser beiden hohen Herren meldete nun seinerseits ebenfalls Ansprüche für sein Haus auf die Thronfolge in Spanien an. Vor allem der Franzosenherrscher tat das sehr rigoros und verlangte gleich als kleinen Vorschuss die – damals von Spanien beherrschten – Nieder-

AM 13. AUGUST 1704
STANDEN IN DER SCHLACHT VON
HÖCHSTÄDT-BLINDHEIM IN EI=
NEM ENTSCHEIDENDEN RINGEN DES SPA-
NISCHEN ERBFOLGEKRIEGES DIE STREIT=
KRÄFTE DES KURFÜRSTEN MAX EMANUEL
UND DIE TRUPPEN LUDWIGS XIV. UNTER
MARSCHALL TALLARD DEM KAISERLICHEN
HEER UNTER PRINZ EUGEN UND DEN
VERBÜNDETEN DES KAISERS UNTER
DEM HERZOG v. MARLBOROUGH
GEGENÜBER

ERRICHTET 1954
IM GEDENKEN
AN DIE GEFAL-
LENEN ALLER
BETEILIGTEN

Ein schlichtes steinernes Denkmal mit erläuterndem Text weist in Blindheim schon seit Jahren auf die Schlacht bei Höchstädt hin. Mittlerweile gibt es aber auch im Schloss dieser Stadt eine Dauerausstellung, die viel genauer zeigt und erklärt, was damals hier wie und warum geschah.

147

lande, weil die so greifbar nah vor seiner Haustür lagen. In zwei mehrjährigen Kriegen versuchte er diese Forderung durchzusetzen, und schließlich sah es sogar nach der Möglichkeit aus, dass die spanischen Erblande geteilt werden könnten. Das aber wollte der kinderlose Karl II. auf keinen Fall, und um Fakten zu schaffen und seine Nachfolge zu sichern, setzte er den Enkel des Habsburger Kaisers Leopold als Alleinerben ein.

Wittelsbachs Großmachtträume

Nun war dieses Knäblein namens Joseph Ferdinand aber nicht bloß ein Kaiserenkel, sondern auch der Sohn des bairischen Kurfürsten Max Emanuel. Dieser »Blaue König«, wie ihn die Türken seit den Kämpfen um die Festung Belgrad respektvoll nannten, hatte nämlich die Kaisertochter Maria Antonia geheiratet. Und obwohl Max Emanuel ein rechter Mätressenhengst und Luftikus war, schaffte er es nebenbei doch auch noch, seiner Angetrauten ein Kind zu machen. Ob das zu ihrem Vergnügen geschah, mag bezweifelt werden, denn noch im gleichen Jahr 1692 hatte Maria Antonia von ihrem Mann und von München die Nase offenbar so voll, dass sie nach Wien heimkehrte. Dort ist sie bei der Geburt des Kindes gestorben. Der Bub aber kam durch und wurde Joseph-Ferdinand getauft – und genau der war's, den 1698 der spanische König Karl II. (auch ein Habsburger) zu seinem Thronfolger bestimmte.

Das war ganz nach dem Geschmack des ehrsüchtigen und immer geldbedürftigen Max Emanuel: Sein Sohn auf dem spanischen Thron – und Kaiserenkel war der Bub auch noch: Da taten sich für das Haus Wittelsbach Zukunftsperspektiven auf, die weit über das weißblaue Landl hinausgingen, das den Kurfürsten ohnehin nicht sonderlich interessierte. In Brüssel jedenfalls, wo der lustige Witwer Statthalter für die spanischen Niederlande geworden war, gefiel's ihm zeitweise wesentlich besser, da war halt mehr los als in München. Dorthin ließ er auch seinen Sohn bringen, aber er hatte nicht mehr lang Freude an ihm: Ein Jahr nach seiner Nominierung als Thronerbe Spaniens starb der Bub. Und damit wären Wittelsbachs Großmachtträume eigentlich auch schon wieder ausgeträumt gewesen. Jetzt sind zur Abwechslung die Bourbonen dran: Nachfolger des so jung Verstorbenen Thronprätendenten wird der Enkel des französischen Sonnenkönigs, Philipp von Anjou. Ein Jahr später: Karl II. von Spanien stirbt, und Ludwig XIV. von Frankreich lässt – wie es im Testament bestimmt ist – seinen Enkel als Philipp V. zum König von Spanien ausrufen.

So weit hätte die Sache ja durchaus ihre Ordnung gehabt, aber ganz leer wollten die Habsburger in diesem Erbfall auch nicht ausgehen. Durch den Tod des spanischen Königs war auch das Reichslehen Mailand »heimgefallen«, und ohne lang zu reden, schickte Kaiser Leopold österreichische Truppen unter dem Oberbefehl von Prinz Eugen los. Es kam, wie's kommen musste: Bei den folgenden Hakeleien suchte sich jeder Bundesgenossen, und so wurde 1701 die Haager Allianz zwischen Österreich und England abgemacht, der sich alle deutschen Reichsfürsten anschlossen. Alle – bis auf zwei: Der bairische Kurfürst Max Emanuel und der von Köln (damals auch ein Wittelsbacher) setzten auf das falsche Pferd und verbündeten sich mit Frankreich. Nachdem die Fronten klar waren, ging es los. 1703 kam es zu einer ersten Schlacht bei Höchstädt, wo die Franzosen eine österreichische Armee schlugen. Aber das war noch nicht jene Bataille, die für Bayern so folgenreich werden sollte – die fand erst ein knappes Jahr später statt, und zwar ziemlich genau auf demselben Schauplatz.

Warum gerade bei Höchstädt?

Vielleicht war's purer Zufall, dass ausgerechnet das kleine Städtle an der Donau zum Schauplatz großer Schlachten wurde. Vielleicht aber auch nicht so ganz, denn just hier scheint schon früher mit besonderer Vorliebe Krieg geführt worden zu sein. Erstmals wird dieses »Hohstet« 1081 erwähnt – und schon damals im Zusammenhang mit einer

Schlacht. Im Dreißigjährigen Krieg wurde hier ebenfalls wacker gefochten. Und dann kam im Spanischen Erbfolgekrieg zunächst die Schlacht von 1703 und schließlich die entscheidende von 1704, die allerdings – wenn man's genau nimmt – eigentlich so heißen müsste, wie sie die Engländer nennen: Battle of Blenhem – Schlacht von Blindheim. Freilich: Auf der englisch-österreichischen Seite standen 52 000 Mann, auf der französisch-bayerischen 56 000 Mann, und ein solches Massen-Treffen muss sich ja auf einer größeren Fläche abgespielt haben. Aber der am heftigsten umkämpfte Punkt war eben das Dorf Blindheim, durch dessen Fall die Schlacht dann auch entschieden wurde.

Die Franzosen unter den Marschällen Tallard und Marsin und die Bayern unter dem Oberbefehl Max Emanuels waren zuerst am Schauplatz gewesen. Die Truppen der Allianz rückten am 13. August 1704 von Donauwörth her an, und zwar die Engländer unter dem Kommando des Herzogs von Marlborough auf dem linken und die Österreicher unter dem Prinzen Eugen auf dem rechten Donau-Ufer. Mittags ging's dann los, und bis zum Abend wurde gekämpft. Ergebnis: Auf Seiten der Sieger gab's 12 000 Tote und Verwundete, bei den Unterlegenen 28 000, zusammen also 40 000 Mann. Und das alles wegen Spanien und weil sich zwei europäische Großmächte nicht einigen konnten, wer dort König werden dürfe.

Einfach absurd – aber das müsste man bei Schlachten eigentlich sehr oft sagen. Der Spanische Erbfolgekrieg war damit allerdings noch lange nicht zu Ende, der hörte erst 1714 mit dem Frieden von Rastatt auf, nachdem alle reihum endlich die Schnauze voll hatten. Max Emanuel aber, der einst so strahlende Eroberer von Belgrad, war schon 1704 am Ende. Bevor er stiften ging, schrieb er rasch noch einen Brief an seine Frau in München – inzwischen war er nämlich längst ein zweites Mal verheiratet, und zwar mit der polnischen Prinzessin Therese Kunigunde. »Wir haben heute alles verloren«, ließ der Kurfürst wissen – und: »Gott sei bei Ihnen. Mit mir geht's dem Rhein zu.«

Nach Brüssel, wo er zehn Jahre im Exil bleiben musste, konnte ihm seine Therese Kunigunde nicht mehr nachfolgen, weil ihr die kaiserlichen Truppen den Weg abschnitten. Also floh sie mit ihrem Beichtvater und späteren Liebhaber nach Venedig, wo sie's genau so locker trieb wie ihr Gatte in Brüssel.

In seinem Buch »Bayerische Gschicht im Gedicht« kommentiert Franz Freisleder die Schlacht von Blindheim und ihre Folgen so:

Bei Höchstädt, siebzehnhundertvier,
gibt's koide Fiaß, und des ned wia!
Er hat dort durch des Kaisers Zorn
die Schlacht – und 's Bayernland verlorn.
Österreich ruckt jetzt in Bayern ei.
Besatzungszeit – o mei, o mei!

Dieser Stoßseufzer über die Besatzungszeit ist mehr als berechtigt, denn in der Tat trieben es die Österreicher damals so toll, dass es schon im Jahr darauf zu einem Volksaufstand kam (vergleiche dazu die Kapitel »Mit der U-Bahn zum Schlacht-Platz« und »Kein Happy-End am Handlberg«).

Nachzutragen wäre noch, dass der englische Befehlshaber in der Schlacht von Höchstädt nicht nur mit Blenhem Castle belohnt wurde, sondern dass ihn die dankbare Allianz 1705 auch in den Reichsfürstenstand erhob und mit der Herrschaft Mindelheim beschenkte. Schade, dass er dort nicht ansässig sein wollte. Sonst wäre Winston Churchill möglicherweise ein Deutscher geworden und hätte vielleicht Willy von Kirchberg oder so ähnlich geheißen.

Besuch »vor Ort«

Lohnt es sich, zur Besichtigung des Schlachtfeldes nach Höchstädt zu fahren? Wenn man gerade in der Gegend ist, durchaus. Zunächst könnte mans sich das Dorf Blindheim anschauen, um über den Kontrast zu staunen: Heute ein so friedlicher und heiterer Ort – und damals hart umkämpft von den Truppen der europäischen Supermächte. An der Straße von Höchstädt nach Donauwörth findet man kurz nach dem Ortsausgang von Höchstädt, aber noch weit vor dem Abzweig nach Blindheim seit einigen Jahren einen Gedenkstein, der in einer Grünanlage steht. Vorn drauf trägt er die lateinische Inschrift »AMOR PAX VITA« (Liebe, Frieden, Leben) und »ODIUM BELLUM MORS« (Hass, Krieg, Tod) und darunter in Deutsch die Mahnung: »Überwindet den Hass, suchet den Frieden.« Hintendrauf aber steht im Stenogrammstil das, was der Leser dieses Buches über die Schlacht bei Höchstädt nun ohnehin schon ausführlich weiß.

Im August 2004 fand 300 Jahre nach dem Gemetzel im renovierten Hochstädter Schloss eine große Feier statt. Daran nahmen etliche Honoratioren aus den damals an der Schlacht beteiligten Staaten teil, so als Gastgeber Bayerns Ministerpräsident Stoiber, der Chef des Hauses Wittelsbach, Herzog Franz von Bayern und der britische Duke John George of Marlborough. Zu diesem Jahrestag wurde im Schloss auch eine Dauerausstellung über die Schlacht eingerichtet, die u. a. mit einem großem Zinnfiguren-Diorama das damalige Geschehen nachstellt. Außerdem wurde ein Radwanderweg über das Schlachtfeld angelegt.

Die Ausstellung ist vom 1. April bis 30. September täglich zwischen 9 und 18 Uhr geöffnet, ab Oktober bis inklusive März von 10 bis 16 Uhr.

Mit der U-Bahn zum Schlacht-Platz

Oder:

Wo 1705 eine Volkserhebung blutig niedergemetzelt wurde

Schlachten, die Geschichte machten, haben meist an Orten stattgefunden, die auch heute noch ziemlich entlegen sind. Irgendwo auf
freiem Feld und in der Nähe eines Dorfes steht der Gedenkstein oder
das Mahnmal, und oft muss man viele Kilometer auf kleinen Neben-
straßen herumkurven, um an den Schauplatz des Geschehens zu
kommen.

Ganz anders in diesem Fall: Dort, wo einst der Schlacht-Platz war,
gab's vor Jahrzehnten eine Trambahnhaltestelle für jenen Wagen von
der Münchner Linie 8, der durch ein Lied vom Weiß Ferdl berühmt
wurde. Nach dem Bau der U-Bahn wurde diese Tram-Linie allerdings
eingestellt. Heute fährt man am besten mit der U 3 oder U 6, und
zwar bis zur Station Harras. Von dort sind es dann nur ein paar
Schritte zur alten Sendlinger Kirche – und genau dort, mitten in der
Großstadt, hat an Weihnachten 1705 das große Schlachten stattgefunden. Wobei freilich der heutige Stadtteil Sendling damals noch
ein kleines Dorf weit draußen vor München gewesen ist.

Wie immer in der Geschichte gibt's auch hier eine Vorgeschichte,
und die beginnt mit dem Spanischen Erbfolgekrieg und der Schlacht
bei Höchstädt, die den Kurfürsten Max Emanuel auf Jahre hinaus ins
Brüsseler Exil und das Baiernland unter eine österreichische Besatzungsmacht brachte (siehe hierzu das Kapitel »… und das alles wegen
Spanien!«).

So problemlos und freundnachbarlich, wie das Verhältnis zwischen
Bayern und Österreich heute ist, so gespannt und belastet war es
damals. Wer gerade Oberwasser hatte, benahm sich in jenen Zeiten
ziemlich siegerisch, und nun waren halt gerade die Österreicher oben-

Der
Bayrischen Rebellen
Rädelsführer
Erste
EXECUTION
Lohn und Warnung*
Gesangs = Weiß
vorgestellt;

Im Tott!
Ach / daß ich Wasser und Thränen
gnug hätte.

Im Jahr 1706.

An den Anführern des Aufstands von 1705, die man lebendig fing, statuierte die österreichische Besatzungsmacht ein abschreckendes Exempel. Dieser Stich zeigt die Hinrichtung des Münchner Weinwirts Johann Georg Kittler.

auf. Kaiser Leopold dachte gar nicht daran, mit Baiern schonend umzugehen, obwohl doch Kurfürst Max Emanuel sein Schwiegersohn war. »Pandur« und »Kroat« – das waren lange Zeit danach mit die schlimmsten Schimpfwörter im weißblauen Gäu, und daran lässt sich schon ablesen, wie brutal sich Wiens Hilfstruppen als Besatzungsmacht aufgeführt haben müssen. Dabei handelte es sich nicht bloß um Übergriffe einzelner kleiner Hauptleute, sondern das passte alles zu der Devise, die der österreichische Oberbefehlshaber Prinz Eugen in seinem norditalienischen Hauptquartier ausgegeben hatte: »Baiern sollte in diesem Krieg die ganze Kriegsmaschine soutenieren.« Was auf Deutsch heißt: Das Land wurde nach Strich und Faden ausgeplündert. Die Folgen: Dieses Agrarland hatte plötzlich selbst nicht mehr das Sattessen. Alles wurde knapp und dementsprechend teuer, gleichzeitig wurde die Steuerschraube angezogen, und um das Maß vollzumachen, betrieb man auch noch die Zwangsrekrutierung von 12 000 jungen Leuten für den österreichischen Militärdienst.

»Lieber bairisch sterben …«

Vom sonntäglichen »Raffats« im Wirtshaus abgesehen, waren die Baiern allzeit ein eher friedlicher Menschenschlag. Aber wenn's amal g'langt, dann g'langt's – und dann können sie auch furchtbar grantig werden. Im Sommer 1705, nach einem knappen Jahr des brutalen Besatzungsregimes, g'langte es offenbar. Da und dort kam es immer öfter zu kleineren Widerstands-Aktionen. Und im Oktober brach plötzlich und gleichzeitig an mehreren Punkten ein Volksaufstand aus, der keineswegs mehr als Nadelstichelei abgetan werden konnte, denn da wurden Pflegämter und Landsitze angegriffen, schikanöse Beamte übel zugerichtet und Zwangsrekruten befreit. Und bevor sich's die Militärregierung in der Münchner Herzog-Max-Burg versah, war aus der Rebellion ein Flächenbrand geworden: Bauern, Kleinhäusler und Handwerker fanden sich zu Guerilla-Verbänden zusammen. Und so schlecht bewaffnet, wie sie waren, brachten sie die Besatzungsmacht doch in ziemliche Schwierigkeiten. Es gelang ihnen sogar, in Niederbayern eine ganze Reihe von Städten zu besetzen: Braunau, Schärding, Vilshofen, Cham, Oberviechtach, Kelheim und sogar Burghausen.

Aber auch im Oberland ging's immer rebellischer zu. In Bad Tölz wird heute noch in der Weinwirtschaft zum Höckh im 1. Stock jene Stube gezeigt, wo der Anführer Johannes Jäger und seine Mitverschworenen den Aufstand planten. (In Wirklichkeit, gestand vor einigen Jahren die Wirtin, war's allerdings nicht im 1., sondern im 2. Stock, aber da hatten die Wirtsleut' ihr Schlafzimmer, und das mochten sie halt nicht gern besichtigen lassen.) Ober- und Unterländler hatten Verbindung miteinander und auch ein gemeinsames Motto: »Lieber bairisch sterben als kaiserlich verderben« hieß es. Vom Kurfürsten ist in diesem Sprüchlein nicht die Rede, und manche Historiker sagen, das sei durchaus kein Zufall, denn mit Seiner Durchlaucht hätten die Rebellen sowieso nichts mehr im Sinn gehabt. Dafür spricht manches – beispielsweise die Tatsache, dass sich die Aufstandsbewegung »Gemein der Bürger und Bauern« nannte.

Aus dem Unterland stammt die zeitgenössische Notiz: »Was Kurfürst – er hat uns verlassen. Wir wollen ihn auch verlassen.« Und ein Chronist des Aufstands schrieb damals: »Die Erhebung geschah nicht zur Landesdefension, sondern es war dabei auf die völlige Kassierung des bisherigen Landesfürstlichen Regiments und auf die Einführung einer freien Republik abgesehen. Die Bauern wollten hinfür selbst Herren und freie Stände sein.«

Deutlicher kann's ja wohl kaum noch gesagt werden, dass mindestens ein Teil der Aufständischen nicht die Rückkehr des Landesherrn im Sinn hatte, sondern das, was Kurt Eisner erst gut zwei Jahrhunderte später als »Freistaat Bayern« bezeichnete. Vor allem aber wollte man die verhassten kaiserlichen Schikanierer hinaushauen, und nachdem man nun die Besatzungsmacht schon ganz schön in die Defensive gedrängt hatte, wollte man im Dezember 1705 aufs Ganze gehen.

AUCH
UNTER DIESEM STILLEN GRABESHÜGEL
RUHEN
800 BAUERN VOM BAY'RISCHEN
OBERLANDE
GEFALLEN
NACH BLUTIGER GEGENWEHR,
AN DEN MAUERN DIESES KIRCHHÖFES
IM
HOCHHERZIGEN KAMPFE
FÜR FÜRST UND VATERLAND,
AM CHRISTTAGE 1705.

Diese Eisenguss-Gedenksäule im Friedhof der alten Sendlinger Dorfkirche erinnert an die 800 Bauern aus dem bairischen Oberland, die 1705 wegen ihres Aufstands gegen die schlimme Besatzungsmacht von österreichischen Truppen an dieser Stelle hingemetzelt wurden.

Der Marsch auf München

Die Ober- und die Unterländer hatten sich verabredet, in der Nacht vom 24. auf den 25. Dezember die Landeshauptstadt München zu stürmen und zu befreien. Das war gar nicht so aussichtslos, denn auch in der Stadt gab es Rebellen, mit denen man sich abstimmen konnte, und die auf ein vereinbartes Signal hin ebenfalls losschlagen wollten. Nur: Leider gab es auch einen Verräter, nämlich den Pfleger Öttlinger aus Starnberg, der den Österreichern brühwarm erzählte, was da laufen sollte. Und so waren die nicht nur auf der Hut und verstärkten ihre Überwachung in der Stadt, sondern ließen auch ihren General Kriechbaum seine Truppen in Eilmärschen gen München in Bewegung setzen. Dann stellte sich heraus, dass die Unterländer nicht rechtzeitig eintreffen konnten, weil sie von Besatzungstruppen aufgehalten wurden. Trotzdem wagten die Oberländer, wie geplant, den Angriff auf die Stadt. Aber wenn sie auch die Isarbrücke besetzten und den Roten Turm vor dem Isartor eroberten: Die Sache ging schief. Denn sobald der General Kriechbaum da war, machte die österreichische Stadtbesatzung einen Ausfall, und nun saßen die Oberländer Rebellen in der Zwickmühle.

Im Dorf Sendling kam es dann zum letzten Schlachten. Nein, das ist kein Setzfehler und soll nicht etwa Schlacht heißen, denn dieser erste Weihnachtsfeiertag 1705 wurde tatsächlich zu einer Orgie der Metzger und Schlächter. Um zehn Uhr morgens war der Ring um Sendling zu. Die Aufständischen erkannten, dass sie keine Chance mehr hatten. Die drei Anführer Clanze, Aberle und Mayer ergaben sich in aller Form. Und ihre Leute warfen die Waffen weg, knieten sich hin und beteten. Was jedoch den österreichischen Militärschädel Kriechbaum nicht davon abhielt, seiner Truppe den Befehl zum Dreinschlagen zu geben. Was dann geschah, schildert der damalige Pfarrer von Sendling in einem Brief an den Bischof in Freising: Es sei nämlich … »zwischen den kaiserlichen Völkern und denen aus unterschiedlichen Gerichtern zusammengerotteten Bauren eine abscheuliche Action und Blutbad vorgegangen, in dem in und außer dem Dorf, absonderlich auf dem Feld zunächst hinter dem Dorf, bei 3000 Bauren abscheulich seind niedergehaut, massacriert und plessiert worden. Was mich zunächsten bestürzt, ist, dass sie sogar das St. Margarethae-Gotteshaus nit verschont, dieses mit Blutvergießen und Beraubung der hineingeflüchteten Bauren profaniert, auch auf dem Freithof etliche erschossen und niedergemacht haben. Über das haben sie hernach die drei Sendling samt Thalkürchen schrecklich beraubt, allen Bauren, Söldnern und Tagwerkern all ihr Geld, Fahrnus und Viech, wie auch mir über die 700 Gulden bares Geld, meine beste Hausfahrnus, auch alle meine Pferde hinweggenommen.«

Man darf dem hochwürdigen Herrn fast alles glauben – bis auf die Zahl der Hingeschlachteten. Denn der Oberländer-Haufen, der in Sendling eingekesselt worden war, zählte wohl nur noch knapp 2000 Leute – also können nicht 3000 »niedergehaut« worden sein. Realistischer ist wahrscheinlich die Angabe, wonach etwa 1100 bis 1500 Aufständische abgeschlachtet wurden. Wenn die Kaiserlichen dabei auch 40 Mann verloren, so deshalb, weil halt ein Bauerntrupp, der sich an der Sendlinger Friedhofsmauer festgesetzt hatte, sich schließlich doch nicht ganz ohne Gegenwehr metzeln ließ. Ob unter ihnen der legendäre »Schmied von Kochel« gewesen ist? Wer weiß, wer weiß … bislang ist ja trotz zahlreicher Publikationen nicht einmal klargestellt, ob es einen solchen Mann tatsächlich gegeben hat oder nicht. Auf dem Eingangsgiebel der alten Sendlinger Kirche ist er jedenfalls dargestellt, wie er seinen Morgenstern schwingt. Und daneben steht ein Grabstein für 800 gefallene Bauern, auf dem von »blutiger Gegenwehr« die Rede ist.

Alle Jahre wieder …

Es hat schon einen sehr eigenartigen Reiz, diesen historischen Schlacht-Platz inmitten des Verkehrsgewühls der Millionenstadt zu besichtigen – egal, zu welcher Jahreszeit. Wenn Sie es jedoch einrichten können, dann sollten Sie mal am Heiligen Abend hingehen. Dann findet sich nämlich auf dem Friedhof um die alte Dorfkirche eine Gruppe von Männern in ledernen Bundhosen und seltsamen Jacken ein, auf dem Kopf den Stopselhut, an der Seite einen Säbel, dazu weißblau geraute Fahnen und Trommeln, lodernde Fackeln … alle Jahre wieder gedenkt so die Gruppe »Schmied von Kochel« mit einer Feierstunde und einem Gottesdienst der Sendlinger Mordweihnacht von 1705. Schon ab 22 Uhr 15 stehen am Grabdenkmal für die Gefallenen Ehrenwachen. Und gegen 23 Uhr 15, nach der Mette, findet die Gedenkfeier statt. Und das alles ist durchaus nicht etwa eine Art Gaudi oder ein Folklore-Rummel, sondern sehr ernst gemeint – auch noch nach rund drei Jahrhunderten!

Kein Happy End am Handlberg

Oder:

Wo dem bairisch-bäurischen Widerstand der Garaus gemacht wurde

Der Marktflecken Aidenbach: Ein stattliches Dorf wie viele andere in Niederbayern. Und recht reizvoll gelegen im Hügelland zwischen Rott, Vils und Donau. Wer in einem der Wirtshäuser einkehrt, merkt bald: Hier isst man – wenn schon nicht gut – so doch gern und fett und viel. Die ganze Gegend sieht noch ein bisschen nach heiler Welt aus und wirkt ausgesprochen behaglich und friedsam. Und doch war es gerade dieses Unterland, wo 1705 der erste Funke des Widerstands gegen die österreichische Besatzungsmacht und ihr brutales Regiment zündete. Und hier war es auch, hier bei Aidenbach am Handlberg, wo dieser Widerstand im Januar 1706 dann endgültig zusammenbrach. (Wie es zur österreichischen Besetzung kam, darüber finden Sie mehr in den Kapiteln »… und das alles wegen Spanien!« und »Mit der U-Bahn zum Schlacht-Platz«.)

Dass dieser ansonsten eher behäbige Menschenschlag so »gaach« rebellierte, muss einen nicht wundern, wenn man liest, was der österreichische Statthalter Max von Löwenstein-Wertheim an den kaiserlichen Hof nach Wien berichtete: »Man het die Jungen mit weib und kindt genau so gehenckt wie die Alten«, schrieb er. In manchen Gegenden griff man sich jeden zehnten und knüpfte ihn – einfach so und zur Abschreckung – an den Galgen. Vergewaltigungen, Misshandlungen, Plünderungen, eine auf das Siebenfache hochgetriebene Steuerbelastung, Hungersnot und dazu noch Zwangsrekrutierungen junger Männer: Da muss auch ein Volksstamm von eher gelassener Lebensart irgendwann die Geduld und die Duldsamkeit verlieren.

Wie es zu der Revolte im Unterland kam, wie sie auf das Oberland übergriff und wie schließlich der Marsch auf München, den die Oberländer im Alleingang gewagt hatten, in der Sendlinger Mordweihnacht endete: Das alles steht in dem Kapitel »Mit der U-Bahn zum Schlacht-Platz«.

Bleibt hier also nur noch zu berichten, wie und wo das Drama sein Ende fand – und zwar alles andere als ein Happy End! Die Rebellen aus dem Unterland waren ja zum Marsch auf München zu spät gekommen, obwohl sie nur noch ein paar Fußmarschstunden von der Landeshauptstadt entfernt standen, als dort am Weihnachtstag 1705 das Desaster passierte.

Nachdem der Aufstand im Oberland niedergeschlagen war, hatten die Österreicher ein großes Truppenkontingent frei, mit dem sie nun auch im Unterland aufräumen wollten. Der General Kriechbaum, der Schlächter von Sendling, marschierte nun also dorthin.

Der Judas aus Pfarrkirchen

Fast mehr noch als in Oberbayern, wo der Aufstand eher bäurisch war, hatten im Unterland auch die Bürger in vielen Städten mitgetan – und sogar die »Paruckenhansl«, also die bairischen Beamten in den von der Landesdefension besetzten Städten. Die fielen nun beim Anmarsch der Österreicher schnell um. Nicht so die Bauern-Armee, die sich in der Gegend von Aidenbach gesammelt hatte. Freilich, ein bisschen demoralisiert werden diese Kämpfer durch die Niederlage vor München wohl auch gewesen sein. Aber ans Aufgeben dachten sie dennoch nicht – jetzt grad mit Fleiß nicht. Und sie hätten sogar gewisse Hoffnungen haben dürfen, sich gegen die Truppen des Generals Kriechbaum zu behaupten, denn aus dem Innviertel sollten ihnen in wenigen Tagen an die 4000 bewaffnete Bauern zu Hilfe kommen. Aber da hatte sich nun bei den Aufständischen – so ähnlich wie zuvor schon im Oberland – ein Judas eingeschlichen. Der Gerichtsschreiber von Pfarrkirchen war's. Und dieser Verräter brachte es irgendwie fertig, dem gemächlich heranziehenden General Kriechbaum Botschaft über die Verstärkung aus dem Innviertel zukommen zu lassen. Daraufhin hatte der es plötzlich sehr eilig, und noch bevor die Hilfe für die Aufständischen in Sicht war, standen die österreichischen Truppen vor Aidenbach und griffen überraschend an. Am nahen Handlberg kam es zum letzten Treffen, wo der bairische Volksaufstand dann endgültig zusammengehauen wurde. Mit diesem Gemetzel am 8. Januar 1706, das der Sendlinger Mordweihnacht in nichts nachstand, war alles aus.

Auf dem Handlberg erinnert das Bauernschlacht-Denkmal an diese blutige Begebenheit. Und schon ein Jahr danach wurde für die Pfarrkirche in Aidenbach eine Glocke zum Andenken an die Gefallenen gegossen. Seit damals und noch bis heute wird die bei jedem Gottesdienst nach der Wandlung geläutet. Dass der Aufstand von anno Schnee noch längst nicht vergessen ist, zeigte sich bei der 275. Wiederkehr des Jahrestags 1981: Da veranstalteten die Aidenbacher nicht bloß einen Gedenktag, sondern gleich ein ganzes Gedenkjahr, in dem sie das historische Festspiel »Die vom Reschendobel« aufführten. Ironie der Geschichte: Da man im eigenen Gäu keine passenden historischen Gewänder auftreiben konnte, musste man sie sich bei einem Kostümverleih besorgen – und das ausgerechnet jenseits der Grenze, in Österreich. Weiterer Höhepunkt der Feierlichkeiten war ein historischer Festzug mit einem halben Tausend Teilnehmern zu Fuß und zu Ross.

Ein Feldkreuz für die »Terroristen«

Hält man also im Markt Aidenbach das Andenken der Aufständischen von 1705/06 hoch in Ehren, so hatte man wenige Kilometer weiter in der Stadt Vilshofen einige Schwierigkeiten bei der Bewältigung der Vergangenheit. Da gibt's nämlich einen Vorort namens Liessing – und dort kam es schon im Dezember 1705 zu einem Scharmützel, bei dem 300 Bauern von österreichischen Husaren niedergemacht wurden.

Ebenfalls genau 275 Jahre danach hatte nun der dortige Heimat-forscher Wild, angeregt durch einen Leserbrief in der örtlichen Zeitung, den Vorschlag gemacht: Man möge doch diesen 300 Opfern des Aufstands gegen die Habsburgischen am Ort ihres Sterbens eine schöne Gedenktafel setzen. Das aber wollte nun anno 1980 einigen Herren im Vilshofener Stadtrat gar nicht recht schmecken und sie äußerten starke Bedenken, ob die Bauernkrieger eines solchen Denkmals denn überhaupt würdig seien. Mehrere Stadträte meinten, diese aufständischen Bauern hätten sich in keiner Weise um die Stadt Vilshofen verdient gemacht, sondern seien »Besetzer und Rebellen« gewesen, ja sogar sowas wie Vorläufer heutiger Terroristen. Im »schwarzen Erdteil«, wie Niederbayern manchmal spöttisch genannt wird, schienen manche also offenbar auch noch in unseren Tagen den starken Glauben zu hegen, eine jede Obrigkeit sei von Gott gewollt, und was immer sie anrichte – man habe ihr brav untertan zu sein.

Ergebnis der Stadtratsdebatte: In Liessing wurde keine Gedenktafel aufgestellt, bei deren Textgestaltung man hätte in Schwierigkeiten kommen können. Aber da die 300 Toten des Scharmützels höchst-wahrscheinlich ja auch allesamt Christenmenschen waren, beschloss man, am Ort ihres Sterbens ein schlichtes Feldkreuz zu errichten. Denn damit vergibt man sich auf keinen Fall was.

Requiescant in pace – Amen!

»… mit Oesterreich gesöhnet aus …«

Oder:

Wo Wittelsbach seine Großmachtträume begraben musste

Füssen im Allgäu – was fällt einem bei diesem Namen sofort und unweigerlich ein? Sehr richtig: Die berühmten Königsschlösser Hohenschwangau und Neuschwanstein. Und sonst wahrscheinlich fast gar nichts. Obwohl einerseits diese beiden Schlösser gar nicht in, sondern nur bei Füssen liegen. Und obwohl andererseits das Städtchen am Lech ja auch selbst ein durchaus stattliches Schloss aufzuweisen hat, auf dem sogar einmal Geschichte gemacht wurde. Denn am 22. April 1745 kam hier der Friede von Füssen zustande. Und der brachte dem Kurfürstentum Bayern zwar die Erlösung von einem längst verlorenen Krieg, aber auch den endgültigen Abstieg zum Rang eines deutschen Mittelstaates. Mit den Großmachtträumen, die in der Wittelsbacher-Dynastie Jahrhunderte hindurch immer wieder einmal wach wurden, war's nun ein für allemal vorbei. Und auch mit den Ambitionen auf die deutsche Kaiserkrone.

Zweimal konnte sich ein Wittelsbacher stolz Kaiser nennen. Der erste war Ludwig der Baier (siehe hierzu die Kapitel »Ausgerechnet Gammelsdorf!«, »Der brave Schweppermann und seine Eier« und »Des Kaisers letzte Bärenjagd«). Der zweite aber, Jahrhunderte später, hieß Karl Albrecht und nannte sich als Kaiser Karl VII. Über jenen 12. Februar 1742, an dem ihm zu Frankfurt die Krone aufgesetzt wurde, notierte er in sein Tagebuch:

»Alles ist sich darin einig, dass keine Krönung jemals herrlicher und glänzender war, als die meine, der Luxus und die Verschwendung, die sich an allem und jedem kundgaben, überstiegen alle Vorstellungen. So konnte ich wähnen, den höchsten Gipfel menschlicher Größe erklommen zu haben, musste aber unwillkürlich der allmächtigen Hand

Gottes gedenken, der zur selben Zeit, da er uns so hoch steigen ließ, gar dringlich daran erinnert, dass wir nur seine Geschöpfe sind ...«

Warum so bußfertige Töne? Nun, der hohe Herr hatte gleich doppelten Grund zur Zerknirschung. Denn erstens war er bei seiner Krönung ziemlich krank und mies beisammen. Und zweitens wusste er, dass zur selben Zeit schon wieder einmal österreichische und diesmal auch ungarische Truppen in seinem Baiernland hausten, und dass er selber schuld daran war – eben deshalb, weil er partout hatte Kaiser werden wollen.

Zehn Monate später, Ende 1742, war er zwar wieder leidlich gesund, saß aber immer noch in Frankfurt herum und machte sich über seine ziemlich verzweifelte Lage keinerlei Illusionen mehr, denn zu jenem Zeitpunkt vertraute Karl VII. seinem Tagebuch über die vorangegangenen Monate an: »So stellte ich Narr des Glücks einen Kaiser vor und tat, als ob ich Frankfurt zu meiner Residenz erwählt hätte, weil es in der Mitte des Reiches liegt, in Wahrheit aber war ich ein Verbannter, der keine Heimat hatte, da mein Land vom Feinde besetzt war.«

»Ein violenter Junger Tollhans und Kartenspiller«

Mit diesen wenig schmeichelhaften Worten hatte Onkel Joseph Clemens seinen Neffen Karl Albrecht abqualifiziert, als der erst 18 Jahre und noch Kurprinz gewesen war. Auch seinen starken Hang zu den Weibern und zum Alkohol vermerkt der gestrenge Onkel schon in jenen frühen Jahren. Und in der Tat: Auch später, als bairischer Kurfürst, war der junge Herr ein starker Trinker und äußerst potenter Rammler. Die Zahl seiner illegitimen Nachkommen, die er mit Dutzenden von Damen zeugte, steht nicht einwandfrei fest, aber es müssen mindestens an die 40 gewesen sein, wobei manche Zeitgenossen jedoch eher die Zahl 60 für richtig hielten.

Mit seiner angetrauten Gattin hatte er nicht so viel im Sinn. Wenn er auf die sauer war – so berichten Chronisten –, pflegte er sie deftig zu verprügeln und gelegentlich sogar so arg, dass sie tagelang das Bett

hüten musste. Außerdem soll er ihr im Zorn büschelweise Haare aus-
gerissen haben. Ja geht man denn so mit einer Kaisertochter um? Das
nämlich war sie, die Kurfürstin Amalie (nach der die Amalienburg im
Schlosspark von Nymphenburg benannt ist). Und eben deshalb, weil
er diese Habsburgerin geheiratet hatte, kam der bairische Kurfürst
Karl Albrecht auf die Idee, er könne eines Tages selbst deutscher
Kaiser werden so wie einst sein ruhmreicher Ahnherr Ludwig der
Baier.

Seine große Chance sah er gekommen, als 1740 in Wien Kaiser
Karl VI. starb, ohne einen männlichen Thronfolger zu hinterlassen.
Erbin des Kaisers wäre somit seine später so berühmt gewordene
Tochter Maria Theresia gewesen. Aber eine Frau auf dem Thron? Ja
wo gibt's denn sowas – nein, das wollte Baierns Kurfürst nicht gelten
lassen. Und so meldete er aufgrund seiner verwandtschaftlichen
Beziehungen umgehend selbst Ansprüche an. Wobei er, um der Sache
mehr Nachdruck zu verleihen, alsbald auch noch in Österreich einmarschierte. Man muss sich mal überlegen, wann das war: Anno 1740
– also erst wenige Jahrzehnte, nachdem sein Land von den
Österreichern im Spanischen Erbfolgekrieg so windelweich herge-
hauen und so entsetzlich malträtiert wurde (siehe hierzu die Kapitel
»… und das alles wegen Spanien!«, »Mit der U-Bahn zum Schlacht-
Platz« und »Kein Happy End am Handlberg«). War er denn verrückt
geworden, dieser violente Tollhans Karl Albrecht, nun schon wieder
einen Erbfolgekrieg vom Zaun zu brechen und sich mit dieser Großmacht anzulegen, gegen die er doch mit seinem Baiernlandl kaum
eine Chance hatte? Oh nein, er wusste schon, was er tat – und er
hätte es nicht getan, wäre ihm nicht Frankreich als mindestens
ebenso mächtiger Verbündeter zur Hand gewesen.

Zunächst hatte er auch verblüffende Erfolge: In kurzer Zeit standen
die bairischen und französischen Truppen vor der Kaiserstadt Wien,
aus der Maria Theresia samt ihrem Hofstaat evakuiert worden war.
Aber statt nun die Stadt einzunehmen, machte man – nicht zuletzt
auf Betreiben der Bündnispartner – einen plötzlichen Schwenk und

marschierte nach Prag, wo sich Karl Albrecht im Dezember 1741 auf dem Hradschin zum König von Böhmen ausrufen ließ. War schon das eine schallende Ohrfeige für Habsburg, so kam's kurz darauf noch schlimmer: Im Januar wählten die deutschen Kurfürsten den Wittelsbacher glatt auch noch zum Kaiser. Was sollte nun noch schiefgehen? Unbekümmert ließ der Tollhans den Krieg Krieg sein und reiste zu seiner prunkvollen Krönung gen Frankfurt.

Eine Frau schlägt zurück

Zwei Dinge hatte Karl Albrecht dabei nicht vorausgesehen: Erstens, dass es seiner Gegenspielerin Maria Theresia gelingen konnte, ihre Ungarn zu mobilisieren, obwohl ihre Lage nicht sehr rosig aussah. Und zweitens, dass die verbündeten Franzosen des blöden Spiels sehr rasch überdrüssig wurden und sich die Sache plötzlich wieder anders überlegten. Ergebnis: Kaiser Karl VII., wie er nun hieß, saß zwar gekrönt, aber machtlos in Frankfurt, dieweil wieder einmal österreichische Truppen sein Land verheerten und besetzt hielten. Wenn er schließlich für die letzten drei Monate seines Lebens im Oktober 1744 doch noch einmal nach München zurückkehren konnte, so verdankte er dies nur dem Umstand, dass Maria Theresia ihre Truppen abziehen musste, weil sie die jetzt dringender woanders brauchte. Seit August dieses Jahres war sie nämlich in den zweiten schlesischen Krieg mit Preußen verwickelt.

Baiern bekam dadurch aber nur eine kurze Atempause. Und nachdem Anfang 1745 Kaiser Karl VII. in München gestorben war und sein erst knapp 18-jähriger Sohn als Kurfürst Max III. Joseph die Nachfolge angetreten hatte, bekam auch der bald wieder zu spüren, was ihm und dem armen Land der Papa mit seinen hochfliegenden Plänen eingebrockt hatte. Schon im März waren die Österreicher wieder voll da und nahmen kurz hintereinander Landshut, Moosburg und Pfaffenhofen ein – das heißt: Sie standen so nah vor München, dass der junge Landesvater aus seiner Residenz in die freie Reichsstadt Augsburg flüchten musste. Nun war dieser Nachfolger – im Gegensatz zu seinem Vater – kein violenter Tollhans und Spieler und sah sofort, dass ihm keine andere Wahl mehr blieb, als schleunigst Frieden zu machen. Beide Seiten einigten sich auf Füssen als den Ort, wo die Bedingungen ausgehandelt werden sollten. Warum gerade dort? Nicht nur, weil der Ort ganz günstig lag, sondern wohl vor allem, weil man sich da auf neutralem Boden befand, denn Füssen gehörte damals ja noch nicht zu Baiern, sondern war bischöflich Augsburgisch. Max III. Joseph schickte als Unterhändler den Fürsten von Fürstenberg, Wien delegierte den Grafen Colloredo. Am 12. April wurden die Verhandlungen aufgenommen und bereits zehn Tage später war der Friede von Füssen unter Dach und Fach.

Ergebnis: Max III. Joseph konnte zwar sein Land behalten und brauchte keinen Quadratfuß davon abzutreten. Dafür musste er aber alle Ansprüche auf die Kaiserkrone über Bord werfen und sich verpflichten, als Kurfürst für den Gatten Maria Theresias zu stimmen – und der wurde dann ja auch als Franz I. deutscher Kaiser. Für das Haus Wittelsbach bedeutete das den endgültigen Ausstieg aus der ganz großen Politik.

Hohes Schloss oder Postwirtschaft?

Die Frage, wo denn nun in Füssen dieser folgenschwere Friede ausgehandelt wurde, ist immer noch und immer wieder mal umstritten. Die meisten Autoren einschlägiger Literatur behaupten, die Sache habe auf dem hohen Schloss zu Füssen stattgefunden, und also sollten Sie sich das auf jeden Fall anschauen, wenn Sie mal in der Gegend sind. Zumal es sich ganz unabhängig von historischen Ereignissen sehr lohnt – ist doch dieses Füssener Schloss ein sehenswerter Fall von gekonnter Trompe l'oeil-Malerei. Das heißt: Ein schlichter gotischer Bau wurde mit vielen Erkern, Lisenen und sonstigem Zierat aufgeputzt – aber, wie sich bei genauerem Hinsehen zeigt – nur mit dem Pinsel. Im übrigen können Sie auch den Rittersaal besichtigen, denn dort soll's gewesen sein.

Gar nicht wahr, argumentieren etliche Füssener Lokalhistoriker dagegen. In Wirklichkeit habe man nicht auf dem Schloss droben verhandelt, sondern drunten in der Stadt, und zwar im Gasthaus zur Alten Post. Es werden dafür auch allerlei plausible Gründe genannt – unter anderem der, dass der Bischof von Augsburg als Neutraler kein Interesse gehabt haben könne, sein hohes Schloss zur Verfügung zu stellen. Und außerdem: Die Verhandlungen sollten doch geheim sein. Auf dem Schloss aber wäre sowas nicht ohne Aufsehen abgegangen, und so habe man sich eben ganz unauffällig am Wirtshaustisch zusammengehockt.

Gewiß, das hat auch manches für sich, aber andererseits ist es halt doch wieder recht unwahrscheinlich, dass zwei so hohe Herren in allerhöchstem Auftrag in einem solchen Lokal logiert haben sollen. Das liefe ungefähr darauf hinaus, wie wenn sich vergleichsweise heutzutage offizielle Verhandlungsdelegationen in irgendeiner Bahnhofswirtschaft treffen würden.

Nun gibt's da aber noch ein zeitgenössisches Gemälde über den Füssener Frieden, das heute im Amtszimmer des Bürgermeisters hängt und früher mal in der Alten Post zu sehen war. Und darauf hat der Maler folgende Reime gepinselt:

Europa singt das Freüden Lied
was man sobalt geglaubet nimmer
geschahe doch, es wurde Fried
und zwar anheüt in diesem Zimmer
hier wurd der Tapfren guelphen Haus
mit Oesterreich gesöhnet aus
es grüne Bairn und dem nichts gleich
das höchste Haus von Oesterreich.

Da stimmt natürlich was nicht: Guelphen, also Welfen, waren die Herrscher Baierns bekanntlich schon seit Jahrhunderten nicht mehr. Und folglich könnte man auch zweifeln, ob die Angabe »in diesem

Zimmer« ernst zu nehmen ist. Und selbst wenn: Das Bild könnte ja zuerst auch im Schloss gehangen haben, bevor es in die Postwirtschaft kam? Um solchen Annahmen ein für allemal entgegenzuwirken, ließ in den Dreißigerjahren des 20. Jahrhunderts der damalige Besitzer der Alten Post auf einer Marmor-Tafel an seinem Haus die Inschrift einmeißeln, wonach hier und unter diesem Dach der Friede von Füssen zustande gekommen sei.

Die Alte Post gibt's neuerdings nicht mehr. Da ist jetzt ein Kaufhaus drin. Wer also ganz sicher gehen will, auch wirklich am historischen Ort gewesen zu sein, der möge halt zunächst das hohe Schloss besichtigen und sich anschließend im Laden umsehen. Oder auch umgekehrt. Seit 1995 verkündet übrigens eine Plexiglastafel am Haus abermals: »Am 22. April 1745 wurde hier im ehemaligen Gasthaus ›Zur Alten Post‹ der Frieden von Füssen geschlossen. Er beendete den österreichischen Erbfolgekrieg zwischen Bayern und Österreich.«

Noch ein paar Anmerkungen:

Wegen dem Füssener Frieden allein dorthin zu fahren, würde sich wohl kaum jemand antun. Wer aber Neuschwanstein und Hohenschwangau schon kennt und nicht noch einmal besichtigen möchte, kann sich trotzdem einen schönen Tag machen. Da gibt's nämlich den ziemlich großen Forggensee mit Schiffsverkehr und Bademöglichkeit und auch noch den Tegelberg, auf den eine Seilbahn hinaufführt. Und das alles mitsammen ist schon mal einen Ausflug wert.

Die Mausefalle am Waldrand

Oder:

Wo Baiern durch eine Niederlage emporkam

Hohenlinden: Ein Straßendorf an der B 12 von München nach Mühldorf und Passau. Auf einer Rodungsinsel eingebettet zwischen die
dichten Wälder des Ebersberger und des Großhaager Forsts. Rundherum Wiesen, Äcker mit Mais, Getreidefelder und ein paar Weiler
mit Namen wie Kirchstockach, Birkach, Niederkaging.

Nichts, aber auch gar nichts deutet darauf hin, dass hier vor mehr
als zweihundert Jahren eine blutige Schlacht stattgefunden hat, die
vielen tausend Österreichern, Baiern und Franzosen das Leben
kostete. Eine Schlacht, die für das Kurfürstentum Baiern eine der
schlimmsten Niederlagen war, und die letztlich dennoch reichen Ge-
bietszuwachs und den Aufstieg des Landes zum Königreich zur Folge
hatte – freilich aber zuletzt auch den Tod von 30 000 Baiern im fernen
Russland.

Die Schlacht von Hohenlinden am 3. Dezember 1800: Na, wenn
die so wichtig und folgenreich war, dann wird doch sicher an Ort und
Stelle ein unübersehbares Denkmal davon künden. Man sucht vergeblich danach und findet nicht einmal eine Gedenktafel. Und selbst
auf dem Friedhof rund um die Pfarrkirche mit dem gotischen
Spitzturm: Kein einziges Grab, dessen Inschrift anzeigen würde, dass
hier ein Gefallener dieser Bataille die letzte Ruhe fand.

Berechtigte Zwischenfrage: Was hat dann diese Schlacht, an die
nichts Sichtbares mehr erinnert, in einem Buch zu suchen, das doch
gerade historische Schauplätze vorstellen will?

Darauf gibt es zwei Antworten: Erstens hat die Schlacht von
Hohenlinden doch etliche Spuren hinterlassen, wenn auch nicht hier,
sondern ganz woanders. Wo und warum gerade dort, darauf kommen

Erst seit wenigen Jahren macht dieses Denkmal im freien Feld auf die Schlacht bei Hohenlinden aufmerksam – und vor allem auf die vielen Tausende von Toten, die hier ihr Leben lassen mussten.

Außer dem Denkmal (siehe Seite 173) gibt es auf den Feldern und Wiesen rund um Hohenlinden absolut nichts, woran man noch erkennen könnte, was für ein Massensterben hier einmal stattgefunden hat.

wir später. Zweitens aber: Wie fast nirgendwo sonst bei einem solchen Aufeinanderprall zweier Armeen lässt sich hier noch sehr genau lokalisieren, wo und wie die Sache gelaufen ist. Doch vor dem Wo und dem Wie müssen wir uns erst einmal kurz mit der Frage nach dem Warum befassen.

Ein französischer Offizier wird deutscher Kurfürst

Mitte Februar 1799: In München läuteten die Kirchenglocken und alsbald wurden in sämtlichen Wirtshäusern des Landes Freudenfeste gefeiert. Und das, obwohl es sich um einen Todesfall handelte: Der verhasste Landesvater, Kurfürst Karl Theodor, war endlich über den Jordan gegangen, nachdem ihn einige Tage zuvor beim Kartenspielen der Schlag getroffen hatte. Nun hatte dieser Mann, der am liebsten das ererbte Land Baiern gegen die Österreichischen Niederlande eingetauscht hätte, zwar in jüngeren Jahren eine starke Potenz bewiesen und zahlreiche Söhne gezeugt, die jedoch für die Nachfolge nicht in Frage kamen, da sie allesamt Bastarde waren. Der einzige legitime Nachkomme jedoch war schon als Kleinkind gestorben. Nacherbe wurde somit nun der Vetter des Dahingegangenen, der pfälzische Prinz Maximilian Joseph aus der Wittelsbacher Seitenlinie Zweibrücken-Birkenfeld. Der hätte sich nie träumen lassen, einmal zu so hohen Würden zu kommen und suchte sich deshalb schon in jungen Jahren einen anderen Job: Er wurde Berufssoldat, und zwar auf der anderen Seite des Rheins in der französischen Garnison Straßburg, wo er es bis zum Kommandeur des Regiments »Royal Alsace« brachte. Und falls er nicht schon von vornherein ein Frankophiler gewesen sein sollte, dann entwickelte er mindestens in diesen Jahren eine starke Bindung an Frankreich, wo sich just um diese Zeit ein gewisser Napoleon Bonaparte anschickte, vom erfolgreichen General zum Diktator und schließlich sogar zum Kaiser der Franzosen und Beherrscher Europas aufzusteigen. Schon zuvor waren französische Revolutionsheere immer wieder mal über die Grenzen hinausmarschiert. Gegen diese expansionslüsternen Franzosen stand Österreich und dazwischen Baiern, das mit ihm verbündet war, wenn auch nicht ganz aus freien Stücken. Hatte Österreich doch seit langem die unverhohlene Absicht, sich das weißblaue Territorium einzuverleiben, woran es einige Jahre zuvor nur durch das energische Dazwischenfunken des Preußenkönigs Friedrich II. gehindert wurde.

So war die Situation, als der Zweibrücker Prinz sein Erbe als bairischer Kurfürst Maximilian IV. Joseph antrat: In einem ziemlich heruntergewirtschafteten Landl mit leeren Kassen und hohen Schulden und einer ziemlich verlotterten Armee. Zum Glück hatte der neue Landesherr aus Zweibrücken einen fähigen Mann mitgebracht, um diese schwierige Situation zu deichseln: Den Freiherrn und späteren Grafen Maximilian von Montgelas. Den ernannte nun der Kurfürst zum »Wirklichen Geheimen Staats- und Konferenzminister« und ließ ihn machen, während er selbst sich weitgehend darauf beschränkte, volkstümlich und leutselig zu sein. Auch ein so schlauer Fuchs wie dieser Montgelas sah nach Lage der Dinge aber keine Möglichkeit, aus dem bedrohlichen Bündnis mit Österreich auszusteigen und das Landl für neutral zu erklären, was ihm und seinem Herrn am liebsten gewesen wäre. Man hatte, weil sich alles auf den Zusammenprall mit Frankreich zuspitzte, bereits 120 000 Mann österreichische Truppen im Land, und die ebenfalls verbündeten Russen waren im Anmarsch – da musste das schwache Baiern gute Miene zum bösen Spiel machen.

Saubere Bundesgenossen

Es wurde wirklich ein böses Spiel, denn die Truppen der Koalition gaben vor den Franzosen schnell Fersengeld. Im Juni 1800 marschierte die französische Rheinarmee unter General Moreau in München ein. Der Kurfürst hatte sich nach Amberg in der Oberpfalz abgesetzt, und seine pfalzbairischen Truppen zogen sich zusammen mit den Kaiserlichen hinter den Inn zurück.

Und nun zeigte sich, dass sie alle beide recht saubere Bundesgenossen waren: Der neue bairische Kurfürst (oder sein Amtswalter Montgelas) ebenso wie der Kaiser Franz und seine Ratgeber, denn jeder pratzelte insgeheim den anderen. Mitte Juli schloss nämlich Österreich mit den Franzosen den Waffenstillstand von Parsdorf, ohne den bairischen Verbündeten auch nur zu informieren. Und der knüpfte derweilen ebenfalls heimlich schon Kontakte zu Napoleon, dem (damals noch) Ersten Konsul der französischen Republik.

Am 28. November 1800 kündigte General Moreau den Waffenstillstand von Parsdorf und rückte flugs gen Osten vor, um auf Wien zu marschieren. Arg weit kam er aber nicht, denn schon bei Mühldorf und Ampfing stoppte ihn die Reichsarmee unter dem Kommando des damals gerade erst 18-jährigen Erzherzogs Johann von Österreich.

Der Franzose zog sich sogar wieder ein Stück zurück, nämlich mit dem Gros der Truppen bis Hohenlinden, während weitere französische Kontingente zwischen Freising und Erding einerseits und zwischen Ebersberg und Steinhöring andererseits übernachteten. Denn damals war's eben noch der Brauch, dass Kriege nur bei Tage stattfanden.

Der junge Erzherzog nahm sein Nachtquartier in der Burg von Haag und war sehr guter Dinge. Glaubte er doch in seinem jugendlichen Leichtsinn, er hätte den alten Haudegen Moreau in die Flucht geschlagen. Gleich nach dem Frühstück wollte er den Franzosen, die er schon auf dem Rückzug nach München wähnte, holterdipolter nachsetzen. Am 3. Dezember brach er um 5 Uhr morgens mit 60 000 Mann österreichischen und bairischen Truppen auf und marschierte auf der alten Poststraße Mühldorf–München durch den Haager Forst. Die war damals freilich noch nicht so breit ausgebaut und asphaltiert wie heute die B 12, und da es ein ziemliches Sauwetter hatte, war der Grund so aufgeweicht, dass die Marschkolonnen durch knöcheltiefen Dreck wateten und die Fahrzeuge stecken blieben. Aber einen besseren Weg durch den Haager Forst gab's halt nicht, und auch der General Moreau wusste genau: Durch diese hohle Gasse muss er kommen! Genau dort, wo der Wald aufhört und die Felder anfangen, hatte er deshalb seine Mausefalle aufgebaut, und um 7 Uhr in der Früh' schnappte die zu. Und zwar nicht direkt vor Hohenlinden, sondern schon bei den kleinen Ortschaften Birkach und Altstockach links und rechts der Straße.

Die Reichsarmee war ziemlich überrumpelt und hatte einen schweren Stand, zumal sie über keine Artillerie verfügte. Zwar hatte man Kanonen dabei, aber die steckten halt mitten im Wald noch tief im Morast und konnten nicht flott gemacht werden. Man muss sich wundern, dass die Kämpfe dennoch bis mittags dauerten. Aber den Sieg errangen die Franzosen erst, nachdem der General Richepance seinen Seitenflügel von Steinhöring über etliche Nebenstraßl nach Maitenbeth hinter den Haager Forst geführt hatte und somit der Reichsarmee auch noch in den Rücken fallen konnte.

Erzherzog Johann konnte zwar einen Teil seiner Armee trotzdem noch über den Inn zurückretten. Aber die Österreicher und Baiern hatten auf dem Schlachtfeld an der heutigen B 12 rund 12 000 Mann verloren, und die französische Rheinarmee zählte danach 2500 Mann weniger.

Wenn Sie heute auf kleinen, einsamen Nebensträßchen das Kampfgelände zwischen Altstockach, Kreith und Birkach abfahren, werden Sie's kaum glauben wollen, dass es in einer so friedvollen Gegend einst ein solches Massensterben gab.

Der Verlierer gewinnt

Nachdem nun für den cleveren Schaukelpolitiker Montgelas klar war, wo die stärkeren Bataillone standen, überzeugte er seinen Herrn, dass er besser daran täte, die Fronten zu wechseln und statt mit Kaiser Franz künftig lieber mit dem Monsieur Bonaparte zu packeln. Der Kurfürst tat's und schloss wenige Monate später einen Separatvertrag mit Frankreich ab, und dadurch gewann der Mitverlierer von Hohenlinden schließlich doch noch reiche Beute. Denn Kurbaiern musste zwar in der Folge die linksrheinische Pfalz an Frankreich abtreten, wurde dafür aber reichlich mit Reichsstädten und geistlichen Territorien in Schwaben und Franken entschädigt. Später kam noch mehr Landgewinn dazu, und schließlich beförderte Napoleon den neuen Bundesgenossen sogar noch vom Kurfürsten Maximilian IV. zum König Max I. Joseph. Umsonst tat er's freilich nicht, denn nun »durfte« das neue Königreich auf seiner Seite mitfechten, was schließlich dazu führte, dass die Mehrzahl der 30 000 Baiern bei Napoleons katastrophalem Russland-Feldzug ihr Leben lassen mussten. Später hat ihnen König Ludwig I. den Obelisken auf dem Karolinenplatz in München als Denkmal gesetzt, aber davon wurde halt auch keiner mehr lebendig.

Dass Baiern beim Sturz Napoleons nicht mit in den Abgrund gerissen wurde, war wiederum dem schlitzohrigen Grafen Montgelas und seinen diplomatischen Künsten zu verdanken. Der schaffte es nämlich noch einmal, im passenden Zeitpunkt die Fronten zu wechseln – genau wie zwölf Jahre zuvor nach der Schlacht von Hohenlinden.

Apropos Hohenlinden: Denksteine, die an diese Schlacht erinnern, finden Sie zwar nicht dort, aber in München, bei Wasserburg am Inn und bei Altenmarkt an der Alz. Und das hat folgende Hintergründe:

In der Schlacht von Hohenlinden war der französische Divisionsgeneral Louis Bastoul schwer verwundet und nach München gebracht worden. Im Palais Rechberg an der Hackenstraße, dem jetzigen Radspielerhaus, ist er einige Wochen später gestorben und liegt seitdem auf dem alten Südfriedhof an der Thalkirchner Straße begraben. Man setzte ihm dort nicht bloß einen Grabstein, sondern ein schon recht massives Monument, das allerdings durch Bomben im Zweiten Weltkrieg stark angeschlagen wurde. Der zweite Gedenkstein steht in der Burgau bei Wasserburg am Inn, nahe beim heutigen Kreiskrankenhaus. Damals war hier ein Lazarett, in dem nach der Schlacht von Hohenlinden noch viele Verwundete gestorben sind.

Das dritte Denkmal finden Sie im Augustiner-Chorherrenstift Altenmarkt an der Alz, wohin man nach dem 3. Dezember 1800 ebenfalls Tausende von verwundeten Österreichern und Baiern geschafft hatte. Eine Seuche, die in diesem Massenlazarett ausbrach, war mit schuld daran, dass hier die Schlacht von Hohenlinden im Nachhinein noch einmal 2000 Todesopfer forderte. Und für die musste am Hang zwischen dem Alz-Ufer und dem Kloster ein eigener Soldatenfriedhof errichtet werden, wo die Inschrift auf einem Obelisken der Nachwelt verkündet, warum so viele Männer hier begraben liegen. Wofür? Davon steht nichts auf der Tafel – aber das dürfte wohl schon damals kaum einem dieser Schlachtopfer ganz klar gewesen sein.

Erst vor wenigen Jahren ließ der »Verein Hohenlinden 2000« direkt am Schlachtort bei Maitenbeth für die 12 000 Männer, die hier ihr Leben verloren, ein sehr eindrucksvolles Denkmal errichten. Der

Ebersberger Kunstschmied Manfred Bergmeister stellte zwischen vier senkrecht Stahlträger eine vier Meter hohe Rundsäule aus rotem Marmor, die als »Blutstein« das Leid der Schlacht-Opfer und der Bevölkerung symbolisiert. Vier goldene Kugeln auf den Stahlträgern und unter dem quadratischen Deckrahmen sollen Europa symbolisieren. Daneben zeigt ein langer Steinsockel Bronzeplatten mit Portraits der Heerführer.

In guter Constitution?

Oder:

Wo Bayerns Verfassung vorschnell ein Denkmal gesetzt wurde

Wirklich: Noch ungünstiger hätte man den Platz für dieses Denkmal gar nicht aussuchen können. Denn es steht nicht auf einem belebten Platz inmitten der Landeshauptstadt, wo täglich Tausende von Menschen vorüberkommen. Sondern in einer ziemlich dünn besiedelten Gegend, wo sich Fuchs und Hase gute Nacht sagen – nämlich versteckt hinter einem hohen Wald und inmitten von Weinbergen in der Gegend von Volkach am Main. Und somit fast schon ganz am Rande jenes Königreichs Bayern, dessen Verfassung es vor weit über 150 Jahren rühmen sollte.

Falls jemand hinfahren will, um sich dieses Denkmal anzuschauen, darf er sich nicht auf irgendwelche Hinweisschilder oder auf Auskünfte der Einheimischen verlassen, sonst fährt er in die Irre. Besser, man weiß den Weg selbst: Man fährt, von Volkach kommend, durch den kleinen Ort Gaibach durch und am dortigen Schloss vorbei weiter in Richtung Kolitzheim-Schweinfurt. Die kleine Straße führt einen Berg hinauf, auf dem links neben der Straße eine Rundkirche steht. Dort kann man parken und hat dann nur noch auf einem Weg, der in die Weingärten führt, etwa 150 Meter weit zu gehen.

Warum diese Constitutionssäule gerade hier steht, lässt sich leicht erklären: Der Graf Franz Erwein von Schönborn, der sie vom berühmten Münchner Baumeister Klenze auf seine Kosten errichten ließ, war halt zufällig hier zu Hause – nämlich in jenem Schloss unten an der Straße in Gaibach, auf das wir später noch zu sprechen kommen. Und wie verfiel der Herr Graf auf die Idee, ein so hochragendes Denkmal für ein paar Blatt Papier aufzutürmen? Ein wenig vielleicht auch aus Freundschaft zum bayerischen Kronprinzen

Ludwig. Vor allem aber aus schierer Begeisterung, dass König Max I. Joseph anno 1818 seinem Volke eine »Constitution« gegeben hatte. Womit wieder einmal bewiesen wäre, dass in Bayern die Uhren tatsächlich oft anders gehen – nämlich manchmal auch voraus. War das junge Königreich doch das erste Land in deutschen Gauen, wo sich der Bürger auf eine geschriebene Verfassung und auf Grundrechte berufen konnte. Übrigens: Im Münchner Hofgarten, gleich links neben dem Tor, kann man auf einem schon arg mitgenommenen, aber immer noch sehr schönen Fresko sehen, wie der gute König Max den Repräsentanten seines Volkes das wichtige Dokument überreicht. Und neben ihm steht der Kronprinz, der damals eine der treibenden Kräfte für die »Constitution« war. Später, als er Ludwig I. wurde und selbst auf dem Thron saß, hielt er von diesem Papier nicht mehr so viel – aber das kriegen wir später.

Mehrere Fliegen mit einer Klappe

Man weiß ja, wie Baiern seinerzeit Königreich wurde, nämlich von Napoleons Gnaden, und was es an freien Reichsstädten, geistlichen Fürstentümern und Reichsabteien in Franken und Schwaben alles zugeschlagen bekam.

Nun war das Land zwar plötzlich sehr groß, aber auch recht bunt zusammengewürfelt. Und außerdem stand es – nicht zuletzt wegen der vielen Kriege zuvor – ziemlich nah am Rand der Pleite. Der Staatsminister Graf Montgelas, der aus all dem möglichst rasch einen gefestigten und dauerhaften Staat zusammenbasteln wollte, hatte schon 1808 – auch um möglichen Eingriffen des großen Gönners Napoleon zuvorzukommen – in ein paar Tagen eine erste »Constitution« zu Papier gebracht. Aber die kann man eigentlich sofort wieder vergessen, denn sie enthielt zwar schon die so genannten »bürgerlichen Freiheiten«. Das heißt: Auf dem Papier mindestens sollten hinfort alle Bürger vor dem Gesetz und vor dem Fiskus gleich sein. Auch Sicherheit der Person und des Eigentums vor staatlicher Willkür geschützt, und sowas Modernes wie Gewissens- und Pressefreiheit hatte Graf Montgelas nicht vergessen. Aber zu dem, was wir heute unter einer ordentlichen Verfassung verstehen, fehlte diesem Papier von 1808 noch etwas sehr Wesentliches: Da stand kein Wort drin von einer gewählten Volksvertretung. Und folglich gab es auch keine Gesetzgebung durch ein Parlament.

Das sollte nun anders werden. Schon 1814 fasste Max I. Joseph den Entschluss, aus freien Stücken vom Alleinherrscher zum ersten konstitutionellen Monarchen in Deutschland zu werden – lange, bevor man sich in Preußen oder Österreich mit einem solchen Gedanken befreunden mochte. Ob es Baierns König ganz so freiwillig tat, mag dahingestellt sein, aber jedenfalls war er schlau genug, um genau zu erkennen, dass sich mit einer Verfassung, die dem Volk echte Rechte zur Mitwirkung gab, mehrerlei erreichen ließ. Erstens einmal: Man konnte jene Franken und Schwaben, die wenige Jahre zuvor Baiern hatten werden müssen, mit einem solchen Schritt dazu bringen, dass sie gern und freiwillig in einem so fortschrittlichen Königreich lebten, statt auf separatistische Gedanken zu kommen. Zweitens: Man kam durch eine solche Verfassung, wenn sie erst einmal in Kraft war, allen möglichen Mitsprache- und Einwirkungsversuchen des Deutschen Bundes zuvor. Und drittens: Da waren immer noch Bestrebungen im Schwang, die baierischen Gebietserwerbungen der jüngsten Zeit da und dort vielleicht doch nochmal rückgängig zu machen. Und auch da glaubte man, durch die Verfassung einen Riegel vorzuschieben. Der fast allmächtige Staatsminister Montgelas zog freilich nicht so recht mit – sehr im Gegensatz zu dem damals sehr parlamentsbegeisterten Kronprinzen Ludwig hielt er nicht viel von einer Volksvertretung. Erst als Montgelas 1817 vom König entlassen worden war, ging mit der »Constitution« was voran, und jetzt hatte man es sogar ausgesprochen eilig: Mitte Februar ordnete Max I. Joseph die sofortige Aufnahme der Verfassungsberatungen an, und schon am 26. Mai konnte das Ergebnis als nunmehr gültiges Grundrecht verkündigt werden.

Die »Charta magna Bavariae«

Wenn's feierlich wurde, dann ging es in jenen Zeiten nie ohne
lateinische Sprüche. Und so trug auch die Denkmünze, gewidmet
»dem unvergeßlichen Tage, welchem Baiern seine Verfassung ver-
dankt«, auf der Vorderseite das Bild des Königs, auf der Rückseite
aber einen Kubus als Sinnbild der Festigkeit, und darauf sind die
Worte eingeprägt: »Charta magna Bavariae« – zu Deutsch: Bayern's
Staatsgrundgesetz. Und für die Umschrift nahm man eine Anleihe
beim römischen Dichter Vergil: »Magnus ab integro saeculorum
nascitur ordo.« Was bedeutet: Eine große Gestaltung entsteht hierdurch für kommendes Zeitalter.

Dies ist übrigens der erste Fall, dass ein historisches Ereignis nicht
mit einer Medaille in kleiner Auflage, sondern durch eine Münze
gewürdigt wurde. Und S. Königl. Majestät geruhte allergnädigst zu be-
schließen, »dass ein solcher Constitutionstaler allen Gemeinden des
Königreichs, und zwar den Städten I. und II. Klasse in Gold, allen
übrigen Gemeinden aber in Silber unentgeltlich mitgetheilt werde«.
Was die National-Zeitung (nicht zu verwechseln mit dem gleichnamigen Ganzrechts-Blatt unserer Tage) so kommentierte: »Man darf
sich schon jetzt dem belebenden Vorgefühl überlassen, dass, wenn am
Tage der Stiftung der Schuljugend diese Denkmünzen gewiesen und
erklärt werden, das Bild des glorreichen Stifters der Verfassung mit dem
dankbaren Andenken an Denselben in den Herzen aller Baiern auch
nach Jahrhunderten fortleben und den Segen des Himmels für ihn und
alle Seine Nachfolger mit dankbarer Rührung erfleht werde ...«

Es muss ein ziemlicher Jubel im Land veranstaltet worden sein. Jede
Stadt, die ein bisschen was auf sich hielt, leistete sich eine eigene Ver-
fassungsfeier mit Illumination und wenn möglich auch ein kleines
Constitutionsdenkmal. Und wo es für einen Denkstein nicht langte,
pflanzte man doch wenigstens ein paar Bäume. Aber nichts davon war
auch nur annähernd so großartig wie jene 30 Meter hohe Constitutionssäule zu Gaibach, die Graf Schönborn errichten ließ. Zur

Grundsteinlegung im Mai 1821 kam auch der Kronprinz nebst Gemahlin. Und weil es damals halt noch keine Pressefotografen gab, ließ man das denkwürdige Ereignis von dem Maler Peter von Heß in einem riesigen Ölgemälde festhalten, das jetzt im Mainfränkischen Museum in Würzburg hängt. Wie patriotisch es dabei zuging, zeigt nicht nur die weißblaue Flagge am Mast, sondern auch der Anzug des Kronprinzen: Blaue Jacke zu weißer Hose. Und sogar der Mörteltrog auf diesem Bild ist mit weißblauen Rauten verziert.

Zum 10. Jahrestag der Verfassung konnte das Monument feierlich eingeweiht werden. Und wieder kam Ludwig, mittlerweile König geworden, nach Gaibach. Aber nicht nur er: Rund 30 000 Menschen fanden sich zum Festakt in diesem doch etwas abgelegenen Ort ein. Bedenkt man die damaligen Verkehrsverhältnisse, so darf man aus einem solchen Andrang doch auf eine ganz erhebliche Begeisterung schließen. Ob es heute noch gelingen würde, zum Gedenken an die bayerische Verfassung 30 000 Leute auf die Beine zu bringen? Für ein Fußball-Bundesligaspiel ja – aber für einen Festakt des demokratischen Staates wohl kaum.

Wilhelm Joseph Behr muss büßen

Vielleicht war bei der Gaibacher Einweihungsfeier auch der Hofrat und Professor der Rechte Wilhelm Joseph Behr aus Würzburg dabei. Anzunehmen ist es fast, denn Professor Behr hatte sich schon 1818 in einem öffentlichen Vortrag als begeisterter Befürworter der» Constitution« gezeigt. Und damals bezeichnete er es als großes Glück, dass der Baiernkönig zum Wohle seines Volkes und Deutschlands eine Verfassungsurkunde erlassen habe, die den Übergang »aus dem Zustande der unbedingten Herrschaft des Einzelwillens, einer unbeschränkten Monarchie, in den Zustand einer verfassungsmäßigen, beschränkten Monarchie« gewähre.

Insgesamt bezeichnete Behr das alles als sehr positiv, aber er übte auch Kritik: Diese Verfassung sei »kein Sprung zum Ideale«, aber immerhin schon mal eine »passende Übergangsstufe zum Höheren, Besseren, in sich tragend alle Elemente zur Vollendung«.

Öha – das waren aber Töne, die man in München nicht so besonders gern hörte. So aufmüpfig wünschte man sich bei Hofe seine Bürger denn doch nicht. Und weil Wilhelm Joseph Behr von seinen liberalen Ansichten nicht lassen wollte, wurde er rasch zum Testfall für die neue Verfassung. Da schickte man dem Professor zunächst mal Aufpasser in seine Vorlesungen. Und als Behr von den Würzburgern zum Bürgermeister gewählt wurde, benutzte man dies als willkommenen Vorwand, um ihn von sämtlichen Universitätsämtern zu entbinden. Nun war dieser Behr aber nicht nur Bürgermeister, sondern auch Abgeordneter in der Ständekammer des neuen Parlaments. Um ihn dort los zu werden, dachte man sich einen feinen Trick aus: Man verweigerte dem Bürgermeister Behr einfach den Urlaub, und so konnte er an den Parlamentsberatungen zu München nicht mehr teilnehmen.

Als zum fünfjährigen Einweihungsjubiläum der Gaibacher Constitutionssäule wieder mal gefeiert wurde, machte Behr an Ort und Stelle als Festredner den Mund zu weit auf und forderte unverblümt eine bessere Verfassung und mehr Mitwirkungsrechte für das Volk. Jetzt reichte es aber!

Noch im gleichen Jahr wurde der freche Mensch seines Bürgermeisteramts enthoben. Und als ihn auch das noch nicht in seinem politischen Reformeifer bremsen konnte, verurteilte man ihn 1836 wegen Hochverrats und Majestätsbeleidigung zu Festungshaft – auf unbestimmte Dauer.

Da zeigt sich doch deutlich, dass der neue König Ludwig I. von den Idealen seiner Kronprinzenzeit ziemlich abgekommen war. Die Verfassung? Ja gut, die gab's – aber die betrachtete er als ein freiwilliges Geschenk des Monarchen an seine Untertanen und sich selbst nach wie vor als einen Herrscher von Gottes Gnaden. Originalzitat Sr. Majestät: »Bei mir müssen die Minister tun, was ich befehle. Wenn der König etwas gesagt hat, muss es geschehen.«

Kein Wunder, dass der Republikaner Georg Büchner diesen Monarchen als Schwein, Gotteslästner und von Gott gezeichnetes Scheusal beschimpfte. Aber auch der zeitgenössische Schriftsteller Ludwig Steub erteilt dem königlichen Charakter ziemlich miese Zensuren: »Zuerst der einzige Liberale in seinem Reiche, fuhr Ludwig I. bald wie ein Stoßgeier auf alle jene herab, die den Idealen treu geblieben, welche er vergessen hatte.«

Man muss sich über einen solchen Satz nicht wundern, wenn man weiß, dass eben jener Wilhelm Joseph Behr, den Ludwig auf unbestimmte Zeit einkerkern ließ, ein Jugendfreund des Königs gewesen war. Und was hatte der Mann schon verbrochen? Nichts weiter, als dass er die Verfassung von 1818 ein bisschen gar zu wörtlich nahm. Dafür musste er elf Jahre sitzen, denn erst 1847 geruhte der König, Behr zu begnadigen. Voll rehabilitiert wurde der Mann erst ein Jahr später, als Ludwig I. über seine Affäre mit der Lola Montez zu Fall kam.

Nein, in gar so guter Constitution befand sich das Königreich Bayern mit der Verfassung von 1818 offenbar doch nicht. Hatte ja das Zweikammerparlament nicht einmal das Recht, selbst einen Gesetzentwurf einzubringen. Man musste vielmehr, wenn man ein Gesetz für nötig hielt, die Majestät darum bitten. Und was heißt schon Parlament: Nur die 2. Kammer der Abgeordneten wurde vom Volk gewählt – die Herren der 1. Kammer jedoch ernannte der König. Und was das bedeutete, zeigt ein Vorfall aus dem Sitzungsjahr 1831: Da war es zu Unruhen gekommen, wobei Polizei und Militär »ein bisschen außerhalb der Legalität« vorgegangen waren. Man hatte Verdächtige ohne Angaben von Gründen festgenommen, einige Leute wurden ohne Gerichtsverfahren eingekerkert, andere in der Untersuchungshaft misshandelt.

Damit sowas nicht wieder passieren sollte, wünschte der (gewählte) Abgeordnete von Closen von der 2. Kammer ein Gesetz, das jedem Bürger persönliche Sicherheit und Unversehrtheit garantieren sollte. Aber die von ganz oben ernannten Herren der 1. Kammer hielten das für einen überflüssigen Schmarr'n, und so wurde nichts daraus, denn nur beide Kammern gemeinsam konnten den König um ein Gesetz bitten.

Nun ja – inzwischen haben wir ohnehin eine ganz andere und zweifellos bessere Verfassung als die von 1818. Aber so schlecht und unvollkommen die damals auch gewesen sein mag: Immerhin war das Königreich Bayern der erste Staat in Deutschland, der sich überhaupt so etwas leistete – und daran erinnert noch heute die Constitutionssäule in Gaibach. Und im Constitutionssaal des dortigen Schlosses kann man an den Wandmalereien ablesen, was damals schon die Hauptgrundrechte des Volkes sein sollten – nämlich:

»Gleichheit der Gesetze und vor dem Gesetz«

»Gleiche Berufung zu Pflicht und Ehre der Waffen«

»Gleiches Recht der Eingeborenen zu allen Graden des Staatsdienstes«

»Gleichheit der Belegung und Pflichtigkeit ihrer Leistung«.

Wenn Sie mal in der Würzburger Gegend sind: Die Säule und das Schloss von Gaibach wären schon einen kleinen Umweg wert.

Vertauschter Prinz? Bauernbankert? Betrüger?

Oder:

Wo das »Rätsel seiner Zeit« erdolcht wurde und begraben liegt

Im Ansbacher markgräflichen Hofgarten steht ein paar Schritte abseits der Hauptwege eine schlichte, sechseckige Gedenksäule mit der lateinischen Aufschrift: »Hic occultus occulto occisus est. XIV. Dez. MDCCCXXXIII.« Zu deutsch – in etwa: Hier wurde ein Geheimnisvoller von einem Geheimnisvollen ermordet.

Kaspar Hauser hieß dieser Geheimnisvolle, der an dieser Stelle vor mehr als 150 Jahren einen todbringenden Dolchstich erhielt. Aber hieß er wirklich so? Und hat ihm die tödliche Wunde tatsächlich ein unbekannt gebliebener Täter beigebracht – oder hat sich dieser Hauser aus Geltungsbedürfnis selbst verletzt? Lauter Fragen, die immer noch nicht eindeutig beweisbar geklärt wurden. Dass die Person Kaspar Hauser und die Umstände seines Todes auch heute noch fast genauso heftig umstritten sind wie damals, kam im Dezember 1983 zutage: Kaum eine Zeitung, die aus Anlass des 150. Todestages nicht noch einmal diese Story aufgegriffen hätte, worauf es in manchen Blättern zu heftigen Leserbrief-Fehden kam. Zwei Beispiele aus der Süddeutschen Zeitung: »… war Kaspar ein bedauernswerter, kranker, trotz seines gesellschaftlichen Umtriebs innerlich sicher sehr einsamer Bursche unbekannter Herkunft, der durch eine nicht selten wenig verständnisvolle Umwelt in eine falsche Bahn gedrängt worden war?«, fragte ein Leser, der keinen Zweifel daran hegte, dass sich Hauser die Stichverletzung im Ansbacher Hofgarten selbst beigebracht habe, »um das schwindende Interesse an seiner Person wieder zu wecken«. Nichts da!, antwortet prompt ein anderer, der mit an Sicherheit grenzender Wahrscheinlichkeit wissen will, dass dieser Hauser eben doch ein Erbprinz war, »der beseitigt worden ist, um der

Zweimal Kaspar Hauser: Das Doppeldenkmal in der Ansbacher Platenstraße
zeigt ihn einmal als Findelburschen und zum andern als eleganten jungen Mann
im Augenblick des Attentats.

Nebenlinie des Hauses Zähringen den Weg zur Thronfolge frei-
zumachen«.

Alles Quatsch, kontert jedoch der Karlsruher Hauser-Forscher und
Arzt Dr. Hesse, der just zum 150. Todestag nachgewiesen haben will,
dass Hauser a) ein Epileptiker und b) das uneheliche Kind einer
Tiroler Bauernmagd gewesen sein soll. Wogegen jedoch zur selben
Zeit die Hauser-Forscher Johannes Mayer und Peter Tradowsky in
einem neuen Buch genau das Gegenteil beweisen möchten: Kein
Epileptiker, kein Betrüger, kein versehentlicher Selbstmörder, sondern
eindeutig ein vertauschter Prinz, der – von wem auch immer – umgebracht wurde, weil der Rummel um ihn gefährliche Ausmaße an-
nahm.

Wenn ein Kriminalfall von anno dunnemals auch nach eindrei-
viertel Jahrhunderten immer noch so sehr die Gemüter bewegt, dann
muss es sich wohl doch um ein ungewöhnliches Schicksal gehandelt
haben. Und wirklich ungewöhnlich war ja schon die Art und Weise,
wie dieser Mensch, den man Kaspar Hauser nannte, plötzlich und
ohne Hinweis auf seine wahre Herkunft aufgetaucht war.

Ein pudelnärrischer Kerl und Tiermensch

Am Pfingstmontag, dem 26. Mai 1828, nachmittags zwischen 4 und 5
Uhr, fiel zwei Nürnberger Bürgern am Eingang zur Kreuzgasse beim
Unschlittplatz ein etwa 16-jähriger Bursche auf, den sie zunächst für
betrunken hielten, weil er torkelte und lallte und in seinem ganzen
Aufzug »pudelnärrisch« aussah. Er hielt einen versiegelten Brief in der
Hand – das Siegel war durch Zerkratzen unkenntlich gemacht – mit
der Aufschrift: »Titl. Herrn Wohlgeborner Rittmeister bey der 4.
Esgatoron 6tes Schwolische Regement in Nierberg.« Da stand drin,
der Überbringer sei ein Findelkind, armen Taglöhnersleuten von
seiner ledigen Mutter auf die Schwelle gelegt. Man habe den Knaben
aus Mitleid aufgezogen. Sein verstorbener Vater habe bei den
Chevaux legers (leichte Reiterei) gedient, und ein solcher »Schwo-

So stellt sich der Bildhauer den hilflosen Kaspar mit dem Hut in der einen und dem Brief in der anderen Hand bei seiner Auffindung vor – und ziemlich genau so sieht man ihn auch auf zeitgenössischen Abbildungen.

lische« solle der Bub nun auch werden. Wenn sich das nicht machen lasse, dann könne man ihn ja auch »abschlagen« und »in den Rauchfang hängen«. Das alles ohne Unterschrift, Datum und Ortsangabe.

Auch der Findelbub selber konnte immer nur die gleiche Auskunft gehen: »I wos nit, a söchtener Reuter möcht i wern, wie mei Vater gwen is!« Er konnte ansonsten kaum sprechen, wirkte stark zurückgeblieben kannte als Speise nur Brot und Wasser und wies alles andere zurück – kurz: Er machte einen blöden, fast tierähnlichen Eindruck, und da man nicht wusste, was mit ihm anfangen, brachte man ihn zunächst einmal ins Polizeigewahrsam im »Luginsland«, dem Vestner Turm. In den nächsten Tagen machte die Kunde vom Auftauchen dieser mysteriösen Gestalt die Runde, und von weit und breit strömten Leute herbei, um diesen Wilden, diesen Tiermenschen zu begaffen. Aber nicht nur Neugierige kamen, sondern auch Ärzte, Juristen und sonstige Gelehrte, die der Fall wissenschaftlich interessierte. Unter denen war der bekannte Staatsrat und Appelationsgerichtshofpräsident Ritter Anselm von Feuerbach aus Ansbach. Mittlerweile war der Fall Hauser durch eine massenhaft verbreitete und bald in halb Europa nachgedruckte Bekanntmachung der Stadt Nürnberg noch mehr publik geworden, denn da wurden Hinweise gesucht »einen in widerrechtlicher Gefangenschaft aufgezogenen und gänzlich verwahrlosten, dann aber ausgesetzten jungen Menschen betr.«. Darin wurde die Vermutung geäußert, der Unbekannte sei lange in einem Kellerverlies gefangengehalten worden, und zwar ohne jeglichen Umgang mit Menschen. In der Tat muss Kaspar Hauser bei seiner Auffindung in seiner geistigen Entwicklung auf dem Stand eines Kleinkindes gewesen sein – er konnte nicht einmal Menschen von Tieren unterscheiden. Das alles hätte vielleicht auch schon für ein begrenztes Interesse an diesem Fall ausgereicht. Aber so richtig angeheizt wurde der Hauser-Rummel erst durch ein Gerücht, das alsbald zu kursieren begann, und das auch Anselm von Feuerbach nach München berichtet, nämlich: »Unser rätselhafter Findling sei ein vertauschter, ausgewechselter und dann auf die Seite geschaffter Prinz des Großherzogs Carl von Baden und Stephaniens, folglich keine geringere Person als der nunmehrige echte Großherzog von Baden selbst.«

Gerüchte, wie gesagt. Der junge Mann selbst konnte zu ihrer Aufklärung zunächst überhaupt nichts beitragen – der musste ja erst einmal sprechen und sich einigermaßen wie ein Mensch benehmen lernen. Zu diesem Zweck gab man ihn in die Obhut des Nürnberger Professors Friedrich Daumer. Ob das ganz der richtige Platz für das »Findelkind Europas« war? Man kann mindestens daran zweifeln, denn offenbar befasste sich dieser Daumer sehr mit allerlei Grenzwissenschaften und betrachtete seinen Pflegling auch als eine Art von Versuchsobjekt. Immerhin machte der zurückgebliebene Bub aber erstaunlich schnelle Fortschritte und muss wohl bald viele, die ihn kennenlernten, durch seine wahrhaftige Naivität und seinen unverbogenen Charme fasziniert haben – so auch den Ritter von Feuerbach, der auf seine alten Tage feststellte: »In der großen Wüste unserer Zeit, wo unter den Gluthen eigensüchtiger Leidenschaft die Herzen immer mehr verschrumpfen und verdorren, endlich wieder einem wahren Menschen begegnet zu sein, ist eines der schönsten und unvergeßlichsten Ereignisse meines abendlichen Lebens.«

Das Attentat auf dem Abort

Hellste Aufregung in Nürnberg und weit darüber hinaus, als im Oktober 1829 die Nachricht Schlagzeilen machte, Kaspar Hauser sei Opfer eines Attentats geworden. Seine Pflegefamilie Daumer fand ihn blutüberströmt und bewußtlos im Keller. An der Stirn hatte er eine größere Verletzung, die er aber trotz heftigen Fiebers samt zeitweiligen Tobsuchtsanfällen überstand. Später erzählte Kaspar, ein unbekannter, schwarz vermummter Mann habe ihm im Abort unter der Stiege aufgelauert und mit einem beilartigen Gegenstand einen Hieb auf den Kopf versetzt. Dann sei der Mann davongelaufen.

Aha! Na also! Wenn man nun schon versuchte, den armen Buben

umzubringen – so munkelte man damals –, dann war eben höchstwahrscheinlich doch was dran an seiner hochadeligen Abkunft, die um jeden Preis vertuscht werden sollte. Was auch so manchen stutzig gemacht haben dürfte: Dass Bayerns König Ludwig I. für die Ermittlung des Täters die erstaunlich hohe Summe von 500 Gulden aussetzte. Und dann: Zwei Nürnberger Polizeibeamte begleiteten hinfort Hauser als Leibwächter auf Schritt und Tritt. Jaja – und außerdem tauchte da plötzlich ein englischer Earl of Stanhope auf, der sich bereit erklärte, für Unterhalt und Erziehung Kaspars aufzukommen, ihn zu adoptieren und ihn später auf sein Schloss in England mitzunehmen – warum wohl, hm? Mit dem Bastard einer ledigen Bauernmagd, so mutmaßten die Leute, würde man doch nicht so viel Aufhebens machen. Nein, das Attentat und seine Folgen hatten es doch erneut gezeigt: Dieser Kaspar Hauser war offenbar nicht irgendwer, sondern …? Jetzt stand der arme Bursche erst recht wieder im Mittelpunkt der Neugier, so sehr, dass darunter die Fortschritte in seiner Erziehung gefährdet würden. Deshalb, außerdem aber, weil er in der kleinen Residenzstadt Ansbach besser zu bewachen war, brachte man ihn im Dezember 1831 nach dort – nicht zuletzt auf Betreiben dieses mysteriösen Earl of Stanhope. Als Kurator für Hauser wurde der Ansbacher Gendamerie-Oberleutnant Hickel bestellt. Untergebracht wurde er bei der Lehrerfamilie Meyer. Man tat für seine Ausbildung, was man konnte, er wurde im Mai 1833 konfirmiert und hatte schon seit Ende 1832 eine Anstellung als Schreiber am Appellationsgericht – nur vier Jahre, nachdem er als »Tiermensch« in Nürnberg aufgefunden worden war. Das Gemunkel über seine Herkunft machte ihn für die Ansbacher High Society höchst interessant: Kaspar Hauser, der Findling, galt als gern gesehener Gast in den besten Häusern der Stadt, für die jungen Damen war dieser junge Mann so ziemlich das Interessanteste, was man sich vorstellen konnte – kurzum: Es scheint so, als habe man dem armen Buben allerhand Rosinen in den Kopf gesetzt, zumal er sich ohnehin schon als künftiger Earl fühlte. Da passte es ihm wohl immer weniger, dass die

Familie Meyer und sein Kurator Hickel ihn überwachten. Es kam immer öfter zu Misshelligkeiten, und Hauser schlich sich gelegentlich davon, ohne seinen Leuten was zu sagen. So auch am Nachmittag des 14. Dezember 1833.

Spiegelschrift im Seidenbeutel

Hauser war heimlich in den Hofgarten gegangen und schleppte sich kurz darauf mit einer Stichwunde in der linken Bauchseite nach Hause. Ein Unbekannter, berichtete er, habe ihn am Vormittag im Appellationsgericht dorthinbestellt, und zwar mit Andeutungen, dass er ihm was über seine Mutter berichten könne. In der Nähe des Uz-Denkmals habe er dann einen Mann getroffen, der ihm einen violetten Seidenbeutel überreichte, in dem ein Zettel steckte. Im gleichen Moment habe er einen Stich gespürt und den Beutel fallen lassen und sei davongerannt. Die Polizei fand am Tatort wirklich einen solchen Seidenbeutel und darin einen Zettel mit Spiegelschrift, die besagt: »Abzugeben. Hauser wird Euch ganz genau erzählen können, wie ich aussehe und woher ich bin. Den Hauser die Mühe zu ersparen, will ich es Euch selber sagen, woher ich bin. Ich komme von …, von … der bayerischen Gränz … am Flusse … ich will Euch sogar noch den Namen sagen M. L. Ö.«

Aber Hauser wusste über das Aussehen dieses Unbekannten nichts zu erzählen und konnte bald überhaupt nicht mehr sprechen, denn am 17. Dezember 1833, drei Tage nach dem Dolchstich, starb er. Auf dem Johannis-Friedhof liegt er begraben. Sein Grabstein trägt die Aufschrift: »Hic iacet Gasparus Hauser/ Aenigma sui temporis / ignota nativitas/ occulta mors.« (Hier liegt Kaspar Hauser, ein Rätsel seiner Zeit, unbekannt seine Herkunft, ungeklärt sein Tod.)

An dieser Grabinschrift muss auch noch nach 150 Jahren kein Buchstabe korrigiert werden, denn der Fall Hauser wird wohl nie mehr zu klären sein. Auch heute noch scheint jedoch sein Schicksal vielen Leuten zu Herzen zu gehen, denn auf seiner Grabstätte liegen

immer wieder mal frische Blumen. Schmucklos dagegen die Gedenksäule im Hofgarten, der aber dennoch einen langen Spaziergang wert
wäre einfach deshalb, weil dieser Park so schön ist. Ein paar Schritte
weiter, im Schloss, gibt es im Markgräflichen Museum Ansbach eine
Gedenkstätte. Man zeigt dort die Kleidung, in der er die tödliche
Wunde erhielt, den Violettbeutel, Porträts des Findlings, Briefe sowie
Zeichnungen und Aquarelle von Hauser, eine Bilddokumentation
und vieles mehr. Im Stadtarchiv hat man über 3000 Buch- und Auf-
satztitel, denn über Hausers Herkunft und Schicksal sind schon ganze
Buchregale vollgeschrieben worden. Auch Dichter, Komponisten und
Filmemacher hat das Thema immer wieder gereizt. Besonders
bekannt sind die Werke der Schriftsteller Jakob Wassermann, Paul
Verlaine und Georg Trakl. In unseren Tagen schrieb Peter Handke
sein Bühnenstück »Kaspar«, inszenierte Werner Herzog seinen Film
»Jeder für sich und Gott gegen alle« und sang der Liedermacher Reinhard Mey eine Kaspar-Ballade.

Seit einigen Jahren gibt es nun auch ein Werk der bildenden Kunst:
Ein Hauser-Denkmal in der Ansbacher Platenstraße (Fußgängerzone)
– ein sehr eigenwilliges und unübliches, das man sich unbedingt
ansehen sollte.

»… dass keiner jenen Hauser kennt«

Lange vor Reinhard Mey, bald nach Hausers Tod, hatten schon
andere Barden das Thema aufgegriffen. »Fünfundzwanzig Silber-
groschen/ Gern zahl ich dem, der mir den Namen nennt/ Doch
andere werden Gold für geben/ Dass keiner jenen Hauser kennt«,
leierten damals die Bänkelsänger. Denn nach wie vor hielt sich die
Überzeugung, dieser Kaspar H. sei »was Besseres« gewesen und aus
dynastischen Gründen beseitigt worden. Freilich wurden auch andere
Gerüchte gehandelt: Der illegitime Sohn eines Domherrn und
späteren Bischofs sei er. Ein jüdisches Findelkind. Ein Hurenkind.
Sproß einer Hofdame zu Gotha bzw. einer ungarischen Gräfin. Was

die beiden letzteren Vermutungen betrifft: Man reiste mit dem armen Kaspar zwecks Gegenüberstellung zu diesen beiden Damen – ergebnislos. So richtig geglaubt hätte das alles ohnehin kaum jemand, denn die Version vom beiseitegeschafften Erbprinzen erzählte sich halt viel schöner. Und außerdem: Musste nicht doch was dran sein, wenn die badische Polizei alle einschlägigen Schriften immer wieder beschlagnahmte? Und wenn König Ludwig I. von Bayern nach diesem zweiten Attentat auf Hauser die wirklich unglaubliche Summe von 10 000 Gulden als Belohnung für die Ermittlung des Täters aussetzte?

Was die Sache mit der großherzoglichen Familie von Baden betrifft, so liegen die genealogischen Verhältnisse da dermaßen kompliziert, dass man ein eigenes Kapitel bräuchte, um das alles einigermaßen verständlich auseinanderzuklamüsern. Das ist aber auch gar nicht nötig. Es genügt zu wissen, dass die badische Familie der Zähringer damals ausstarb, wodurch eine zweite Linie des Hauses ans Erbe kam. Und das unter sehr merkwürdigen Umständen. Denn binnen weniger Jahre starben sämtliche männlichen Zähringer dahin wie die Fliegen im August – darunter zwei Erbprinzen schon als Kleinstkinder. Einer davon soll – so glaubten schon damals viele – Kaspar Hauser gewesen sein, den man aus der Wiege genommen und durch einen todkranken Säugling ersetzt habe.

Wobei man sich allerdings fragt, warum man bei so viel Skrupellosigkeit nicht den einfacheren Weg wählte, den richtigen Erbprinzen schlicht zu vergiften, statt ihn als anonymes Findelkind irgendwohin abzuschieben, von wo er eines Tages vielleicht doch wieder auftauchen konnte. Ob das alles wahr ist – wer will's wissen und schlüssig beweisen können?

Davon abgesehen: Wieso interessierte sich denn Bayerns König Ludwig I. so auffällig für Kaspar Hauser? Auch da könnten durchaus politische Motive dahintergesteckt haben. Bayern musste nämlich 1803 einige pfalzbayerische Landesteile, darunter die Städte Mannheim und Heidelberg, auf Geheiß Napoleons an Baden abtreten. 1816, als man die Fronten gewechselt hatte und wieder mit Österreich verbündet war, wurde eine geheime Abmachung ausgehandelt: Sollte die Zähringer-Linie in Baden aussterben, würde Bayern diese Gebiete zurückerhalten. Dem hatte aber der regierende Großherzog Karl von Baden, ein Schwager des bayerischen Königs Max I. Joseph, durch ein Hausgesetz vorgebeugt. Kurzum: Ganz uneigennützig war das Interesse Ludwigs I. am Fall Hauser sicher nicht, denn es wäre ihm recht gelegen gekommen, hätte man nachweisen können, dass der badische Großherzog Leopold aus der Hochberglinie zu Unrecht und nur durch Beseitigung eines Erbprinzen der Zähringer-Linie auf den Thron gekommen sei.

Was auch zu denken gibt: Der Hauser-Forscher und Verfasser des weißnichtwievielten Kaspar-Hauser-Buchs Johannes Mayer beklagt, man habe ihm die Geheimarchive in Karlsruhe und München nicht geöffnet. Versuche, an die Tagebücher Ludwigs I. heranzukommen, seien bereits im Vorfeld von Verhandlungen abgeschmettert worden. Warum eigentlich?

Und wieso gibt es heute noch Leute, die andererseits ebenso viel Zeit und Energie darauf verwenden, diesen Hauser als einen Garniemand, als einen raffinierten Schwindler, Betrüger und Hochstapler zu entlarven? Aber wer oder was Kaspar Hauser auch gewesen sein mag: Auf jeden Fall hatte er ein ungewöhnliches Schicksal, das die Gemüter bewegt – und das nicht nur damals, sondern bis auf den heutigen Tag.

Das Markgrafen-Museum im Ansbacher Schloss hat mehrere Kaspar-Hauser-Zimmer mit interessanten Objekten und Dokumenten eingerichtet. Öffnungszeiten: Von Mai mit September täglich 10 bis 17 Uhr.

Mittlerweile hat durch Filme und Fernsehspiele der Tourismus in Ansbach deutlich zugenommen. Man sieht es auch daran, dass sich findige Geschäftsleute bereits Kasper-Hauser-Medaillen, -Tassen, -Pralinen und -Torten ausgedacht haben.

Drei Denkmäler für einen Abschied

Oder:

Wo ein griechischer König Bayern Pfüa' Gott sagte

Nikolaustag, 6. Dezember 1983: Vom Rathaus der Gemeinde Ottobrunn vor München macht sich die Schützenzunft auf den Weg zu einem Fackelzug. Trotz des regnerischen Sauwetters an diesem Abend im Advent schließen sich den Fackelträgern etliche hundert Bürger der Gemeinde an. Ziel der Prozession: Eine Gedenksäule an der Landstraße nach Rosenheim, wo hohe Festgäste den Zug erwarten: Prinz und Prinzessin Eugen von Bayern als Vertreter des Hauses Wittelsbach. Und nicht nur Ottobrunns Bürgermeister Dr. Horst Stähler-May hält hier eine Festrede, sondern auch der griechische Generalkonsul in München Kristos Alexandris.

Warum das alles? Weil genau an diesem Tag einhundertfünfzig Jahre zuvor und just an diesem Punkt Prinz Otto von Bayern Abschied genommen hatte von seinem Vater, dem König Ludwig I., um fern der Heimat selber ein König zu werden, nämlich Monarch der Hellenen.

Wie kam ein siebzehnjähriges bayerisches Prinzlein, das im eigenen Land herzlich wenig Aussicht auf die Thronfolge hatte, zu solchen Ehren? Weil die Griechen, nachdem sie sich erfolgreich aus der jahrhundertelangen Herrschaft des Osmanischen Reiches freigekämpft hatten, nun halt auch einen eigenen König haben wollten, so wie das zu jener Zeit fast überall noch der Brauch war. Aber woher nehmen? Aus den eigenen Reihen? Das hätte nie zu einem guten Ende geführt, war man doch ohnehin zerstritten genug. Also musste ein Prinz aus einem anderen europäischen Herrscherhaus importiert werden – als Neutraler sozusagen. Für diesen Job eines Königs von Griechenland hätte es sicher genügend blaublütige Anwärter gegeben – an zweit-

König Othonos I. auf einem Ausritt in seiner neuen Heimat – bereits in jener grie-chischen Landestracht, die er viele Jahre später auch noch in seinem Exil Bamberg zu tragen pflegte.

Diese hohe Säule mit einer Portraitbüste des bayerischen Prinzen Otto steht an der Rosenheimer Landstraße bei München, und zwar an genau jenem Punkt, bis zu dem sein Vater, der König Ludwig I., beim Abschied seines Sohnes mitgeritten ist. Das war damals eine einsame Gegend im Wald. Heute ist diese Otto-Säule dicht umgeben von Häusern der großen Gemeinde Ottobrunn, die es damals überhaupt noch nicht gegeben hatte.

und drittgeborenen Prinzen war ja in manchen Dynastien kein Mangel. Die Sache hatte nur einen Haken: Der Kandidat musste nicht nur den Griechen genehm sein, sondern auch den Großmächten England, Frankreich und Russland, ohne deren tatkräftige Hilfe die Befreiung Griechenlands vom türkischen Joch kaum geklappt hätte. Nun wollten die aber auch mitreden, und keine dieser Mächte hätte einen König akzeptiert, der aufgrund seiner Herkunft oder Verwandtschaft möglicherweise der einen oder anderen oder dritten Seite mehr Einfluss eingeräumt hätte. Da traf es sich gut, dass bei Ludwig I. von Bayern folgende drei Umstände zusammenfielen: Erstens brauchte er den Prinzen Otto daheim nicht, denn als Thronfolger hatte er ja schon seinen älteren Sohn, den späteren König Max II. Zweitens war Ludwig ein ausgesprochener Hellenophile, wie man ja noch an vielen Bauten sehen kann, die er in München errichten ließ. Und drittens: Bayern war alles andere als eine Großmacht. Den Griechen war der junge Otto auch ganz recht, wusste man doch von der Begeisterung seines Vaters für alles Hellenische und konnte folglich darauf hoffen, dass der Papa für seinen Buben und für dessen neues Königreich einiges locker machen würde.

So einigten sich also die Großmächte am 13. Februar 1832 auf den wittelsbachischen Prinzen Otto, und das hatte unter anderem zur Folge, dass Griechenland bis heute die Farben Weiß und Blau führt. Dass dort ein sehr ordentliches Bier nach dem bayerischen Reinheitsgebot gebraut wird. Und dass manche öffentlichen Gebäude in Athen heruntergerissen so aussehen wie solche in München. Denn außer einem Regentschaftsrat, vielen bayerischen Beamten und einem 3500 Mann starken Hilfscorps gab Ludwig I. seinem Sohn auch noch seinen bewährten Hofarchitekten Klenze mit, auf dass ihm der aus dem verwahrlosten Dorf Athen eine ordentliche Hauptstadt mache.

Adieu Nummer 1

Ob Prinz Otto ob seiner neuen Aufgabe vollauf glücklich war, darf bezweifelt werden, sonst hätte er sich wahrscheinlich schneller und frohen Herzens verabschiedet. Aber wahrscheinlich hatte halt auch er eine ungefähre Ahnung davon, was ihn in der neuen Heimat erwarten würde, nämlich ein völlig kaputtes, aus den Fugen geratenes, chaotisches Land. Weshalb ja auch der guate, alte Franz, Kaiser von Österreich bei der Nachricht von der Abreise des Bayernprinzen mitleidig geseufzt haben soll: »Der arme Bua!«

Der arme Bua machte sich also mitten im Winter und kurz vor Weihnachten 1833 auf den Weg nach Süden, um mit einer Flotte von 43 Segelschiffen samt seinen bayerischen Gefolgsleuten ins Griechenland überzusetzen. Sein Vater gab ihm noch ein Stück weit das Geleit. Aber nur bis dorthin, wo an der Straße nach Rosenheim beim Kilometerstein 12 eine hohe Säule an den historischen Augenblick erinnert. Damals war das freilich noch mitten im Wald. Wo heute Hochhäuser den Hintergrund bilden und nahebei Hotels mit Namen wie »Atlantic« und »Pazific« konkurrieren, da sagten sich zu jener Zeit Fuchs und Hase Gute Nacht. Die Ottosäule (genauer gesagt: Das Prinz-Otto-Denkmal), schon 14 Monate nach dem Abschied von einem Herrn Anton Ripfel gestiftet und erbaut, stand jahrzehntelang einsam mitten im Höhenkirchner Forst. Erst 1890 wurde mit dem Gast- und Gutshof Schwaige das erste Haus jener Suburb-Gemeinde errichtet, deren Wahrzeichen die Säule ist. Inschrift auf dem Sockel: »DER ERINNERUNG AN DIE ABSCHIEDSSTUNDE KÖNIGS OTTO I. VON GRIECHENLAND VON SEINEM ERHABENEN VATER LUDWIG I. KÖNIGE VON BAYERN AM VI. DEZEMBER MDCCCXXXII.«

Und darunter liegt ein bayerischer Löwe, der mit hängenden Lefzen, teils grantig, teils traurig, seit einhundertfünfzig Jahren unentwegt nach Südosten starrt, wohin der junge Herr damals entschwand.

Adieu Nummer 2

Im alten Großgasthof Duschlbräu in Bad Aibling saß auf seiner Reise ins Griecheland Prinz Otto ein letztes Mal mit seiner Mutter Therese zu Tisch – ein Ereignis, das auf einer Gedenktafel festgeschrieben wurde. Ein Chronist jener Tage bezeichnete dieses Treffen als »wehmütig«. Man kann's verstehen: Gern ließ die Königin Therese ihren Buben sicher nicht gehen. Mit ihrem königlichen Gemahl hatte es die hohe Frau aus dem Hause Sachsen-Hildburghausen eh nicht leicht. Und dann der Otto: Der war ja noch ein so blutjunges Bürscherl – und dann gleich bis ins ferne, wilde Griechenland! Der Abschiedsschmerz ihrer Landesmutter muss die Bayern sehr gerührt haben, vor allem die Frauen. Denn flugs sammelten sie so viel Geld, dass davon am Mangfallübergang bei Aibling ein zweites Denkmal errichtet werden konnte, dort nun in neugotisch. Und dieses Theresienmonument, gestiftet von »Bayerns Müttern«, wie die Inschrift sagt, kann man nun wieder in seiner vollen Schönheit besichtigen, seit es im Sommer 1983, rechtzeitig zum 150. Jahrestag, gründlich renoviert wurde.

Adieu Nummer 3

Zwei historische Abschiede an einem Tag. Und dazu noch die Strapazen der Reise auf den holprigen Landstraßen: Das macht müde. Und so schlief Prinz Otto gegen Abend in seinem Reisewagen ein und wachte erst im österreichischen Kufstein auf, wo er übernachten sollte. Das war ihm nun aber sehr arg, dass er den dritten und letzten Abschied von seiner Heimat verschlafen hatte. Und deshalb ließ er sich am anderen Morgen noch einmal die paar Kilometer über die Grenze zurückkutschieren, um hellwach und auf heimischen Boden und bei Tageslicht seinem Bayernlandl Pfüa' Gott zu sagen. Ja – und auch diese Heimweh-Geste ging dem braven Volk so zu Gemüte, dass man sogleich im ganzen Königreich eine Kollekte veranstaltete, um bei

Kiefersfelden an der tirolischen Grenze ein drittes Adieu-Denkmal zu errichten. Diesmal wurde es aber keine Säule, sondern eine neugotische Kapelle, gebaut von jenem Daniel Ohlmüller, der auch für die Mariahilf-Kirche in der Münchner Au verantwortlich zeichnete. Die Kapelle ist an Donnerstagen 15 – 18 Uhr, an Samstagen 10 – 13 Uhr geöffnet.

Nicht zum Herrscher geboren

Wenn man zeitgenössischen Schilderungen glauben darf, dann ist es fast wie ein Wunder, dass sich dieser junge Bayernprinz drei Jahrzehnte auf dem wackligen griechischen Thron halten konnte. Denn nach allem, was man erfährt, scheint er nicht nur das gewesen zu sein, was man heute einen Legastheniker nennt, sondern auch ein Kleinigkeitskrämer und Pedant. Und außerdem zeichnete er sich durch eine fast krankhafte Unfähigkeit aus, Entschlüsse zu fassen. Zum Herrschen war er also offenbar nicht geboren – aber das taten ja ohnehin meist andere für ihn, zumal die drei Groß- und Schutzmächte in der griechischen Politik nach Kräften mitmischten.

Was den Griechen an ihrem neuen Oberhaupt viel mehr missfiel, war die Tatsache, dass sich der Monarch standhaft weigerte, zur Landesreligion zu konvertieren. Und fast noch schlimmer: Seine Ehe mit der Prinzessin Amalie von Oldenburg blieb kinderlos und das in einem Land, das man damals durchaus noch dem Orient zurechnen durfte! Als drittes kam hinzu, dass die Leute zwar schon einen König wollten, aber auch ihre gerade erst erkämpfte Freiheit, die ihnen eine Verfassung garantieren sollte. Gerade davon hielt König Otto – genau wie übrigens auch sein Vater – nicht allzu viel. Dieses Papier musste dem Herrscher erst durch eine Revolte in der Hauptstadt abgenötigt werden – zehn Jahre nach seinem Amtsantritt.

Nein, übermäßig erfolgreich war er wohl nicht, dieser König, den der Heilige Synod seines Landes nicht einmal mit kirchlicher Weihe krönen wollte. Vor allem in der Außenpolitik hatte er wenig Fortune.

Griechenland blieb der Spielball seiner Schutzmächte, und irgendwann brauchte das Volk dafür einen Sündenbock, der an allem schuld sein musste. Als das Königspaar 1862 gerade auf dem Peloponnes unterwegs war, wurde es in der Hauptstadt mirnichts-dirnichts für abgesetzt erklärt. Vielleicht hatte Otto ohnehin die Nase voll – jedenfalls machte er keinen ernsthaften Versuch, seine Krone zu retten, sondern flüchtete sich – ohne noch einmal nach Athen zurückzukehren – im Hafen Piräus auf eine ausländische Fregatte, die ihn ins Exil brachte.

Die königliche Nervensäge

Nach Bayern zurückgekehrt, gingen König Otto und Königin Amalie nach Bamberg, wo sie in der Neuen Residenz logierten. Oder sollte man besser sagen, sie hielten dort Hof? Auch im Exil nämlich trug der Exmonarch griechische Tracht, und seine Bedienten hatten sich streng an das hellenische Hofzeremoniell zu halten.

Dann und wann besuchten die hohen Herrschaften ihre Verwandten und scheinen dabei manche von denen erheblich genervt zu haben. Ganz besonders gilt das für den Neffen und das Patenkind des abgedankten Königs, der mittlerweile selber eine Majestät geworden war: Ludwig II. von Bayern, der den »griechischen Hoheiten« aus dem Weg ging, wo immer er konnte. Es war keineswegs nur Hofklatsch, dass der Märchenkönig unter den fadenscheinigsten Vorwänden plötzlich ausbüchste, wenn sich Otto und Amalie zu Besuch angesagt hatten.

Nun ja – sehr lange musste die Verwandtschaft den armen Otto nicht mehr ertragen: Schon am 26. Juli 1867, fünf Jahre nach seinem Rausschmiss aus Griechenland, starb er. Seine Witwe erlebte noch den deutsch-französischen Krieg von 1870/71 und die Gründung des Deutschen Reichs und folgte ihrem Gemahl erst 1875 in die Ewigkeit.

Begraben sind die beiden in der Fürstengruft der Münchner Theatinerkirche. Gar nicht so selten kann man dort frische Kränze und

Gebinde finden – niedergelegt von Delegationen aus Griechenland oder auch von Griechen, die in München leben. Man hegt heute keinerlei Groll mehr gegen den ersten Königsthronbesitzer in diesem Lande. Eher im Gegenteil: Schon bald, nachdem man ihn abgedankt hatte, fand man ihn eigentlich gar nicht mehr so schlimm. Und je mehr Zeit verging, desto stärker rang man sich zu der Erkenntnis durch, dass der Basileus »Othonos« I. – trotz allem – eigentlich doch ein ganz erträglicher Monarch gewesen sei. Aber so geht's halt oft und nicht nur bei den Königen: Man weiß vieles erst dann richtig zu schätzen, wenn man's nicht mehr hat …

Geschichten ums Ende des Märchenkönigs

Oder:

Wo der liebe Ludwig gefangengenommen und wo seine Leiche gefunden wurde

Anno 1979 war's – da erkühnte sich ein fürwitziger Schriftsteller namens Horst Krüger, der im hessischen Frankfurt wohnte, einen langen Essay über Bayerns Märchenkönig zu schreiben. Und Auszüge daraus erschienen im Feuilleton der Münchner Süddeutschen Zeitung unter der Überschrift »Ludwig, lieber Ludwig«. Das war, wie sich alsbald zeigen sollte, ein Stich ins Wespennest.

Unter anderem beschrieb Horst Krüger auch jenes schlichte Holzkreuz im Starnberger See vor dem Ufer von Schloss Berg, auf dem nur geschrieben steht »Ludwig II. von Bayern«. Und darunter auf dem Sockel »Vereinigung Ludwig II. – Deine Treuen!« Und nun weiter im Text bei Krüger:

»Das war seine letzte Station. An dieser Stelle im Wasser ging sein Leben zu Ende. – Es muss hier ein kurzer, mörderischer Kampf zwischen beiden Männern (= zwischen dem König und seinem psychiatrischen Aufpasser Dr. Bernhard von Gudden) stattgefunden haben. Ludwig, der körperlich immer über Bärenkräfte verfügte, muss nach einigem Hin und Her den Professor, der ihn natürlich retten wollte, einfach untergedrückt und wie eine bösartige Katze ertränkt haben.

Es blieb, wie gesagt, bis heute ungeklärt, wie Ludwig selbst zu Tode kam. Einfach ertrunken kann er nicht sein. Das Wasser ist hier zu flach. – Die Medizin vermutet heute, dass Ludwig nach diesem Kampf, vielleicht auch nach der jähen, blitzartigen Erkenntnis, einen Menschen getötet zu haben, einen Schock erlitten hat, der einen Herzinfarkt auslöste.«

Sehr schlicht ist das Gedenkkreuz, das dem toten Märchenkönig von seinen Getreuen aus dem Volk gesetzt wurde – ein starker Kontrast zum Pomp der Gedächtniskapelle, die das Haus Wittelsbach errichten ließ.

Das also schrieb Horst Krüger, ein »Preiß'« aus Frankfurt und trat damit eine Leserbrieflawine los, wie sie die Süddeutsche Zeitung wohl noch nie zuvor mit solcher Heftigkeit überrollte. Wahrscheinlich hatte sich Krüger nichts weiter dabei gedacht. Er hielt sich im wesentlichen an die immer wieder überlieferten Geschichten, wonach der als angeblich Geisteskranker inhaftierte König einen Fluchtversuch gemacht habe, und dabei samt seinem Psychiater Gudden zu Tode gekommen sei. Zwar war der mysteriöse Vorfall, der sich 1886 zutrug, nie richtig aufgeklärt worden. Den amtlichen Verlautbarungen misstraute das Bayernvolk, das seinen Märchenkönig liebte, schon damals sehr und man pflegte zu tuscheln, was man in solchen Fällen hierzulande immer sagt: »Mei – nix G'wiß' woaß ma net …«. Aber inzwischen war doch fast ein Jahrhundert vergangen. Die Monarchie gibt's schon lang nicht mehr, Bayern ist ein republikanischer Freistaat und hat ganz andere Sorgen. Wen also, so mochte der des Landes und seiner Leute offenbar nicht sehr kundige Krüger im fernen Frankfurt gedacht haben, wen würde es heute noch aufregen, ob der liebe Ludwig wirklich so und nicht anders sein Ende fand. Ja – von wegen!

Ein Onkel des Schwagers meiner Tante …

In den folgenden Wochen mochte in der Welt- und Deutschlandpolitik passieren, was da wollte: Kein anderes Thema erregte hinfort die nach Hunderttausenden zählende Leserschaft der Süddeutschen Zeitung so sehr wie die Krüger'schen Behauptungen, der König habe a) seinen Psychiater ertränkt wie eine bösartige Katze und daraufhin b) selbst einen Herzinfarkt erlitten.

Sofort meldeten sich zahlreiche Leser zu Wort, die ganz genau wussten, dass das ja alles gar nicht so, sondern ganz anders war. Und zwar wussten sie es deshalb, weil irgendwer aus ihrer Familie mit jemand befreundet gewesen war, der seinerseits in Beziehungen zu jemand gestanden hatte, der wiederum jemand kannte, dessen Onkel am Ort des Geschehens ganz zufällig … jawohl, und dieser Mann, der es doch wohl wissen hätte müssen, der sollte schon gleich danach im Vertrauen und unter dem Siegel der Verschwiegenheit angedeutet haben, dass möglicherweise …

Wobei sich freilich auch andere Leute mit ähnlichem Bekanntenkreis ganz deutlich erinnerten, dass dies alles so ja nun wirklich nicht stimmen könne, weil nämlich …

Ganz schlimm wurde die Sache aber erst, als sich aus England eine König-Ludwig-Forscherin namens Jeanne Handzic meldete, die es aufgrund ihrer Recherchen noch genauer wusste. Dass nämlich der König seinen verhängnisvollen Spaziergang am Seeufer nicht schon um 18.30 Uhr angetreten habe, sondern erst um 18.45 Uhr. Woraus Mrs. Handzic mit der messerscharfen Logik eines Sherlock Holmes die Schlussfolgerung ableitet, der König sei weder ertrunken noch am Herzschlag gestorben und es habe auch gar kein Kampf stattgefunden. Aus diesem Grund sei auch Herr Gudden vielleicht ersäuft worden, aber nie und nimmer vom lieben Ludwig.

Fazit: »König Ludwig II. von Bayern ermordete niemanden! Auch wenn der Arme Gründe genug dafür hatte.« Vielmehr, so deutete die Leserbriefschreiberin aus England an, sei der Märchenkönig selbst schnöde ermordet worden. Von wem? Das allerdings wusste auch sie nicht genau zu sagen.

Nun war Horst Krüger aus dem Schneider. Man vergaß ihn und schoss sich ganz auf die Handzic'schen Behauptungen ein – pro und kontra – was schließlich dazu führte, dass sich sogar der Prof. h. c. Hannes Heindl vom König-Ludwig-Club München und Albert Widemann vom König-Ludwig-II.-Denkmalsverein München-Starnberg e. V. leserbrieflich befehdeten.

Und wer weiß, ob diese Debatten nicht heute noch im Gange wären, hätte nicht die Zeitung irgendwann einen energischen Schlussstrich gezogen.

Als Ergebnis kam bei all dem heraus, dass man nun weniger denn je weiß: Ist der König ertrunken – oder wurde er ertränkt? Hatte er einen Herzinfarkt oder wurde er von hinten abgeknallt – und wenn ja, von wem? Wollte er überhaupt fliehen? Ist er vergiftet oder eingeschläfert worden? Ist er wirklich dort gestorben, wo jetzt das Kreuz steht? Oder hat man seine Leiche und die des Herrn Gudden erst nachträglich dort hingeschafft? Und war es überhaupt dort – oder vielleicht 50 Meter weiter links oder rechts? Warum öffnet man, um den Fall zu klären, nicht endlich den Sarkophag in der Münchner Michaelskirche, um die Todesursache festzustellen? Ist dieser Sarg vielleicht leer, weil man den König ganz woanders begrub, um für alle Fälle Nachforschungen unmöglich zu machen?

Was wahr war, wird man wohl nie mehr ganz genau herauskriegen. Und um nicht neuerlich eine Ludwigs-Leserbrief-Lawine auszulösen, beschränkt man sich am besten auf die amtliche Mitteilung der Königlichen Polizeidirektion vom 14. Juni 1886: »Nach Durchsuchung des Parkes und des Seeufers wurden Seine Majestät mit dem Obermedizinalrath Dr. von Gudden im See gefunden.« Basta! Kein Wort darüber, woran die beiden Herren gestorben waren.

Ob Ludwig eine »Meise« hatte?

Mindestens ebenso heftig umstritten wie der mysteriöse doppelte Todesfall am Ufer von Schloss Berg ist die Frage, ob der liebe Ludwig im Kopf völlig richtig gewesen ist bis an sein bitteres Ende. Oder aber, ob er mindestens in seinen letzten Jahren geisteskrank war, wie das Gutachten behauptet, das nicht nur der schon erwähnte Dr. Gudden am 8. Juni 1886 unterschrieb, sondern auch eine Troika von weiteren Psychiatern namens Hagen, Grashey und Hubrich. Wobei man wissen muss, dass diese Experten allesamt den König nie untersucht hatten, sondern nur eine Ferndiagnose stellten, die sich im Wesentlichen auf die Aussagen von sieben medizinischen Laien stützte.

Nun wird auch ein treuer Monarchist zugeben müssen, dass es im engsten Familienkreis schon einen Präzedenzfall gab: Der Bruder Otto des Königs, unter dem Prinzregenten nomineller Herrscher, saß seit Jahren eingesperrt im kleinen Schloss Fürstenried bei München –

und der war, da gibt es nicht den leisesten Zweifel, wirklich geistes-krank. Hinzu kam, dass sich auch der liebe Ludwig immer seltsamer benahm und allerlei merkwürdige Marotten hegte. So lange die nicht viel kosteten, sah man halt noch darüber hinweg. Was den König ernstlich in Schwierigkeiten brachte, war seine Schlösserbauwut, für die er sich hemmungslos verschuldete. Das führte schon 1885 zu massiven Auseinandersetzungen zwischen dem König und seinem Onkel Luitpold, aber auch mit dem Ministerium Lutz/Crailsheim. Aber der schlössersüchtige Ludwig ließ sich nicht beirren: Obwohl weder bei Herrenchiemsee noch bei Neuschwanstein ein Ende ab-zusehen war, hatte er schon Pläne für ein weiteres Mammutprojekt in der Schublade. Und als er dann im Jahr drauf seinem Baumeister Hofmann auch noch das Projekt eines »Chinesischen« Schlosses am Plansee in Auftrag gab, da beschlossen Verwandtschaft und Minis-terium, dass es so nicht mehr weitergehen könne. Man gab also bei Prof. von Gudden & Co. ein Gutachten in Auftrag, das am 8. Juni 1886 den König für unheilbar geisteskrank erklärte. Tags darauf wurde die Entmündigung des Herrschers beschlossen, und wieder einen Tag später übernahm dessen Onkel Luitpold als Prinzregent die königlichen Amtsgeschäfte. Und dann, am 11. Juni, wurde Prof. von Gudden mit einer Eskorte von Begleitern nach Neuschwanstein ge-schickt, um dem König zu sagen, dass er nun nichts mehr zu sagen habe und leider zu einer Behandlung nach Schloss Berg am Starn-berger See umziehen müsse.

»Zieht ihnen die Haut ab!«

Wenn Sie sehen wollen, wo die aus München angereisten Häscher des lieben Ludwigs schließlich habhaft wurden, müssen Sie sich in die Millionenschar der Neuschwanstein-Besucher einreihen und werden dafür nicht nur durch allerlei unfertige Nebenräume und den großen Thronsaal geführt, sondern auch durch ein prunkvolles Schlafzimmer mit einem gewaltigen Bett, denn König Ludwig hatte das selbst für heutige Begriffe noch beachtliche Gardemaß von 1 m 94. Und genau hier, in diesem mit Schnitzereien überladenen Schlafgemach wurde die Majestät in der Nacht vom 11. auf den 12. Juni in Verwahrung genommen. Freilich lief das nicht ohne Gegenwehr ab. Als man dem Monarchen die Ankunft der Kommission meldete, da wollte er die Herren zunächst seinerseits einsperren lassen. Und nicht nur das: In seinem Zorn erteilte er angeblich! – den Befehl, man solle diesen Schurken die Augen ausstechen, die Haut abziehen und sie sodann schön langsam in ihrem eigenen Unrat umkommen lassen. Kann man aus solchen Anordnungen schließen, dass der Herrscher Bayerns vielleicht doch nicht mehr ganz …? Lassen wir's dahingestellt – diese Befehle, sofern sie überhaupt gegeben wurden, hat man ja ohnehin nicht ausgeführt. Viel vernünftiger klang eine andere Anordnung: Sofort an Bismarck telegraphieren! Tatsächlich kam ein solches Telegramm auch beim Kanzler des Deutschen Reiches in Berlin an, und der telegraphierte postwendend zurück: »Seine Majestät soll sofort nach München fahren, sich seinem Volk zeigen und selbst sein Interesse vor dem versammelten Landtag vertreten.« Leicht gesagt – aber da war's schon zu spät, und tags darauf saß der liebe Ludwig bereits eingesperrt und gut bewacht im Schloss Berg.

Bismarck hat, als der Märchenkönig längst tot war, noch selbst für die Nachwelt festgehalten, was er sich bei der Abfassung dieses Telegramms gedacht hatte: »Ich rechnete so: Entweder ist der König gesund, dann befolgt er meinen Rat. Oder er ist wirklich verrückt, dann wird er seine Scheu vor der Öffentlichkeit nicht ablegen. Der König ging nicht nach München, er kam zu keinem Entschluss, er hatte die geistige Kraft nicht mehr und ließ das Verhängnis über sich hereinbrechen.« Hätte Ludwig noch die Kraft gehabt, seine letzten Anordnungen durchzusetzen, dann wären Neuschwanstein, Linderhof und Herrenchiemsee heute vielleicht keine Attraktionen für Touristen aus aller Welt. Denn als er merkte, was sich gegen ihn zusammenbraute, da soll ihn dermaßen die Wut gepackt haben, dass er angeblich seine sämtlichen Schlösser mit Sprengladungen in die

Luft jagen lassen wollte. Wenn man sie ihm nicht gönnte, dann sollten andere auch nichts mehr davon haben, mag seine Reaktion gewesen sein.

Baden verboten!

Doch nun wieder an den anderen und allerletzten Schauplatz des königlichen Dramas. In Schloss Berg behandelte man den lieben Ludwig zwar mit jenem Respekt, wie er auch einer geisteskranken Majestät immer noch zukam – aber eben doch wie einen Gefangenen. Und ob sich der nun aus Kummer darüber umbringen oder ob er mit Hilfe seiner Jugendliebe, der Kaiserin Sissy von Österreich, nach Tirol fliehen wollte und dabei umgebracht wurde, oder ob es nur ein Unfall war: Jedenfalls wurden der König und sein Psychiater am späten Abend des 13. Juni 1886 tot im seichten Uferwasser gefunden. Vielleicht nicht genau, aber doch ungefähr an jenem Punkt, wo jetzt das schlichte Holzkreuz steht – auf ein paar Meter hin oder her soll's uns nicht ankommen. Fast ein wenig makaber wirkt just hier der Hinweis auf einer Tafel, wonach das Baden an diesem Uferstreifen verboten ist – ebenso wie das Campen.

Etliche Meter weiter droben wurde zehn Jahre nach dem Tod des entmündigten Neffen im Beisein des nunmehr regierenden Onkels Luitpold der Grundstein für eine neoromanische Gedächtniskapelle gelegt. Die darf gern besichtigt werden – nicht dagegen jene Räumlichkeit, wo Ludwig gefangen saß. Und auch nicht jenes andere Zimmer, in dem er 16 Jahre vor seinem Tod den Mobilmachungsbefehl für den Frankreich-Feldzug von 1870 unterschrieben hatte. Denn Schloss Berg ist nach wie vor im Besitz des Hauses Wittelsbach, von Mitgliedern der Familie bewohnt und deshalb für die Allgemeinheit nicht zugänglich.

Im übrigen ging man nach dem Tod des Königs sehr schnell zur Tagesordnung über: Sein kleiner Hofdampfer »Tristan« auf dem Starnberger See wurde verkauft, die Schlösser gab man gegen Eintritt zur

Besichtigung frei. Aber was half's: Auch nach weit mehr als einem Jahrhundert ist über diese Affäre noch immer nicht Gras gewachsen, wie die Leserbrief-Lawine in der Süddeutschen Zeitung bewies. Damals beteiligte sich an dieser Debatte auch der Münchner Schriftsteller Wolfgang Christlieb, Verfasser eines König-Ludwig-Dramas, und der soll mit einem Auszug aus seinem Brief nun hier das letzte Wort haben:

»Seitdem sich der Sargdeckel über Ludwig II. von Bayern geschlossen hat, galt es als unfein, in die Geschichte seines Lebens und Sterbens noch hineinzustochern. Die ›Befugten‹, nämlich die staatlich besoldeten Professoren, Historiker, Schreiber und Pfaffen taten's nicht, aus gutem Grund. Und die ›Unbefugten‹ waren eben nicht befugt, und vor allem: Sie hatten kein Material in der Hand.«

Und weil die Archive mit diesem Material bis heute verschlossen geblieben sind, gilt eben immer noch der Satz: »Nix G'wiß' woaß ma net!«

Sechshundert Tote durch zwei Schüsse

Oder:

Wo Bayerns zweite Revolution begann

Man hatte die Gedenktafel gut versteckt: In der Grünanlage am Münchner Promenadeplatz, direkt neben dem Trambahngleis. In ein Rasenstück war da ein bronzenes Rechteck eingelassen mit der Inschrift: »Zur Erinnerung an den bayerischen Ministerpräsidenten Kurt Eisner, der am 21. Februar 1919 am Palais Montgelas ermordet wurde.«

Kaum ein Münchner kannte diese Tafel. Kaum ein Tourist hat sie je entdeckt, denn sie war so unauffällig wie ein Kanaldeckel. Und das Plätzchen, das ihr zugedacht wurde, könnte inmitten der Großstadt verborgener kaum sein. Nun ja – aber wenn der Mann halt genau hier niedergeschossen wurde? Ja … wenn. Tatsächlich hat sich das folgenreiche Attentat, um das es hier geht, eben nicht hier zugetragen, sondern auf der anderen Seite der Fahrbahn: Vor dem Palais Montgelas, Ecke Promenadeplatz / Kardinal-Faulhaber-Straße. Warum dann die Gedenktafel nicht just dort zu finden war? Darauf kommen wir später.

Zunächst muss mal geklärt werden, wer da am 21. Februar 1919 erschossen wurde: Kurt Eisner, geboren 1867 in Berlin, marxistischer Schriftsteller und Journalist, Pazifist, Revolutionär, erster Regierungschef des republikanischen Bayern und Initiator der Bezeichnung »Freistaat«.

Wieso kommt ein Zugereister aus Berlin dazu, in Bayern Revolution zu machen und über Nacht die 700 Jahre alte Dynastie der Wittelsbacher zum Teufel zu jagen? Weil er – so absurd das klingen mag – nicht radikal genug war. In Berlin nämlich, noch vor dem Ersten Weltkrieg, stänkerte der sozialdemokratische Parteiführer August Bebel immer wieder, dieser Eisner schreibe für den »Vorwärts« viel zu zahm

Nachdem am Montgelas-Palais keine Gedenktafel mehr angebracht werden durfte, schuf die Bildhauerin Eva Maria Lankes diese bronzene Umriss-Einlage im Gehsteig genau an dem Punkt, wo Bayerns erster republikanischer Ministerpräsident von einem Offizier hinterrücks abgeknallt worden war.

und nicht klassenkämpferisch genug. Eines Tages wurde es dem zu dumm: Er ließ den »Vorwärts« hinter sich, übersiedelte zuerst nach Nürnberg und später nach München, wo er eine Pressekorrespondenz für Arbeiterbildung herausgab und für die sozialdemokratische »Münchner Post« und andere Blätter Theaterkritiken verfasste. Vielleicht wäre der Mann hochbetagt im Bett statt am Promenadeplatz gestorben, hätte ihn nicht der Erste Weltkrieg zum Pazifisten gemacht. Damals spaltete sich von der SPD ein linker Antikriegsflügel ab und organisierte sich als USPD: Unabhängige Sozialdemokratische Partei. In dieser Neugründung wurde Kurt Eisner sehr aktiv. Um den Krieg zu beenden, rief er im Januar 1918 die Arbeiter in den Munitionsfabriken zum Streik auf, was ihm eine Untersuchungshaft einbrachte. Aber weil er Kandidat bei einer Münchner Reichstags-Nachwahl war, musste man ihn bald wieder laufen lassen.

»O Welt, werde froh!«

7. November 1918: Kurt Eisner, mittlerweile Vorsitzender der USPD, und Erhard Auer, Vorsitzender der bayerischen SPD, haben zu einer Friedensdemonstration auf der Theresienwiese aufgerufen. Die meisten der Zehntausende von Teilnehmern gehen danach ganz friedlich nach Hause.

Kurt Eisner jedoch will mit einer relativ kleinen Gruppe noch ein Zeichen setzen und marschiert zur Guldeinschule, die als Waffen- und Munitionslager benutzt wurde. Die Soldaten schießen nicht auf die Demonstranten – sie schließen sich ihnen an, und damit kommt das ins Rollen, was man bei Hofe zunächst nur für eine kleine Revolte hielt, bis man am nächsten Morgen merkte, dass es Bayerns erste Revolution gewesen war. Im Lauf des Tages werden sämtliche Kasernen und Zeitungsdruckereien besetzt, außerdem das Parlament in der Prannerstraße. Am Abend versammelt sich ein Rat der Arbeiter, Soldaten und Bauern und wählt Eisner zum Vorsitzenden. Und als Münchens Bürger am 8. November aufwachen, erfahren sie aus einer Proklamation:

»Volksgenossen! Um nach jahrelanger Vernichtung aufzubauen, hat das Volk die Macht der Zivil- und Militärbehörden gestürzt und die Regierung selbst in die Hand genommen. Die Bayerische Republik wird hierdurch proklamiert.

Die oberste Behörde ist der von der Bevölkerung gewählte Arbeiter-, Soldaten- und Bauernrat, der provisorisch eingesetzt ist, bis eine endgültige Volksvertretung geschaffen werden wird. Er hat gesetzgeberische Gewalt. Die ganze Garnison hat sich der Republikanischen Regierung zur Verfügung gestellt. Generalkommando und Polizeidirektion stehen unter unserem Befehl. Die Dynastie Wittelsbach ist abgesetzt. Hoch die Republik! Der Arbeiter- und Soldatenrat. Kurt Eisner.«

Zu diesem Zeitpunkt wurde das Deutsche Reich noch immer von einer kaiserlichen Regierung verwaltet. In Berlin und anderswo brach die Revolution erst zwei Tage später aus. Ausgerechnet das behäbige, gemütliche, konservative Land Bayern war hier der Zeit um eine Nasenlänge voraus – freilich durch die Aktivität eines Zugereisten aus Preußen.

Noch im selben Monat finden im Nationaltheater Revolutions-veranstaltungen statt, an deren Ende immer die neue bayerische Hymne gesungen wird. Allerdings eine andere als jenes Lied, das zum Sendeschluss im Bayerischen Rundfunk und Fernsehen erklingt.

Auf die Melodie des Niederländischen Dankgebets hatte der neue Ministerpräsident höchstselbst einen Text geschrieben, der also lautete:

Wir werben im Sterben
Um ferne Gestirne.
Sie blinken im Sinken
Und stürzen in Nacht.
Wir schwören zu hören
Den Rufern der Freiheit.

Wir schirmen in Stürmen
Die heiligen Höh'n.
Die Menschheit gesunde
In schaffendem Bunde,
Das neue Reich entsteht.
O Welt, werde froh!
Welt, werde froh!

Nein, die Welt wurde leider nicht sehr froh. Und auch Kurt Eisner nicht. Denn schon bald musste er erkennen, dass er wohl nur für einen Winter Ministerpräsident gewesen war: Er fand bei der Bevölkerung keine Mehrheit für seine Regierung, als im Februar 1919 Wahlen abgehalten wurden: Von 180 Sitzen im Landtag bekam die USPD ganze drei.

Der Attentäter schoss von hinten

Eisners Innenminister, der SPD-Vorsitzende Auer, hielt den Regierungschef für einen eher realitätsfernen und deshalb nicht ungefährlichen Spinner. Wenn man seinen Hymnentext liest, kann man's verstehen. Aber wie immer man Kurt Eisner beurteilen mag – eins kann man ihm nicht nachsagen: Dass er kein Demokrat gewesen wäre. Sonst hätte er, der die Monarchie stürzte, sicher gar nicht wählen lassen. Und wenn doch, dann hätte er halt dafür gesorgt, dass die Wahl in seinem Sinne ausging. Oder er hätte das Ergebnis missachtet und sich durch einen weiteren Putsch zum Diktator aufgeschwungen. Eisner jedoch achtete den Willen des Wählers und war bereit, die Regierung in die Hände der Wahlsieger zu geben. Am 21. Februar 1919 wurde der neugewählte Landtag eröffnet und Eisner ging zu dieser Sitzung, um seinen Rücktritt anzubieten.

Das Parlament tagte damals noch nicht im Maximilianeum, sondern in der Prannerstaße, Eisners Amtssitz war am Promenadeplatz im Palais Montgelas, also nur ein paar Schritte vom Parlament. Man hatte ihm dringend geraten, aus Sicherheitsgründen die Passage durch das Hotel Bayerischer Hof zu benützen, statt durch die jetzt nach Kardinal Faulhaber benannte Straße zu gehen. Denn es waren Drohbriefe eingegangen, in denen angekündigt wurde, man werde diesen Kerl fertigmachen. Dazu Eisner: »Man kann einem Mordanschlag auf die Dauer nicht ausweichen, und man kann mich ja nur einmal totschießen.« Sprach's und machte sich um 9 Uhr 45 auf den Weg in den Landtag. Für alle Fälle hatte man die umliegenden Straßen durch Militär absperren lassen – aber zu spät: Unter dem zweiten Torbogen des Montgelas-Palais' an der Faulhaberstraße lauerte bereits der Attentäter: Anton Graf von Arco-Valley, 21 Jahre, Leutnant. In der Tasche seines Regenmantels steckte eine durchgeladene Pistole. Er ließ Eisner an seinem Versteck vorbeigehen und schoss ihn dann – sehr mutig! – von hinten mit zwei Kugeln über den Haufen. Eisner war sofort tot. Seine Leibwächter schossen ihrerseits den Attentäter nieder, der mit lebensgefährlichen Verletzungen liegen blieb.

Was den jungen, adeligen Wirrkopf zu seiner Tat bewogen haben mag? Niemand weiß das genau. Vielleicht war er bloß geltungssüchtig und wollte berühmt werden. Auf jeden Fall erwies sich der Mord nicht nur als sinnlos, sondern auch als höchst folgenreich. Zunächst einmal gab es noch am selben Tag ein paar Tote mehr. Kaum hatte Innenminister Auer im Landtag den Mord öffentlich verurteilt und einen Nachruf auf Eisner gesprochen, da schoss ihn ein Mann im Soldatenmantel aus nächster Nähe nieder und verwundete ihn schwer. Ein Major Jahreiß will sich dem Schützen in den Weg stellen – da wird plötzlich von der vollbesetzten Zuschauertribüne in den Saal geschossen. Major Jahreiß und der Abgeordnete Osel von der Bayerischen Volkspartei brechen tot zusammen. Panik! Alles flieht in wildem Durcheinander. Als die Abgeordneten durchs Hauptportal davon wollen, laufen sie auf ein schussbereites MG zu: Die Soldaten, die das Parlament schützen sollten, machen nun Miene, die Parlamentarier abzuknallen, und nur mit Müh' und Not kann sie Ernst Niekisch, der Vorsitzende des Zentralrates der Räte, davon zurückhalten.

Mittags läuten eine Viertelstunde lang sämtliche Kirchenglocken zum Gedenken an Kurt Eisner. Nicht jeder Pfarrer tat dies ganz freiwillig, aber der Vollzugsausschuss der Räte wusste seinem Befehl Nachdruck zu verleihen. »Rache für Eisner!« – diese Parole mobilisierte die Massen, denn niemand wollte an einen Alleingang des Grafen Arco glauben: Man vermutete Hintermänner des Attentats in Kreisen, die das Rad der Geschichte zurückdrehen und Bayerns November-Revolution rückgängig machen wollten. Mitten im Fasching 1919 beginnt in München ein Politkarneval, der aber gar nicht lustig endet. Nach einigem Hickhack setzen sich die Radikalen durch, die einen ganz anderen Staat wollen: Am 7. April 1919 wird in einer Kundgebung auf dem Münchner Stachus der Freistaat Bayern zur Räterepublik erklärt. Das sollte das Ende des Parlamentarischen

Systems sein – aber es kam anders. Die rechtmäßige Regierung unter Ministerpräsident Johannes Hoffmann trat nicht zurück, sondern floh nach Bamberg. Und schließlich rief sie nicht nur die Reichswehr, sondern auch Freicorps zu Hilfe. Ende April war nach ein paar turbulenten Wochen das Schicksal der Räterepublik besiegelt: Die »weißen« Freicorps-Brigaden Ehrhardt, Epp und Oberland sowie Reichswehrtruppen, die aus Württemberg kamen, hatten München umzingelt. In den letzten Tagen spielten sich in der Stadt tragische und groteske Dinge ab: Während an der »Front« in Dachau gekämpft wurde, amüsierte man sich in der Innenstadt beim Schwoof in den Tanzcafés. Kommandant Eglhofer, ein ehemaliger Matrose der kaiserlichen Marine, ließ im Luitpold-Gymnasium unschuldige Geiseln erschießen und rief am 30. April zum Generalstreik auf, wobei es hieß:

»Die heutige Versammlung der Betriebs- und Soldatenräte im Hofbräuhaus findet nicht statt. Der Straßenbahnverkehr wird nur zum Zwecke der Beförderung der Roten Armee aufgenommen.«

Ach, es half ihm nichts mehr, dass er seine Truppen per Trambahn an die Front schaffen wollte: Am 1. Mai, dem Tag der Arbeit, griffen die Weißen an und eroberten die Stadt, wobei sicher nicht weniger an Grausamkeit und Brutalität praktiziert wurde, als man den roten Räten angelastet hatte. Bei der Einnahme Münchens mussten mindestens 600 Menschen ihr Leben lassen, und das alles vielleicht nur deshalb, weil ein leicht bescheuerter Adliger mit zwei Pistolenschüssen ganz ungewollt die Initialzündung zu Bayerns zweiter Revolution gegeben hatte.

Die verschwundene Gedenktafel

Was sich nach seinem Tod abspielte, hätte wahrscheinlich auch Kurt Eisner nicht gewollt. Um seine – vielleicht zum Teil ein bisschen utopischen – Ideen auf friedlichem Weg zu verwirklichen, dazu blieb ihm nicht genug Zeit. Aber was er zuwegebrachte, muss auf viele

Zeitgenossen Eindruck gemacht haben. Kein Geringerer als Heinrich Mann bescheinigte ihm in einer Gedenkrede:

»Die hundert Tage der Regierung Eisner haben mehr Ideen, mehr Freuden der Vernunft, mehr Belebung der Geister gebracht als die fünfzig Jahre vorher.«

An der Stelle des Attentats – an der richtigen! – war bis zur Machtergreifung der NSDAP eine Gedenktafel mit folgender Inschrift zu sehen:

»Dem gefallenen Vorkämpfer für Freiheit und Wahrheit Kurt Eisner – von seinen Genossen.«

Die Nazis duldeten keine Erinnerungsstücke an so ein »rotes Schwein« wie diesen Eisner und ließen die Tafel am Palais Montgelas prompt abmontieren. Erst lange Jahre nach dem Zweiten Weltkrieg beschloss man, wieder eine gedenkende Inschrift anzubringen. Aber mittlerweile waren im renovierten Montgelas-Palais ungeheuer schicke Nobel-Geschäfte eingezogen, und denen erschien es denn doch zu anrüchig, neben ihren eleganten Schaufenstern den Hinweis auf einen so linken Vogel zu dulden. Und so kam's halt, dass die Bronzeplatte ihren neuen Platz auf der anderen Straßenseite fand. Direkt neben den Schienen der Trambahn. Als sei der Mann nicht heimtückisch von hinten abgeknallt, sondern bedauerlicherweise von der Linie 19 überfahren worden …

Seit einigen Jahren gibt es aber nun doch ein Eisner-Denkmal genau an dem Punkt, wo das Attentat geschah. Die Bildhauerin Eva Maria Lankes formte aus Messingstäben den Umriss des Niedergeschossenen, der in den Gehsteig eingelassen wurde, und dagegen konnte niemand was machen, denn diese Fläche gehört ja der Stadt. Besonders viel Aufmerksamkeit findet aber auch diese ungewöhnliche Installation nicht – eigentlich genau so wenig wie die Bronzeplatte neben dem Tramgleis, die jetzt aber gar nicht mehr da ist: 2005 musste sie dem riesigen Montgelas-Denkmal weichen, das Finanzminister Faltlhauser dort aufpflanzen ließ. Per Stadtratsbeschluss wird sie jetzt im Stadtmuseum aufbewahrt.

»Eine der ewigen deutschen Stätten ...«

Oder:

Wo Adolf Hitlers Bierkeller-Putsch zusammenbrach

November 1983. Große Empörung in München: Eine Gruppe von rund 85 Neonazis, die »Aktionsfront Nationaler Sozialisten«, hat für den 9. des Monats einen Marsch auf die Feldherrnhalle angekündigt. Worauf ein ebenso kleines Häuflein von etwa 50 Mitgliedern der SPD, der Grünen und einiger antifaschistischer Gruppen vor der Feldherrnhalle eine Mahnwache hielt. Hätte nicht zuvor die Polizei eingegriffen, eine Versammlung der Neonazis gesprengt und damit deren Marsch verhindert – wer weiß, ob es an der Feldherrnhalle nicht noch einmal zu blutigen Auseinandersetzungen gekommen wäre – freilich keinesfalls mehr so schlimm wie damals, 60 Jahre zuvor, als sich Adolf Hitler schon zehn Jahre vor seiner tatsächlichen Machtergreifung zum Diktator aufschwingen wollte.

Der »Marsch auf die Feldherrnhalle«: Wer München kennt und über den Ablauf der Geschehnisse des 9. November 1923 nicht genau Bescheid weiß, der wird zwangsläufig annehmen, die Nazis seien von Schwabing gekommen. Denn die Feldherrnhalle öffnet sich ja nach Norden und ist der Abschluss der breiten Ludwigstraße, die sich als Aufmarschgelände prächtig eignet. Und weiter wird man vermuten, die Schützen der Landespolizei, die Hitlers Zug zum Stehen und dann zum Fliehen brachten, hätten sich wahrscheinlich in der Loggia der Feldherren verschanzt gehabt. Zu solchen Annahmen hat sicher auch das Ehrenmal beigetragen, das die Nazis nach 1933 zwischen den beiden Löwen an der Feldherrnhalle anbrachten und rund um die Uhr von zwei Posten der SS bewachen ließen.

In Wirklichkeit spielte sich das alles gar nicht vor, sondern neben der Feldherrnhalle ab, genauer gesagt: In der Residenzstraße, und zwar dort, wo sich die Seitenfront der Feldherrnhalle und die Fassade der Residenz gegenüberliegen. Und Adolf Hitlers Rabauken und Krakeeler kamen nicht die Ludwigstraße herunter, sondern vom Marienplatz her, wobei der Demonstrationszug zuerst in die Weinstraße einmarschierte und dann über die Perusastraße quer zur Residenzstraße hinüberschwenkte. Und dort fielen dann jene Schüsse, die zwanzig Menschen das Leben kosteten: 16 Anhängern Hitlers und vier Polizisten. Wie das alles lief an diesem 9. November 1923, darauf kommen wir später nochmal zurück. Zuerst wäre nämlich knapp ins Gedächtnis zu rufen, wie es denn überhaupt dazu gekommen war.

Der Österreicher Adolf Hitler (der böhmische Gefreite, wie ihn Reichspräsident Hindenburg später süffisant zu nennen pflegte) war nach dem Ersten Weltkrieg arbeitslos in München hängengeblieben und wurde 1919 Mitglied einer lächerlich kleinen, aber stramm nationalen und antisemitischen Gruppe, der »Deutschen Arbeiterpartei«. Zwei Jahre später ist er bereits Boss dieses Haufens, den er im Geschwindschritt zum Erfolg führt. Ende 1923 glaubt Hitler schon so weit zu sein: Er setzt alles auf eine Karte und will durch einen Putsch an die Macht.

Der Schuss in die Decke

Dabei kommt ihm zugute, dass damals im Deutschen Reich alles drunter und drüber geht: Das von den Franzosen besetzte Rheinland versucht, sich als eigene Republik abzuspalten. Die Inflation galoppiert in einem Tempo, das sich heute kein Mensch mehr vorstellen kann. Und schon seit Monaten sind heimlich-unheimliche Bestrebungen im Gang, die gewählte Reichsregierung durch eine »nationale Erhebung« zu entmachten, wobei auch das Militär mithelfen sollte.

Ein Extrasüpplein kocht dabei in München auf nationaler Flamme der Generalstaatskommissar Dr. von Kahr, der mit dem Reichswehrgeneral von Lossow und mit dem Kommandeur der bayerischen

Landespolizei, Oberst von Seisser, zusammenspinnt. Am Abend des 8. November – zum fünften Jahrestag der Revolution von 1918 – veranstalten die drei im Bürgerbräukeller beim Rosenheimer Platz eine Kundgebung. Herr von Kahr, eigentlich eher Monarchist seines Zeichens, hält in dieser Versammlung der »Freien Vereinigung von Erwerbsständen« gerade eine schöne Rede über die sittliche Berechtigung der Diktatur, da stürmt gegen 20 Uhr 30 Adolf Hitler mit seinen Gefolgsmannen in den Saal, zieht den Revolver, schießt theatralisch in die Decke und brüllt: »Die nationale Revolution ist ausgebrochen!« Dem Triumvirat Kahr-Lossow-Seisser ging das denn doch ein bisschen zu fix. Aber mit vorgehaltenem Schießeisen brachte Hitler die drei Herren in einem Nebenzimmer alsbald dazu, sich seinem Putsch anzuschließen.

Am nächsten Morgen können die Münchner an sämtlichen Plakatwänden folgendes Pamphlet lesen:

»Proklamation an das deutsche Volk! Die Regierung der Novemberverbrecher in Berlin ist heute für abgesetzt erklärt worden. Eine provisorische deutsche National-Regierung ist gebildet worden. Diese besteht aus General Ludendorff. Adolf Hitler, General von Lossow, Oberst von Seisser.« Punktum und basta.

Aber bald darauf las man's schon wieder ganz anders. In einem Aufruf spricht der Generalstaatskommissar von Kahr von »Trug und Wortbruch ehrgeiziger Gesellen«, die aus einer Kundgebung für Deutschlands Erwachen »eine Szene widerwärtiger Vergewaltigung« gemacht hätten. Und kurzum: Die Nationalsozialistische Deutsche Arbeiterpartei von Herrn Hitler sei mit sofortiger Wirkung aufgelöst.

Hatten sich's die drei Herren, die im Bürgerbräukeller so überrumpelt worden waren, nun doch wieder anders überlegt? Oder waren sie, was wahrscheinlicher ist – nur zwecks Zeitgewinn und zum Schein auf Hitlers Pläne eingegangen? Jedenfalls waren sie nach Mitternacht nicht untätig geblieben: Im Morgengrauen marschierten Einheiten der Reichswehr auf München. Und während der Nazi-Rabauke Ernst Röhm, den Hitler 1934 wegen angeblicher Meuterei erschießen ließ (vergleiche hierzu das Kapitel »Der Putsch im Pyjama«) mit seiner SA das Wehrkreiskommando in der Schönfeldstraße besetzte, fuhren die Herren Kahr, Lossow und Seisser höchstpersönlich zur Kaserne am Oberwiesenfeld und alarmierten dort nicht nur ein Infanterieregiment, sondern auch Einheiten der bayerischen Landespolizei. (Dr. von Kahr musste dies übrigens genau zehn Jahre später büßen: Sofort nach der Machtübernahme 1933 prügelten ihn die Nazis als eines ihrer ersten Opfer in seiner Wohnung krankenhausreif, und 1934 wurde er erschossen.)

Kein Putsch – und was nun?

Als Hitler und seine engsten Vertrauten Lunte rochen, brach schiere Ratlosigkeit aus. Dass ihr Putsch-Plan schiefgegangen war, daran gab's keinen Zweifel. Was sollte man jetzt tun? Warten, bis man verhaftet würde? Sich schleunigst verdünnisieren – aber wohin? Da hat General Ludendorff, als es Morgen wird, eine Idee: Weil nun sozusagen sowieso schon alles wurscht ist, solle man doch wenigstens einen Demonstrationszug zur Innenstadt auf die Beine bringen.

Als das durchdringt, sammeln sich in der Gegend des Bürgerbräukellers allmählich an die 3000 SA-Leute, Parteimitglieder und Sympathisanten und machen sich auf den Weg zum Marienplatz, wo sich etwa 15 000 Leute zusammenfinden, um den Hasstiraden eines Julius Streicher zu lauschen (der Mann war Gauleiter von Franken und einer der schlimmsten Hetzer gegen das Judentum). Wie's halt so geht: In der Masse fühlt man sich stark, und so beginnen einige SA-Horden durchzudrehen, die offenbar die wahre Lage noch nicht begriffen haben. Da wird das Redaktionsgebäude der sozialdemokratischen »Münchner Post« gestürmt und verwüstet. Da werden Juden und Sozis, auf die man schon lange einen Hass hat, in ihren Wohnungen überfallen und zusammengeschlagen. Und ein Trupp der Braunhemden dringt sogar ins Rathaus ein und nimmt den Bürgermeister Eduard Schmid sowie etliche »rote« Stadträte gefangen.

Um 12 Uhr 45 treffen die Herren Hitler und Ludendorff auf dem Marienplatz ein und werden von ihren Anhängern mit hysterischem Heil-Geschrei gefeiert. Und dann geht's los: Der Mann, den man später nur noch den »Führer« nennen sollte, setzte sich, angetan mit Gehrock und Trenchcoat, an die Spitze des Zugs. Warum der nach Norden schwenkt und nicht geradeaus weiter in Richtung Stachus marschiert? Das wusste hinterher keiner mehr so recht zu sagen. Möglicherweise hatte irgend jemand die Parole ausgegeben, man müsse dem Ernst Röhm zu Hilfe eilen, der mit seinen SA-Leuten noch immer im Wehrkreiskommando an der Schönfeldstraße saß. Neben der Feldherrnhalle stieß der Zug auf einen Absperrkordon der Polizei.

Und was dann geschah, schilderte Ulrich Graf, damals Leibwächter Hitlers, so: »In dieser Sekunde war mir klar, dass Ungeheures eintreten müsste. Ich sprang ganz instinktiv vor Hitler, deutete mit der rechten Hand auf Ludendorff, der rechts neben Hitler stand, und rief mit gellender Stimme der Polizeiabteilung zu: ›Ludendorff – wollt ihr auf euren General schießen – Hitler und Ludendorff!‹ Kaum hatte ich gerufen, prasselte uns ein Schnellfeuer entgegen, und schwerverwundet sank ich vor Hitler aufs Pflaster. Ich sah nun am Boden liegend, wie Ludendorff ruhigen Schritts, die Hände in den Manteltaschen, die Feuerlinie durchschritt.«

Als Hitlers Leibphotograph Heinrich Hoffmann mit seiner Kamera am Schauplatz eintraf, war alles schon vorbei: »Die Blutlachen hatte man mit Sägemehl bestreut, das man eben in den Rinnstein fegte. Auf den Toten saßen die Tauben vom Odeonsplatz.«

Der »Führer« geht stiften

Adolf Hitler hatte – wie später noch so oft – einen unwahrscheinlichen Dusel. Der Mann, bei dem er sich untergehakt hatte, ein Herr Scheubner-Richter, wurde tödlich getroffen und riss ihn im Fallen um. Gleichzeitig hatte ihn – obwohl das später nicht unumstritten blieb – sein Leibwächter Graf als lebendiger Kugelfang abgeschirmt. Jedenfalls: Hitler trug als einzige Blessur von seinem misslungenen Putsch eine Schulterprellung davon. Und mit der und seinem Arzt, dem SA-Mann Walther Schultze, saß er wenige Minuten nach dem Feuergefecht in einem Auto, das ihn in das Haus der Familie Hanfstaengl in Uffing am Staffelsee und somit vorerst in Sicherheit brachte. Einen Katzenjammer hatte er freilich doch davongetragen, denn auf dem Weg dorthin sprach er andauernd davon, er werde sich umbringen.

Wer weiß, was Deutschland erspart geblieben wäre, hätte er's tatsächlich getan …

Wenig später wird Hitler verhaftet und am 1. April 1924 zu fünf Jahren Festungshaft verurteilt. Vor Gericht ist er schon wieder ganz der bombastische Phrasendrescher, als den man ihn kannte. Originalzitat aus der Verhandlung: »Der 9. November wäre misslungen dann, wenn eine Mutter gekommen wäre und gesagt hätte: Herr Hitler, Sie haben auch mein Kind auf dem Gewissen! Aber das darf ich versichern: Es ist keine Mutter gekommen …«

Von seinen fünf Jahren musste Adolf der Größenwahnsinnige nur neun Monate in Landsberg absitzen – unter sehr erträglichen Bedingungen. Man könnte fast sagen: Der Staat stellte ihm Kost und Logis, damit er in Ruhe sein Opus »Mein Kampf« zu Papier bringen konnte.

Sofort nach der Machtergreifung 1933 machten die Nazis aus der Feldherrnhalle eine Kultstätte. Unter einem Reichsadler mit Hakenkreuz wurde eine riesige Bronze-Tafel mit den Namen der 16 »Blutzeugen« aufgebaut. Von dem Polizeihauptmann Schaut und den Wachtmeistern Hollweg, Fink und Schobert, die hier ihr Leben lassen mussten, war zunächst keine Rede. Erstaunlicherweise brachte die Intervention ausgerechnet eines Geistlichen, des Polizeipfarrers Schneider, die Nazis schließlich dazu, auf einem kleinen Marmorplättchen separat auch noch die Namen dieser vier im Dienst Gefallenen anzuschreiben. Wobei man aber durch gewaltige Kränze dafür sorgte, dass diese unliebsame Erinnerung meistenteils verdeckt blieb.

Von der Gedenkstätte an der Feldherrnhalle sieht man heute keine Überreste mehr. Von den beiden Ehrentempeln, die am Königsplatz für die Sarkophage der 16 »Blutzeugen« errichtet wurden, sind noch die Fundamentsockel zu sehen – der Rest wurde 1945 von der Besatzungsmacht gesprengt. Die Nazi-Gedenktafeln für die 16 hier erschossenen »Blutzeugen« der Partei sind an der Feldherrnhalle längst weg – dafür wurde gegenüber in der Mauer der Residenz eine Bronzetafel eingelassen, die an jene vier Beamten der Bayerischen Landespolizei erinnert, die hier beim Schusswechsel mit den Marschierern ihr Leben lassen mussten.

Schleichweg durchs Drückebergergassl

Der Kult, der im Dritten Reich mit dem missglückten Putsch von 1923 getrieben wurde, war bombastisch. Alle Jahre wieder inszenierte das Regime am Jahrestag einen riesigen Aufmarsch, zu dem dann in den Zeitungen die entsprechende Begleitmelodie anzuschlagen war, wie z. B. in den Münchner Neuesten Nachrichten vom 9. November 1935:

»Dort ist der Ort des Opfers, dort starben vor manchem Jahre die Kameraden, eine der ewigen deutschen Stätten haucht in die Seele stille Weihe. Tag und Nacht ehrt das Geschlecht der Lebenden den Sterbeort der Kameraden. Menschen gehen vorüber, mäßigen hastende Schritte, verstummen, heben den Arm zum Gruß. Die ewigen Posten der Ehrung stehen streng. Mädchen und Frauen grüßen die Stätte, eine Mutter vielleicht, deren Junge auf diesem Fleck Erde verblutet ist, eine Braut vielleicht, deren Liebster damals die Fahne trug. Sie grüßen, aufschauernd rinnt heiße Besinnung durch die Gedanken, in Männern und Müttern und strahlenden Knaben grüßt ein jählings ergriffenes Volk die Opfergänger für einen Glauben, der damals noch kleine, noch zitternd kleine Flamme war.« Etceterablabla.

Wer weiß, ob das Volk in aufschauernd heißer Besinnung so jählings ergriffen gegrüßt hätte – noch dazu mit dem zum Nazigruß erhobenen Arm – hätte man's ihm nicht vorgeschrieben und wären nicht zwei SS-Posten als Aufpasser vor dieser neuen Art eines Geßlerhutes gestanden. Jeder, der hier vorbeiging, hatte zackig den Arm hochzureißen – sonst wehe ihm! Aber gar nicht wenige Münchner nahmen lieber einen Umweg in Kauf, um dieser Grußpflicht zu entgehen. Wer von der Brienner Straße zum Hofgarten hinüber wollte (oder umgekehrt), der musste ja nicht unbedingt den geraden Weg vor der Feldherrnhalle nehmen. Man konnte auch hinten herum durch die schmale Viscardigasse einen Haken und damit dem Grußzwang ein Schnippchen schlagen. Und so dauerte es gar nicht lange, bis dieses schmale Sträßlein von Fußgängern belebt war wie nie zuvor, weshalb es im Volksmund alsbald den Beinamen »Drückebergergassl« erhielt. Vor einigen Jahren wurde die Spur durch diese Gasse mit goldenen Pflastersteinen sichtbar gemacht – allerdings ohne Hinweistafel auf die historische Bedeutung.

Wie wenig wollte das zu jenen hehren Tönen passen, die journalistische Nazi-Barden auf ihrer Propagandaleier anstimmten. Um noch einmal besagten Herrn Ganzer von 1935 zu zitieren:

»An den Posten, an dankenden Kränzen und an der heimlichen Flamme des Glaubens vorbei ziehen die deutschen Menschen, und ihre Seele weiß, dass von der Opferstätte der Feldherrnhalle der Marsch auf die Zinnen des Reiches ausging. Und glühend in ihrem Glauben und nach schmerzreichen Kämpfen gehärtet, fühlen die Seelen der Deutschen, dass auch die kommenden Märsche sich an den ewigen deutschen Opferstätten die tiefste Kraft holen werden. Denn jeder Ort des Opfers sah einen Glauben aufbrennen.«

Genau zehn Jahre, nachdem diese Zeilen geschrieben wurden, war ganz Deutschland zur brennenden Opferstätte dieses Glaubens geworden …

Am Schau-Platz der braunen Wallfahrten

Oder:

Wo die Nazis ihre Reichsparteitage in Szene setzten

»Für die tausend Jahre, die das Reich wenigstens währen sollte, ist der Bau nach fünfzig Jahren schon arg angeschlagen«, notierte 1983 der Schriftsteller Bernhard Windisch über jene Tribüne, von der aus der »Führer« einst den Vorbeimarsch seiner Paladine, die Turnübungen deutscher Jugend und die Paraden der Wehrmacht abzunehmen pflegte. Windisch weiter: »Die Stadt (Nürnberg) scheint nicht zu wissen, was sie mit ihm anfangen soll; oder will sie es nicht wissen? Abtragen oder herrichten, beides würde an ein Stück Vergangenheit rühren, das auch von allein zerfällt, spätere Generationen wird die Ruine wahrscheinlich an nichts mehr erinnern.«

Da irrt sich Windisch: Just 1983, zum 50. Jahrestag von Hitlers Machtergreifung, hat der Nürnberger Stadtrat beschlossen, im ehemaligen Reichsparteitagsgelände eine Stätte der Aufklärung mit einer ständigen Ausstellung über den Nationalsozialismus einzurichten.

Und ob spätere Generationen diese Ruinen wirklich an nichts mehr erinnern werden? Nun ja, sicher mag es auch schon heute genug Leute geben, denen diese größenwahnwitzige Anhäufung von grauen Steinquadern nicht mehr viel zu sagen hat. Einem einigermaßen sensiblen Menschen aber muss dort ein leises Gruseln über den Rücken laufen, auch wenn er zu jung ist, um vom Dritten Reich selbst noch etwas mitbekommen zu haben. Was die Nazis auf dem Nürnberger Zeppelinfeld als Schau-Platz für ihre jährlichen Massenprozessionen angelegt haben, diese Mischung aus gigantischem Fußballstadion und nationaler Weihestätte, eingesäumt von Wachtürmen, die an ein KZ denken lassen – alles das strahlt auch heute noch jene Brutalität und jene Engstirnigkeit aus, die so typisch war für

Für tausend Jahre geplant und schon nach fünfzig Jahren ziemlich zerbröselt und
vom Zahn der Zeit zernagt: Die Tribüne für Ehrengäste mit der Empore des
»Führers« auf dem Nürnberger Reichstagsgelände.

dieses Regime. Freilich, wer sowas täglich vor Augen hat, wird sich dran gewöhnen. Und so kann es nicht verwundern, dass viele Nürnberger das Tribünengebäude, wo Hitler seine Heerschau zelebrierte, im Sommer als Liegeplatz für Sonnenbäder benutzen. Oder auch als Trainingsgelände, um den richtigen Aufschlag im Tennis zu üben. Wenn das der Führer wüsste! (Um es mal mit einem Satz zu sagen, der im Dritten Reich unter der Hand ziemlich oft zu hören war.) Oder ein bisschen anders und für Abiturienten formuliert: Sic transit gloria mundi. Oh ja, und es ist eigentlich ganz tröstlich und heilsam, hier zu sehen, wie rasch der Glanz einer Mammut-Anlage vergeht, die – wenn schon nicht für die Ewigkeit oder für tausend Jahre – doch immerhin für alle Zeiten gebaut wurde. Denn »für alle Zeiten«, so hatte es Hitler der Stadt Nürnberg 1933 versprochen, würden die Reichsparteitage der NSDAP immer nur hier stattfinden. Und die Aufmarschtribünen auf dem Zeppelinfeld sollten ja zusammen mit der nie fertig gewordenen Kongresshalle für 50 000 Menschen – nur ein bescheidener Anfang sein. Geplant war noch viel viel mehr, unter anderem ein weit größeres Aufmarschgelände auf dem benachbarten Märzfeld. Und dann eine gigantische Paradestraße: Von Kolossalfiguren gesäumt, mit verschiedenfarbigem Granit gepflastert, zwei Kilometer lang und sechzig Meter breit. Das kurze Stück, das davon fertig wurde, diente später als Parkplatz.

Warum gerade Nürnberg?

Zwei Städte waren es im Deutschen Reich, die Hitler mit besonderen Ehrentiteln schmückte: München ernannte er zur »Hauptstadt der Bewegung« und Nürnberg erhielt den offiziellen Beinamen »Stadt der Reichsparteitage«. Was München betrifft, so war das mittlerweile längst zur »heimlichen Hauptstadt« geworden, zur »Weltstadt mit Herz«, zur Olympia-, Mode- und Sonstnochwas-Stadt. Was da vor einem halben Jahrhundert mal war ... na, Schwamm drüber, vergeben und (fast) vergessen!

Nicht so Nürnberg: Dem hängt – nicht nur wegen der Reichs-parteitage, sondern auch wegen der Nürnberger Rassengesetze noch immer ein ganz leichtes Nazi-Rüchlein an, auch wenn das die Stadt wirklich nicht verdient haben mag. Denn dass sie zum Schau-Platz für Hitlers braune Massenwallfahrten wurde, darum hatte man sich ja nicht beworben – im Gegenteil: Vor 1933 hatte man sich sogar da-gegen gewehrt. Angefangen hatte das alles nämlich schon in der Weimarer Republik. Ihren ersten Parteitag 1923 hielt die NSDAP in München ab. Der zweite, 1926, war in Weimar. Aber schon ein Jahr später, beim dritten, fiel die Wahl auf Nürnberg, und dafür gab es mehrere Gründe. Zum einen war in den Zwanziger-Jahren der Gau Franken ein starkes Bollwerk der Nazis – dafür sorgte der berüchtigte Gauleiter Julius Streicher, einer der übelsten antisemitischen Hetzer. Zweitens war Nürnberg ja als glänzende freie Reichsstadt »Des Deutschen Reiches Schatzkästlein« gewesen, wo viele Kaiser ihre Reichstage abgehalten hatten, und mit diesem genius loci hofften die Nazis, sich und ihre »Bewegung« aufwerten zu können. Wenn man ein Wort verwendet, das es damals noch nicht gab, so könnte man sagen: Nürnberg war gut für das Image der Partei. Drittens aber lag die Stadt recht verkehrsgünstig, und auch das dürfte eine Rolle gespielt haben. Jedenfalls wollte die NSDAP 1930 gleich wieder hier partei-tagen, aber da wurde nichts draus. Denn im Jahr zuvor war es bei der Ansammlung von immerhin schon rund 75 000 Nazis aus dem ganzen deutschen Reich zu Ausschreitungen gekommen, bei denen es sogar zwei Tote gegeben hatte. Und deshalb lehnte Nürnberg 1930 und 1931 eine Wiederholung dieses Spektakels dankend ab.

1932 stellte sich die Frage gar nicht erst. Da war nämlich die NSDAP wegen der vielen Wahlkämpfe fast pleite und konnte sich einen Parteitag überhaupt nicht leisten – weder in Nürnberg noch sonstwo. Im Jahr darauf aber sah die Sache schon ganz anders aus. Da wurde nicht mehr lang gefragt, sondern einfach dekretiert. Im Juli 1933 verkündete Adolf Hitler: »Ich habe mich entschlossen, zu be-stimmen, dass unsere Parteitage jetzt und für immer in dieser Stadt stattfinden.« Und jetzt, wo man am Drücker war, wurde auch gleich geklotzt: Schon in diesem Jahr der Machtübernahme trommelte man zum »Parteitag des Sieges« 300 000 Mitwirkende zusammen, und zwar: 150 000 politische Leiter, auch Amtswalter genannt. 100 000 Mann der SA und SS und 60 000 Angehörige der Hitler-Jugend.

Später stieg die Zahl der Teilnehmer noch ein bisschen an, denn es kamen Verbände des Reichsarbeitsdienstes dazu, aber mehr als 350 000 waren es auch bei den folgenden Parteitagen nicht, die übrigens auch alle sehr klangvolle Namen hatten, nämlich: 1934 »Parteitag des Willens«, 1935 »Parteitag der Freiheit«, 1936 »Parteitag der Ehre«, 1937 »Parteitag der Arbeit«, 1938 »Parteitag Großdeutschland«. 1939 sollte das Spektakel sinnigerweise »Parteitag des Friedens« heißen, aber der konnte dann nicht mehr stattfinden, weil Hitler mit dem Überfall auf Polen den Zweiten Weltkrieg in Gang setzte.

»... wenn alles in Scherben fällt«

Eines der meistgebrüllten Marschlieder der braunen Brigaden hatte den Refrain »Wir werden weitermarschieren, wenn alles in Scherben fällt«. Ein Text, der sich nur in punkto Scherben schon nach zwölf Jahren bewahrheitet hat. Aber so wörtlich wollte das bei den Reichsparteitagen wohl noch niemand nehmen – da hielt man es mehr mit dem Marschieren. Denn nichts anderes als eine Kette von Aufmärschen und Massenkundgebungen waren sie ja. Und sowohl die SA wie die SS und die uniformierten Jugendgruppen waren auf zackiges Marschieren ohnehin bestens gedrillt (von der Truppe, die am »Tag der Wehrmacht« Deutschlands Rüstungstempo demonstrierte, ganz zu schweigen).

Ein wenig Kummer machten den Organisatoren und Regisseuren des Massenspektakels die rund 100 000 politischen Leiter: Alle diese braun uniformierten »Goldfasanen« der niederen Ränge, denen es an Zackigkeit und militärischer Dressur mangelte, und die dafür aber vielfach recht stattliche Dickwänste waren. Nein, diese Leute machten so wenig her, dass sich das Regime ihrer fast ein bissel schämte, bis der Generalbauinspektor Albert Speer den glücklichen Einfall hatte, deren Aufmarsch in die Abendstunden zu verlegen, wo's schon dunkel war. Ganz im Finstern konnte man sie freilich auch nicht auf dem Parteitagsgelände herumtappen lassen, und so strahlte man mit Scheinwerfern die 30 000 Fahnen an, die die Amtswalter mittrugen, wobei die unansehnlichen Herren selbst nicht mehr sehr ins Auge fielen. Außerdem lieh sich Albert Speer von der Luftwaffe des Reichsmarschalls Hermann Göring 130 Flakscheinwerfer, mit denen er sechs bis acht Kilometer hoch in den Nachthimmel strahlte und so einen »Lichtdom« baute, der ein sehr faszinierender Anblick gewesen sein muss und vollends von den unansehnlichen politischen Leiter-Figuren ablenkte. Selbst der britische Botschafter Henderson, gewiss kein Bewunderer des Regimes, notierte seinen Eindruck von diesem Lichtspiel so: »Gleichzeitig feierlich und schön, als ob man sich in einer Kathedrale aus Eis befände.«

Zu den einwöchigen Partei-Shows wurden außer den 350 000 Teilnehmern in Hunderten von Sonderzügen auch bis zu 500 000 Besucher herangekarrt. Und dieser Massenansturm brachte für die Stadt Nürnberg allerhand Probleme.

Das Gedränge war zeitweise so schlimm, dass in der Innenstadt sogar das Radfahren verboten wurde. Die Straßenbahn brach vor Überfüllung fast zusammen. Und noch schwieriger war's mit der Unterbringung: Schulen, Fabrikhallen, der Schlachthof, große Zeltlager – alles musste als Massenquartier herhalten. Und weil die Leute ohnehin schon wie Viehherden zusammengepfercht wurden, benahmen sich viele halt auch entsprechend tierisch. Man kann dies einem Bericht des Schulreferats entnehmen, worin zu den Schäden nach einem Parteitag festgestellt wurde: »Wenn dieser Zustand noch einige Jahre anhält, gehen wir unbedingt einer Verwahrlosung unserer Nürnberger Schulgebäude entgegen.«

Andererseits war das jährliche Treffen der Hunderttausende freilich auch ein gutes Geschäft, denn es wurde ja nicht unentwegt marschiert und Heil! gebrüllt, sondern dazwischen auch gegessen und getrunken, man kaufte Souvenirs und wollte sich amüsieren. Wie und wo, das entnahmen die Teilnehmer einem »Führer zum Reichsparteitag«, der auch viele Inserate enthielt. Eines davon hatte Nürnbergs Tiergarten aufgegeben, der sich dabei einen wahrscheinlich unfreiwilligen Witz leistete.

Hieß es doch in dieser Anzeige, der Zoo sei »schönster und bequemster Aufenthalt für alle Teilnehmer am Reichsparteitag«.

Seit einigen Jahren gibt es auf dem Parteitagsgelände eine sehr informative Ausstellung, in der man alles erfährt, was das Nazi-Regime in Nürnberg gebaut hatte (und warum), und was daraus ohne das sehr vorschnelle Ende des Dritten Reiches noch alles hätte werden sollen.

Übrigens: Wenn Sie das Parteitagsgelände besichtigt haben (und man sollte es sich wirklich mal anschauen), dann können Sie anschließend in der Nähe des Hauptbahnhofs noch einen anderen historischen Schauplatz aufsuchen, der damit in einem engen Zusammenhang steht. Im Nürnberger Justizpalast nämlich hielten die Alliierten jenes Kriegsverbrechertribunal ab, in dem sie die Größen des Dritten Reiches aburteilten, soweit man ihrer noch habhaft hatte werden können.

Der Putsch im Pyjama

Oder:

Wo der »Führer« einem alten Mitkämpfer an die Gurgel ging

Man versuche sich das einmal vorzustellen: Ein Kanzler dringt gewaltsam ins Schlafzimmer eines Ministers ein, reißt diesen Herrn unter wüsten Beschimpfungen eigenhändig aus dem Bett und übergibt ihn einigen Paladinen, die ihn später mit ein paar Pistolenschüssen umlegen.

Na ja – in irgendeiner exotischen Bananenrepublik mag sowas ja schon des Öfteren vorgekommen sein – aber hier in Deutschland? Doch, auch bei uns hat es das schon einmal gegeben, und zwar am 30. Juni 1934. Schauplatz des Geschehens: Ein Hotel in Bad Wiessee am Tegernsee. Der handgreifliche Reichskanzler hieß Adolf Hitler und sein Opfer Ernst Röhm. Einer, der dabei war, nämlich der führende NS-Ideologe Alfred Rosenberg, schildert den Vorgang in seinem Tagebuch so:

Adolf Hitler »riss die Tür auf, stürzte auf den im Bett liegenden Röhm zu, packte ihn an der Gurgel und schrie: ›Sie sind verhaftet, Sie Schwein!‹ und übergab den Verräter der SS. Im Nebenzimmer war Heines (SA-Gruppenführer von Breslau) in homosexueller Betätigung. ›Das alles wollen Führer in Deutschland sein‹, sagte der Führer gequält. Heines führte eine Heulszene auf: ›Mein Führer, ich habe dem Jungen nichts getan.‹ Und der Lustknabe küßte vor Angst und Wehe seinen Liebling auf die Backe.« Nie zuvor, so schließt Rosenberg, habe der Führer sich bis dahin an einem Menschen vergriffen, jetzt aber habe er den Lustknaben gepackt und voller Ekel an die Wand geschmissen. Anderntags erfuhren die Deutschen aus ihren gleichgeschalteten Zeitungen, Ernst Röhm, der Stabschef der SA, und einige andere perverse Gesinnungslumpen, seien wegen eines Putsch-

In diesem Altbau des einstigen Hotels »Hanslbauer« griff Adolf Hitler eigenhändig zu, als in der Nacht der langen Messer für die SA-Führung das vorletzte Stündlein schlug. Das Hotel an der Bodenschneidstraße 9–11 steht noch – es heißt jetzt »Kurhotel Lederer am See«.

versuchs zum Tod verurteilt und erschossen worden. Der Reichspropagandaminister Goebbels trat höchstpersönlich vor die Mikrophone des Deutschen Rundfunks, um den Volksgenossinnen und Volksgenossen zu erklären:

»Der Führer hat wieder, wie so oft in ernsten und schwierigen Situationen, nach seinem alten Prinzip gehandelt.« Von Erbarmungslosigkeit war die Rede, mit der man die für Volk und Staat bedrohlichen Machenschaften reaktionärer Gesellen habe bekämpfen müssen. Und dann fällt Deutschlands oberster Lautsprecher bei der Schilderung der bereits gelaufenen Aktion ins Präsens zurück: Der Führer ist »entschlossen, persönlich das Nest der Verschwörer in Wiessee aufzusuchen, um es radikal und erbarmungslos auszurotten. Ohne Widerstand zu finden, können wir in das Haus eindringen und die Verschwörergilde noch beim Schlaf überraschen und sofort dingfest machen. Adolf Hitler wirft ihnen in zwei Sätzen maßloser Empörung und Verachtung ihre ganze Schmach in die vor Angst und Ratlosigkeit entstellten Gesichter hinein. Ihr hartes, aber gerechtes Schicksal wird sie bereits am Nachmittag treffen.«

Getroffen wurden diese Leute freilich nicht von einem Schicksal, sondern von den Kugeln ihrer eigenen Gesinnungsgenossen und Kumpanen. 77 Hingerichtete nannte damals die offizielle Verlautbarung. In Wahrheit dürfte der angebliche Röhm-Putsch von 1934 mindestens doppelt bis dreimal so vielen Opfern das Leben gekostet haben. Denn die Nazis nutzten die günstige Gelegenheit, um gleich noch eine Menge anderer Leute zu liquidieren, denen sie schon lange nicht mehr grün waren. So zum Beispiel den ehemaligen Reichsstaatskommissar von Kahr, der 1923 Hitlers Novemberputsch gestoppt hatte (siehe Kapitel »Eine der ewigen deutschen Stätten …«), den ehemaligen Reichskanzler General von Schleicher samt Frau, den abtrünnigen Altnazi Gregor Strasser, der 1932 unter Protest aus Hitlers Partei ausgetreten war, und viele, viele andere. Hauptgegner bei dieser großen Mordaktion, die vom Reichstag nachträglich gehorsam als Staatsnotwehr und damit als rechtens abgesegnet wurde, war der Stabschef der SA Ernst Röhm samt seinem Stab enger Mitarbeiter.

»Schweinchen« wird geschlachtet

Wer war dieser dicke, kleine Mann, dem Spötter aus den eigenen Reihen wegen seiner rosigen Gesichtsfarbe den Spitznamen »Schweinchen« verpasst hatten? Ernst Röhm, 1887 in München geboren, absolvierte zunächst einmal das humanistische Gymnasium, so unglaublich das bei einem solchen Rabauken klingen mag. Nach dem Abitur wurde er Kgl. Bayerischer Berufsoffizier und kam kurz vor dem Ende des Ersten Weltkriegs sogar noch in den Generalstab. Ein Etappenhengst, der sich's weit hinten gut gehen ließ, war dieser Hauptmann Röhm allerdings nicht: Dreimal wurde er an der Front verwundet, wobei er als Andenken eine dauernde Entstellung der Gesichtszüge davontrug.

Nach dem Krieg marschierte Hauptmann Röhm zunächst beim Freicorps Epp weiter und wurde später in die Reichswehr übernommen. Spätestens damals kam er auf die Idee, nun Politik machen zu müssen, und er wurde ziemlich von Anfang an ein getreuer Gefolgsmann des kommenden »Führers«. Röhm war auch dabei, als Hitlers Novemberputsch an der Feldherrnhalle von der bayerischen Landespolizei zusammengeschossen wurde. Dabei kam er zwar unverletzt davon, wurde aber wegen Hochverrats aus der Reichswehr gefeuert und zu eineinviertel Jahren Haft verurteilt.

Danach stand Hauptmann Röhm ohne Job da. Aber seine Gesinnungsfreunde hatten was für ihn zu tun, denn mittlerweile war die NSDAP bereits stark genug, um sich eine eigene Schlägertruppe zu leisten. Und am Aufbau dieser Sturmabteilung, abgekürzt SA, war Röhm maßgeblich beteiligt. Gegen Ende der Zwanziger-Jahre scheint er aber wohl doch ein wenig gezweifelt zu haben, ob das denn alles viel Zukunft hätte. Jedenfalls ging er 1929 nach Bolivien, um als Instrukteur für die dortige Armee wieder das zu tun, was er als einziges gelernt hatte.

Zwei Jahre später holte Hitler den alten Kampfgenossen zurück und ernannte ihn im Januar 1931 zum Stabschef der SA. Das scheint freilich etlichen anderen Größen in der Partei nicht recht gepasst zu haben. Schon bald darauf hatte Röhm sich gegen wiederholte Diffamierungen zu wehren, er sei homosexuell – und das war damals nach dem berüchtigten § 175 StGB noch strafbar.

Nachdem Hitler Reichskanzler geworden war, ernannte er Röhm im März 1933 zunächst einmal zum bayerischen Staatskommissar und

Staatssekretär des Reichsstatthalters Ritter von Epp. Und im Dezember kam er zu den noch höheren Weihen eines Reichsministers – allerdings ohne Geschäftsbereich. Schon knapp sieben Monate später aber war aus diesem Herrn Minister plötzlich das Verräterschwein geworden, das angeblich notgeschlachtet werden musste, um das deutsche Volk und Reich vor finstersten Machenschaften zu retten. Wieder einmal hatte eine Revolution eines ihrer Kinder gefressen. Wobei man allerdings nicht recht weiß, ob man diesen Hauptmann Röhm überhaupt als Revolutionär bezeichnen soll. Denn trotz allen Geredes über eine zweite Revolution, die der ersten, steckengebliebenen von 1933 folgen müsse, behauptete sein Freund und Rechtsberater Dr. Hanns Bretz, Ernst Röhm sei zeitlebens ein »unentwegter Monarchist« gewesen.

Aber was auch immer er wirklich war: Jedenfalls witterte Hitler in ihm eine Gefahr für seine eigenen Pläne. Und deshalb musste dieser Mann, der zu den frühesten Vorkämpfern der NSDAP gehört hatte, bereits mit 47 Jahren sterben.

Militär gegen Miliz

Hatte Ernst Röhm 1934 tatsächlich Putschpläne gegen Hitler? Höchstwahrscheinlich nein. Aber dass sein Verhältnis zum »Führer« seit geraumer Zeit recht gespannt war, kann sicher nicht abgestritten werden. Röhm nannte Hitler gelegentlich im Freundeskreis »eine launische Primadonna« und bezeichnete andere Größen des Regimes als »politische Kinder«. Und vieles, was im Dritten Reich gleich von Anfang an geschah, passte Röhm ganz und gar nicht – so zum Beispiel die Zerschlagung der Gewerkschaften. Er wie auch der abtrünnige Gregor Strasser hätten es besser gefunden, mit den Organisationen der Arbeiter an einem Strang zu ziehen. Auch Hitlers Packelei mit der Großindustrie missfiel dem Stabschef der SA – ebenso wie die Schikanen gegen Juden. Vor allem aber hatte er das Gefühl, er und seine SA-Scharen würden zurückgesetzt und nicht genügend hofiert. Immerhin hatte Ernst Röhm zu dieser Zeit an die drei Millionen Braunhemden unter seinem Kommando – und für diese Leute, die sich in den letzten Jahren der Weimarer Republik andauernd in Saal- und Straßenschlachten mit Kommunisten und Sozialdemokraten herumschlagen durften, gab es nun, da man die Macht hatte, nichts Rechtes mehr zu tun. Das braune Milizheer mit seinem halblegalen Arsenal von 177 000 Gewehren und 1900 Maschinengewehren lungerte tatenlos herum. Und weil die SA-Führung auch bei der Verteilung von Pöstchen und fetten Pfründen arg zu kurz gekommen war, hatte Hitler beim Gedanken an diese braunen Marschkolonnen wohl doch ein ungutes Gefühl – zumal er längst entschlossen war, mit der Wehrmacht zu paktieren. Auch die Berufsmilitärs fühlten sich durch Röhms Miliz bedroht, denn der SA-Stabschef machte wenig Hehl daraus, dass die zahlenmäßig ohnehin weit stärkere SA das neue Volksheer werden solle, in das die Wehrmacht zu integrieren sei: So niedergelegt in einer Denkschrift Röhms vom Februar 1934.

Schon wenige Tage später machte Hitler klar, was er davon hielt: Gar nichts. Auf einem Meeting mit der Generalität des Militärs und der SA-Führung skizzierte er schon damals, was für Pläne er zur »Gewinnung neuen Lebensraums« für das deutsche Volk hatte, und dass für solche kriegerischen Aufgaben die SA nun mal nicht tauge, sondern nur ein von der Reichswehr aufgebautes Volksheer. Röhms Miliz könne allenfalls gewisse Grenzschutzaufgaben übernehmen, und auch das nur für eine Übergangszeit.

Röhm war danach stocksauer und ließ sich von Propagandaminister Goebbels prompt in eine Falle locken: Im Hinterzimmer des Münchner Bratwurstglöckls trafen sich die beiden Herren mehrmals, und unter vier Augen schimpfte der SA-Boss dort heftig über den »Führer«, was diesem sofort und brühwarm hinterbracht wurde. Dann sprach er noch einmal mit Hitler selbst – fünf Stunden lang – und schließlich glaubten er und seine Leute, die Sache werde sich doch noch zu ihren Gunsten wenden, als Hitler sich zur Tagung der hohen SA-Führer am Tegernsee ansagte.

Die Falle schnappt zu

Diese Tagung in Bad Wiessee, wo sich Röhm ohnehin zur Kur aufhielt, hatte übrigens Hitler selbst anberaumt und damit die arglose SA-Führung in eine tödliche Falle gelockt. Spricht schon das gegen Putschpläne der SA, so werden sie noch unglaubhafter durch die Umstände, unter denen die Aktion vor sich ging: Die braunen Landsknechte, die sich angeblich verschwörerisch zum Losschlagen rüsteten, wurden allesamt im Pyjama verhaftet. Hitler hatte sich allerdings auch einen raffinierten Plan einfallen lassen, um sie im Schlaf zu überraschen. Noch am Vortag, dem 29. Juni, nahm er im fernen Rheinland an einer Gauleiterhochzeit teil, besichtigte Arbeitsdienstlager und hielt Reden – aber gleichzeitig waren insgeheim schon die Wehrmachtsstandorte in Alarmbereitschaft versetzt worden. Und die SS, ehrgeiziger Abkömmling der SA, kannte bereits ihren Einsatzbefehl für den nächsten Morgen.

Während Röhm und seine Mannen den »Führer« noch am Rhein wähnten und zu Bett gingen, bestieg der dort mit etlichen prominenten Trabanten nachts um eins das Flugzeug. Zur gleichen Zeit war das SS-Wachbataillon aus Berlin unter Leitung des berüchtigten Sepp Dietrich unterwegs zu einer Bahnstation bei Landsberg am Lech. Dort wartete bereits eine motorisierte Kolonne der Reichswehr, um die Häscher und Henker nach Wiessee zu transportieren.

Im Morgengrauen traf Hitler in Wiessee ein und stürmte mit seiner Garde das Hotel »Hanslbauer«, was sehr problemlos lief, denn das angebliche Hauptquartier der Verschwörung hatte noch nicht einmal Wachtposten aufgestellt. Manche der Verhafteten kapierten überhaupt nicht, was da vorging und hielten alles für ein kleines Missverständnis, als sie plötzlich von Hitlers Schergen aus den Betten gerissen und zum Richtplatz im Münchner Gefängnis Stadelheim transportiert wurden. Den angeblichen Hauptträdelsführer Röhm holte Hitler selbst aus Zimmer 31. Tags darauf war der oberste SA-Boss ein toter Mann. Nachdem er die Chance, sich in Stadelheim selbst zu erschießen, nicht wahrgenommen hatte, wurde er von zwei hohen SS-Führern mit mehreren Pistolenschüssen in seiner Zelle über den Haufen geknallt.

Die Wehrmacht meinte, damit die SA als gefährlichen Rivalen losgeworden zu sein, aber sie hatte sich mit dieser Aktion nun endgültig an Hitler »verkauft«. Es dauerte auch gar nicht mehr lang, bis man das Militär auf eine neue Eidesformel schwören ließ, die nicht mehr »Treue zu Volk und Vaterland« hieß, sondern auf einen Mann lautete: Auf den »Führer des Deutschen Reiches und Volkes«, Adolf Hitler.

Das Haus am Tegernsee, wo Hitler angeblich einen Putsch seiner SA vereiteln musste: Es steht immer noch an der Bodenschneidstraße 9 – 11. Zuletzt hieß es aber »Kurhotel Lederer am See«, doch das steht mindestens momentan leer. Ob da wieder mal ein Hotel daraus wird, oder ob irgendwann der Abbruch für einen Neubau droht, das ist noch völlig ungewiss. Von den Gästen, die hier logierten, dürften sich ohnehin nur noch wenige darüber klar gewesen sein, was sich in dem Haus 1934 abgespielt hatte. Allerdings wollten schon seit vielen Jahren auch die Hotelbetreiber am liebsten nichts mehr davon wissen und gaben nicht einmal die Nummer des Zimmers preis, in dem »Schweinchen« Röhm vom »Führer« und Reichskanzler Hitler an der Gurgel gepackt wurde. Denn: »Irgendwann muss auch wieder mal Schluss sein mit all diesen Sachen!« Und nun ist ja – mindestens bis auf weiteres – tatsächlich Schluss mit dem Kurhotel Lederer am See. Ob und wann und unter welchem neuen Namen es vielleicht wieder neu eröffnet wird, das weiß zunächst noch niemand. Aber wenn Sie mal nach Wiessee kommen, dann könnten Sie ja dort nachschauen. Von außen bietet jener Altbau des Hotels immer noch das genau gleiche Bild wie einst, und es fällt schwer, sich vorzustellen, dass sich in diesem so anheimelnden Bau ein so brutaler und für etliche Männer auch letaler Machtkampf abgespielt hat.

»Peace in our time«

Oder:

Wo man den Zweiten Weltkrieg verhindert zu haben glaubte

Irgendwo übt ein Konzertpianist in spe. In einem anderen Raum zeigt vielleicht ein Professor seinem Meisterschüler gerade, wie man richtig auf die Pauke haut. Wieder woanders werden hoffnungsvollen jungen Leuten die Flötentöne beigebracht. Und dann und wann finden im großen Saal dieses Hauses an der Münchner Arcisstraße auch Konzerte statt. Denn hier hat – nebenbei gesagt in längst zu eng gewordenen Räumen – die Hochschule für Musik ihr Domizil.

Für die holde Kunst wurde dieses Haus freilich nicht errichtet, sondern für die hohe Politik: Der »Führerbau« war eines der beiden Gebäude, mit denen Adolf Hitler nach der Machtübernahme der NSDAP dem Dritten und angeblich tausendjährigen Reich einen neuen Baustil schaffen wollte – just vis á vis den griechischen Tempeln Ludwigs I. am Königlichen Platz.

In eben diesem Führerbau, wo heute die Musik zu Hause ist, fand am 29. September 1938 ein letzter Versuch statt, durch das Münchner Abkommen doch noch jenen Krieg in Europa zu verhindern, der ein Jahr danach dann trotzdem ausbrach und zum Zweiten Weltkrieg wurde.

September 1938: Vor drei Tagen war das Oktoberfest eröffnet worden, aber in den Bierzelten und Budenstraßen der Wies'n wollte keine rechte Stimmung aufkommen. Man sprach eigentlich nur über die sogenannte Sudetenkrise. Nicht wenige Männer hatten bereits den Gestellungsbefehl bekommen. Im Berliner Sportpalast bellte Hitler in die Mikrophone des Großdeutschen Rundfunks eine Rede, die so angekündigt wurde: »Der Führer spricht das letzte Wort!«. Die Luftwaffe ließ ein Kampfgeschwader über die Hauptstadt der Bewe-

Wo einst Chamberlain, Daladier, Hitler und Mussolini das Münchner Abkommen unterzeichneten, wird heute Musik gemacht. Und wenn Marschkolonnen am einstigen »Führerbau« vorbeidefilieren, dann nur so friedliche wie diese Trachtengruppe der bayerischen Königstreuen.

gung donnern und der Reichssender München nahm in immer kürzeren Abständen den Egerländer Marsch ins Programm. »Werst sehg'n, des gibt wieder an Kriag«, grantelten leise und verängstigt ältere Münchner vor sich hin, sofern sie nicht ganz stramm auf der Linie der Partei lagen.

Die Angst vor einem Krieg war keineswegs unberechtigt. Wie man mittlerweile weiß, legte es Hitler ganz bewusst auf eine militärische Auseinandersetzung an. Als ihn General a. D. Ritter von Epp, Reichsstatthalter in Bayern, nach Unterzeichnung des Münchner Abkommens naiv zu dieser Friedenstat beglückwünschte, schnauzte der

»Führer« den alten Kampfgenossen ungnädig an: »Ach, dazu gratulieren Sie mir auch noch?« Durchaus verständlich, hatte er doch schon Monate zuvor, am 30. Mai, seine Weisungen für den »Fall Grün« erteilt, und das hieß: Für den Angriff auf die CSR, denn es sei, so ließ er die eingeweihten Militärs wissen, nunmehr sein unerschütterlicher Wille, die Tschechoslowakei zu zerschlagen.

»Ein Volk – ein Reich – ein Führer!«

Mit diesem Schlagwort, das damals die deutschen Volksgenossen bei Massenversammlungen immer wieder lautstark brüllen durften, meldete Hitler – nachdem er im März 38 bereits Österreich »heim ins Reich« geführt hatte – nun auch Gebietsansprüche auf das Sudetenland an. Begründung: Dort lebten vorwiegend Menschen mit deutscher Muttersprache, die in ihrer großen Mehrheit den festen Willen hätten, aus dem Staatsverband der ČSR auszuscheiden und dem Großdeutschen Reich anzugehören. Und das war noch nicht einmal gelogen, obwohl die Sudetendeutschen bis dahin nie Gelegenheit gehabt hatten, sich in einer Volksabstimmung darüber zu äußern. Als die Siegermächte nach dem Ersten Weltkrieg das Staatsgebiet der k. u. k.-Monarchie Österreich-Ungarn zerstückelten, wurden die von den Sudetendeutschen besiedelten Gebiete kurzerhand der neu gegründeten Tschechoslowakischen Republik zugeschlagen. So entstand 1918 ein Vielvölkerstaat, bestehend aus 6,5 Millionen Tschechen, 2,5 Millionen Slowaken, rund 3,3 Millionen Deutschen und kleineren polnischen, ungarischen und ruthenischen Minderheiten. Was ja vielleicht halb so schlimm gewesen wäre, hätte der erste Staatspräsident Masaryk seine Idee verwirklicht, für dieses Völkergemisch eine föderale Kantonalverfassung nach dem Vorbild der Schweiz zu schaffen. Aber er konnte sich gegen die Chauvinisten unter seinen tschechischen Landsleuten nicht durchsetzen, und so verhinderte die Regierung in Prag jedes Streben nach Autonomie der deutschsprachigen Minderheit notfalls auch mit Gewalt.

Im selben Jahr 1933, als Hitler Reichskanzler wurde, formierte sich in den deutschsprachigen Gebieten der ČSR eine »Heimatfront«, die sich später Sudetendeutsche Partei nannte und von Anfang an stark mit den Nazis sympathisierte. Nachdem sich Hitler Österreich geholt und damit die ČSR strategisch in eine Zange bekommen hatte, wollte er nun sofort auch noch dieses Problem erledigen. Druck und Drohungen verstärkten sich, und im übrigen Europa, vor allem in Frankreich und England, machte man sich immer mehr Sorgen um den Frieden.

England schickte den Diplomaten Lord Runciman nach Prag, der zwischen der dortigen Regierung und der Sudetendeutschen Partei vermitteln sollte. Der schaffte es auch, dem Staatspräsidenten Benesch in vorletzter Minute ein Zugeständnis abzuhandeln. Zwanzig Jahre lang hatte man den Sudetendeutschen die Autonomie immer nur versprochen – jetzt, wo's brenzlig wurde, bot man plötzlich Selbstverwaltung und ein Sprachengesetz an. Aber nun erklärte der Gründer und Führer der Sudetendeutschen Partei, der Turnlehrer und spätere Nazi-Gauleiter Konrad Henlein: Zu spät!

Lord Runciman – in London zurück – schrieb in einem Bericht an die Britische Regierung: »Wenn, wie ich glaube, Gebietsabtretungen unvermeidlich sind, so sollten sie rasch und ohne überflüssiges Zögern durchgeführt werden.«

Das war am 14. September 1938. Der Britische Premier Chamberlain beriet sich wenige Tage mit seinem französischen Kollegen Daladier und besuchte zwischendurch Hitler auf dem Obersalzberg bei Berchtesgaden. Am 19. konfrontierte man die Prager Regierung mit den sogenannten Londoner Vorschlägen, und darin wurde die ČSR unmissverständlich aufgefordert, um des lieben Friedens willen die Sudetengebiete an Deutschland abzutreten. Klar, dass man sich dort nicht sehr darüber freute, aber man sah sich von den Garantiemächten – auch von der Sowjetunion – im Stich gelassen. Und so machte man mit einer Sondersendung im Radio die bittere Wahrheit bekannt: »Die tschechoslowakische Regierung hat sich unter dem unwiderstehlichen Druck der britischen und französischen Regierung gezwungen gesehen, schmerzerfüllt die in London ausgearbeiteten Vorschläge anzunehmen.«

Ein entscheidender Fehler?

Na also! Nun konnte man wohl aufatmen? Von wegen! Noch am selben Tag drehte die Regierung in Prag – offensichtlich mit den Nerven am Ende – völlig durch und rief die Mobilmachung der Armee aus. Genau das war's, was Hitler ins Konzept passte. Er verstärkte den Druck, ließ die Propagandamaschine auf Hochtouren laufen und arbeitete unaufhaltsam auf sein Ziel los: Nicht nur das Sudetenland zu bekommen, sondern mit einem militärischen Handstreich gleich die ganze restliche ČSR zu »erledigen«. Und er schien wieder mal, wie schon so oft, mit seiner eiskalten Gewaltmethodik Erfolg zu haben: Am 28. September sah es so aus, als sei es nur noch eine Frage von Stunden, bis die deutsche Wehrmacht gegen das Nachbarland losschlagen würde.

Da passierte plötzlich etwas, womit wohl kaum jemand gerechnet hatte: Benito Mussolini, der »Duce« der Italiener, überrumpelte seinen Bundesgenossen Adolf Hitler mit dem Vorschlag einer sofortigen Viermächtekonferenz in München – und die fand dann auch tatsächlich schon am nächsten Tag statt.

»Daladier, sei so nett …«

Am 29. September trafen im Abstand einer knappen halben Stunde die Premierminister Daladier aus Paris und Chamberlain aus London auf dem Münchner Flughafen ein. Der war damals noch auf dem Oberwiesenfeld – etwa dort also, wo seit 1972 das Olympia-Gelände ist. Hitler wollte den beiden Herren offenbar deutlich demonstrieren, was er von ihrem Besuch hielt: Er empfing sie nicht selbst und schickte noch nicht einmal den Außenminister, sondern nur zwei vergleichsweise bedeutungslose Kleinbonzen: Den Oberbürgermeister Karl Fiehler und den Gauleiter Adolf Wagner. Er selbst hingegen samt seiner ersten Garnitur von Paladinen bereitete dem Duce, der per Sonderzug eintraf, einen großen Bahnhof.

Die Münchner Bevölkerung stand Spalier und begrüßte die hohen Gäste freudig winkend und mit Friedens-Rufen. Dürfte schon das dem »Führer« nicht sonderlich gefallen haben, so hat er es wohl noch weniger geschätzt, dass seine Volksgenossen in dieser Hauptstadt der Bewegung – weiß der Kuckuck, warum – ausgerechnet den französischen Ministerpräsidenten so sympathisch fanden. Jedenfalls standen sie in Massen vor dem Hotel Vier Jahreszeiten, wo er logierte, und skandierten immer wieder den Spruch: »Daladier, komm sei so nett: Zeig dich mal am Fensterbrett!«. Man darf sicher sein, dass dieser Sprechchorus nicht von der Partei befohlen und organisiert worden war.

Die vier Staatsmänner trafen sich in der jetzigen Musikhochschule an der Arcisstraße. Und binnen weniger Stunden hatte man eine Vereinbarung ausgehandelt, die als Münchner Abkommen in die Geschichte eingehen sollte. Die Tschechoslowakei, obwohl der einzig betroffene Staat, war bei dieser Konferenz nicht dabei und wurde auch gar nicht mehr lang gefragt: Hitler durfte am 1. Oktober seine Wehrmacht in das Sudetenland einmarschieren lassen, und damit basta. Um die militärische Aktion gegen die ČSR, für die er den Finger bereits am Drücker hatte, war Großdeutschlands brauner Diktator damit vorerst geprellt worden. Chamberlain, der ihn tags darauf noch einmal in seiner Wohnung in der Prinzregentenstraße 16/II aufsuchte, wurde nach seiner Rückkehr in London von Menschenmassen bejubelt, als er bekanntgab, was seiner Meinung nach in München erreicht worden war. Nämlich: »Peace in our time«, also Frieden für unsere Zeit.

Auch in Deutschland waren die meisten Menschen so naiv, nun wieder an einen Frieden auf lange Sicht zu glauben. In München genoss man endlich frohen Herzens das »Großdeutsche Volksfest«

(wie das Oktoberfest jetzt hieß). Und aus lauter Freude fassten Münchens Ratsherren den Beschluss, die Wies'n des Jahres 1938 um eine Woche zu verlängern. Auch sie ließen sich damals wohl nicht träumen, dass es bis 1949 ohnehin die letzte Gaudi dieser Art sein würde. Nicht einmal ein ganzes Jahr nach dem Münchner Abkommen, am 1. September 1939, marschierte die Wehrmacht in Polen ein und begann damit den Zweiten Weltkrieg. Schon ein halbes Jahr vorher aber hatte Hitler bereits die restlich ČSR besetzen lassen. Die Slowakei trennte man ab und machte sie zu einem gefügigen Satellitenstaat. Böhmen und Mähren jedoch wurden als »Reichsprotektorat« unter deutsche Verwaltung gestellt. Das Münchner Abkommen, so zeigte sich spätestens zu diesem Zeitpunkt, war keine Friedensgarantie gewesen. Sondern nichts weiter als ein wertloser Fetzen Papier.

Eine Verfassung für Trizonesien

Oder:

Wo am Entwurf für unser Grundgesetz gebastelt wurde

Armer Märchenkönig Ludwig – das hättest Du Dir auch nicht träumen lassen: Dass ausgerechnet auf Deiner Herren-Insel im Chiemsee, wo Du Dir in strengster Abgeschiedenheit Dein königlich-bayerisches Versailles hast erbauen lassen – dass also ausgerechnet auf dieser Insel eines Tages ein Schwarm von Staatsrechtlern und Politikern zusammenhocken würde, um eine republikanische Verfassung auszubrüten. Aber das ist ja nun auch schon wieder ziemlich lange her, und wer weiß das denn noch von all jenen Zigtausenden von Touristen, die im Sommer auf der Herreninsel einfallen, um des Königs unvollendetes Prunkschloss anzustaunen. Ja freilich: Wenn der Verfassungskonvent anno 1948 dort im Spiegelsaal getagt hätte, dann würde wahrscheinlich kein Schlossführer vergessen, die Besucherscharen auch darauf hinzuweisen.

Aber damals, ein paar Jahre nach der totalen Niederlage im Zweiten Weltkrieg und erst wenige Wochen nach der Währungsreform, da waren auch Prominente noch sehr unterernährt und bescheiden. Selbst Konferenzen der deutschen Länderministerpräsidenten pflegten in jener Zeit ganz schlicht und ohne jedes Trara im Nebenzimmer irgend eines Hotels stattzufinden. Und so nahm auch der Verfassungskonvent auf Herrenchiemsee mit dem Schlosshotel vorlieb, statt sich im Königsschloss einzuquartieren. Man kann also heute genau dort seine Chiemsee-Renken genießen, wo einst einige jener 80 Männer wohnten, die in nur vierzehn Tagen im alten Schloss, dem ehemaligen Kloster, den Rohentwurf für unser Grundgesetz ausdiskutiert und zusammengeschrieben haben. Seit 1975 weist – entsprechend einem Landtagsbeschluss – eine Gedenktafel darauf hin. Aber wer sieht und liest schon Gedenktafeln? Und dabei ist es gar nicht uninteressant, wie es eigentlich zu diesem Verfassungskonvent auf der Insel gekommen war, und was sich da abspielte.

Angefangen hatte das alles, als das Dritte Reich am Ende war, und als sich unter wohlwollender Genehmigung der jeweiligen Militärregierung in den vier Besatzungszonen wieder politische Parteien und deutsche Länder bildeten. Einige Jahre lang glaubten Optimisten immer noch, dass sich diese Länder aller vier Zonen eines Tages doch wieder zu einem gemeinsamen Staat zusammenschließen würden, aber daraus wurde nichts. Als man einen ernstlichen Anlauf nahm, wollten die Ministerpräsidenten der Länder in der Sowjetzone plötzlich nicht mehr mittun. Inzwischen war auch schon der Kalte Krieg zwischen Ost und West in vollem Gang. Und während man im Westen zunächst die amerikanische und die britische Besatzungszone zur Bizone zusammen legte und bald darauf mit der französischen Ecke zur Trizone erweiterte, drifteten dieses Verwaltungsgebilde und die sowjetische Besatzungszone immer weiter auseinander. Im Juni 1948 war's dann so weit: Die Westalliierten verordneten ihrer Trizone eine Währungsreform – wenig später machte die »Ostzone« ihre eigene, und damit war endgültig der Grundstein für eine deutsche Spaltung gelegt.

Mögen gewollt, aber nicht dürfen getraut?

Es klingt fast unglaublich, aber bei diesem Stand der Dinge mussten westdeutsche Politiker von den Alliierten fast dazu vergewaltigt werden, die Souveränität zurückzugewinnen. Gewiß, es gab eine deutsche Verwaltung. Jedes Landl hatte mittlerweile wieder eine Staatsregierung und einen Ministerpräsidenten, und das kleine Baden leistete sich darüberhinaus sogar noch einen Staatspräsidenten. Aber das wirkliche Sagen hatten halt immer noch die Militärgouverneure der Alliierten. Doch nun, so fanden die Sieger, sei's allmählich an der Zeit, dass die Deutschen selber wieder was aufzubauen hätten. Im Juni beschloss eine Konferenz in London, an der außer den USA, England und Frankreich auch Belgien, die Niederlande und Luxemburg beteiligt waren, einen Aufruf an die Deutschen zur Gründung eines demokratischen Staates in der Trizone. Am 1. Juli 1948 wurden die Ministerpräsidenten der westdeutschen Länder von den drei Militärgouverneuren nach Frankfurt zitiert, wo man ihnen die »Frankfurter Dokumente« auf den Tisch legte. Diese Papiere enthielten den mehr oder weniger dienstlichen Befehl, die Ministerpräsidenten hätten spätestens bis zum 1. September des Jahres eine verfassungsgebende Versammlung einzuberufen. Und man äußerte auch ziemlich konkrete Wünsche, was da beschlossen werden sollte: »Eine Regierungsform des föderalistischen Typs« für einen westdeutschen Teilstaat.

Und nun passierte das Eigenartige: Die deutschen Politiker zogen gar nicht so recht. Freilich: Einerseits hätte man – frei nach Karl Valentin – schon ganz gern die westalliierte Oberherrschaft loswerden mögen gewollt. Aber durfte man sich das denn trauen? Wurde damit die Teilung Deutschlands nicht vollends herbeigeführt? Die Ministerpräsidenten einigten sich in einer Konferenz ohne die drei alliierten Vormünder darauf: Sich wieder selber verwalten – ja, das gern. Aber auf keinen Fall sowas wie eine Nationalversammlung und auch keine richtige Verfassung und schon gar nicht einen Volksentscheid, durch den sie angenommen würde. Die »Eingeborenen von Trizonesien« (so hieß es damals in einem Schlagertext) machten den Alliierten einen Gegenvorschlag: Statt einer Verfassung wollten sie ein »Grundgesetz für die einheitliche Verwaltung des Besetzungsgebiets der Westmächte« ausarbeiten. Der Sinn der Sache: Man wollte unter keinen Umständen vollendete Tatsachen schaffen, sondern bloß ein Provisorium für eine Übergangszeit, bis vielleicht doch mal eine gesamtdeutsche Lösung gefunden würde.

Den Militärgouverneuren schmeckte das gar nicht. Okay, »Grundgesetz« statt »Verfassung«, damit waren sie einverstanden. Und auf einer verfassungsgebenden Nationalversammlung bestanden sie auch nicht unbedingt – sie waren's auch mit einem Parlamentarischen Rat zufrieden, der sich aus Vertretern der Länder zusammensetzte. Bloß vom Volksentscheid wollten sie partout nicht abgehen, und deswegen gab es noch viel Knatsch. Aber immerhin, der Parlamentarische Rat kam zustande, und die Ministerpräsidenten beriefen vom 11. bis 23. August einen Konvent auf die Insel Herrenchiemsee ein. Dieses Gremium von Staatsrechtlern sollte den Entwurf für ein Grundgesetz ausarbeiten, damit der Parlamentarische Rat zu Bonn schon mal was hatte, worüber er beraten konnte.

Isolierung auf der Insel

Warum gerade auf Herrenchiemsee? Weil es schnell gehen sollte, und weil auf einer Insel die Experten am ungestörtesten arbeiten konnten. Ungestört? Wer heute im Hochsommer sieht, welche Menschenmassen jeden Tag von Prien-Stock auf die Herreninsel hinübergeschippert werden, dem muss das sonderbar vorkommen. Aber damals sah's anders aus. Im August 1948, wenige Wochen nach der Währungsreform, hatte kaum jemand eine Mark für solcherlei Vergnügungen übrig. Da war's also wirklich sehr, sehr ruhig am und schon gar mitten im Chiemsee.

Freilich, ein Schwarm Journalisten war angereist, um mitzukriegen, was sich da tat, aber die wurden sehr auf Distanz gehalten. Ja – und nun kommt eine Story in zwei Versionen, die deutlich macht, warum man über historische Fakten hinterher oft »nix G'wiß' net« weiß: Wenn sich schon knapp vier Jahrzehnte danach Leute, die dabei waren, so unterschiedlich an die Geschehnisse und deren Details erinnern.

Einer, der als Aktiver mit von der Partie war: Der spätere Präsident des Bayerischen Landtags, Franz Heubl, der 1948 beim Herrenchiemseer Konvent als junger Nachwuchspolitiker das Amt eines Sekretärs hatte. Und der sagt: Man habe die Presse gar nicht auf die Insel gelassen, sondern die Herren hätten nur wartend drüben am Ufer in Stock gestanden, um vielleicht doch dann und wann mal einer Neuigkeit habhaft zu werden. Und weil sich diese Herren in den vierzehn Tagen dieser Langeweile sehr miteinander angefreundet hätten, sei auf diese Weise – sozusagen als Nebenprodukt des Verfassungskonvents – später der Münchner Presseclub entstanden. Nur einem einzigen Journalisten – so Franz Heubl weiter – sei es damals gelungen, mit einem Boot auf der Insel zu landen. Aber den habe er erwischt und mit Hilfe der Polizei wegschaffen lassen. Und seitdem sei er mit diesem Mann befreundet – mit Hans Ulrich Kempski, damals Mitarbeiter der Presseagentur dpd und 35 Jahre später einer der Chefredakteure der Süddeutschen Zeitung.

Bei Hans Ulrich Kempski hörte sich die Geschichte ein bisschen anders an: Die Insel sei keineswegs hermetisch abgeriegelt gewesen, da hätten schon immer wieder mal Journalisten rüber gedurft. Er freilich habe als einziger die Beratungen vom Anfang bis zum Ende »vor Ort« verfolgen können. Allerdings habe er dort zwar ein Telefon zur Verfügung gehabt (das einzige öffentliche auf der Insel am Empfang des Schlosshotels), aber kein Quartier. Deshalb habe er auf der Fraueninsel gewohnt und sei jeden Tag mit einem Segelboot auf die Herreninsel hinübergefahren. Und der einzige Zwischenfall, an den sich Kempski erinnert: Einmal sei er mit diesem Boot gekentert und habe große Schwierigkeiten gehabt, sich und seine schwere Schreibmaschine schwimmend auf das Eiland zu retten.

Nun ja – ob es nun so oder so wahr war: Jedenfalls legten die Verfassungsjuristen nach ihrem zweiwöchigen Konklave einen Grundgesetzentwurf vor, mit dem der Parlamentarische Rat in Bonn arbeiten konnte. Einfach war das nicht gewesen, denn auch diese Herren hatten äußerst unterschiedliche Vorstellungen. Der Staatsrechtler Professor Nawiasky beispielsweise, der 1946 schon die Verfassung für den Freistaat Bayern ausgearbeitet hatte, wollte eine extrem föderalistische Lösung nach Schweizer Muster – aber er setzte sich damit nicht durch. Und das wiederum war der Grund dafür, warum Bayern als einziges Land dieses Grundgesetz hinterher ablehnte.

Das »Nein« aus München

Dass es sich eh bloß um ein Provisorium handeln sollte, hatte der bayerische Ministerpräsident Hans Erhard schon damals betont:

»Das, was wir hier schaffen, kann keine deutsche Verfassung sein, das, was wir hier machen, kann keine endgültige Verfassung sein … Aber wir müssen doch zu einer Konstruktion kommen, die zweierlei erreicht. Einmal, dass die drei Zonen, nachdem schon die vier Zonen nicht zusammengefasst werden können, zusammengefasst werden in einer Form, dass sie losgelöst werden können von der Bindung und dem absoluten Diktat der Besatzungskommandeure in den einzelnen Zonen. Wir müssen doch wenigstens allmählich wieder den Anfang einer deutschen Souveränität, wenn auch beschränkt auf ein regionales Gebiet, bekommen.« Das Provisorium, so weiß eine Redensart, hält meist am längsten – was sich auch hier bewahrheitet hat. Denn die Bundesrepublik Deutschland, die mit diesem provisorischen Grundgesetz im Mai 1949 geschaffen wurde, hat bereits über fünf mal so lange Bestand wie das »tausendjährige Reich« der Nazis und länger als die Weimarer Republik, die es nur auf knappe fünfzehn Jahre brachte.

Zum Volksentscheid über das Grundgesetz, wie ihn die Alliierten gewünscht hatten, kam es nicht: Nachdem man sich im Parlamentarischen Rat auf den endgültigen Text zusammengerauft hatte, stimmten die Landtage der einzelnen Länder darüber ab. Woanders ging das meist ziemlich glatt über die Bühne. Nicht so im Freistaat Bayern. Da wurde im Maximilianeum 14 Stunden lang erbittert debattiert, denn den Leuten von der CSU – und die waren damals schon die mehrer'n – erschien dieses Grundgesetz zu wenig föderalistisch. Deshalb fanden sich nach der Abstimmung 101 rote Karten in der Urne und nur 63 blaue Ja-Stimmen, dazu 9 weiße Enthaltungen. Tumulte, Geschrei, Durcheinander, wüste Beschimpfungen – die Sitzung musste unterbrochen werden, bevor man ein zweitesmal abstimmte. Diesmal darüber, ob man das gerade eindeutig abgelehnte

Grundgesetz dennoch hinnehmen solle, falls es von zwei Dritteln der westdeutschen Länder anerkannt würde. Und dabei hatten sich die Neinsager entschlossen, in Gottesnamen die Kröte zu schlucken, so dass das Grundgesetz auch in Bayern rechtsgültig wurde, obwohl es nicht die nötige Zustimmung fand. Noch zu einer dritten Abstimmung kam es in dieser Nacht, und die endete sogar einstimmig: Geschlossen beauftragte das Parlament die Staatsregierung, bei der amerikanischen Militärregierung eine Volksbefragung über das Grundgesetz durchzudrücken. Just das war's doch, was die Alliierten ursprünglich gefordert hatten. Aber nun, wo man in Bayern wollte, wurde nichts daraus, denn der US-Militärgouverneur Murray van Wagoner sagte nicht okay, sondern no – und damit basta. Sehr weit war's halt noch nicht her mit der neuen deutschen Souveränität.

Mittlerweile wurde am historischen Ort ein kleines Museum eingerichtet. Er ist ganzjährig besuchbar (auch die Chiemsee-Schifffahrt macht ja keine Winterpause), und zwar täglich von Anfang April bis Mitte Oktober von 9 bis 18 Uhr, danach von 10 bis 16.45 Uhr.

Außerdem gibt es im Alten Schloss eine ständige Ausstellung »Maler am Chiemsee« sowie eine Gemäldegalerie mit Werken des berühmten Chiemseemalers Julius Exter. Ach – und das Königsschloss mit dem König-Ludwig II.-Museum ist auch noch da – aber wegen dem kommen ja eh die allermeisten Besucher auf die Insel.

Michael Ehbauer

Baierische Weltgeschichte

Erstes Trumm

Für Ehbauer gab es nur eine baierische biblische Geschichte, und aus der machte er die „Baierische Welt-gschicht". Diese fängt naturgemäß damit an, „wia d' Welt auf d' Welt kemma is", und sie reicht bis zu dem Kapitel „wia's am End vom Testament zuaganga is". Die „Baierische Weltgschicht" zählt zu den Dokumenten des reichen, lebendigen, starken, doch immer gebändigten Sprachgefühls unseres Volkes. Man merkt die Art des echten Altbayern, der jede billige Übertreibung meidet.

324 S., Hardcover, 14 x 21 cm,
ISBN 978-3-89682-080-8, 12,90 €

Michael Ehbauer

Baierische Weltgeschichte

Letztes Trumm –
Wia Jesus glebt hat

Der Sohn von Michl Ehbauer, Michael, vollzieht gewissermaßen das Vermächtnis seines Vaters und lässt dessen „Weltgschicht" ihr Letztes Trumm folgen. Es gelingt ihm, sowohl den Sprachklang wie die Diktion des Vaters aufzunehmen, ohne in bloße Kopie zu verfallen.

192 S., Hardcover, 14 x 21 cm,
ISBN 978-3-89682-153-9, 12,90 €

Gedichte - Geschichten - Erinnerungen

Durchs Jahr mit Georg Lohmeier

Georg Lohmeier, Jahrgang 1926, Funk- und Fersehautor und Verfasser von 53 Drehbüchern zum Königlich Bayerischen Amtsgericht, hat in seinem langen Schaffen unzählige Verse gedichtet. Die meisten freilich in altbaierischer Mundart, die aber doch zu schade wären, um vergessen zu werden. Darum werden sie nun in diesem Verserlbuch zusammengefasst und veröffentlicht. Lohmeier hat dazwischen immer wieder seine „melancholischen Erinnerungen" eingestreut. Erinnerungen an Persönlichkeiten und an seine Heimat Loh bei Dorfen. Der Bräu z Loh braut heute noch das Bier, das er am liebsten trinkt, wenn auch nicht mehr das von seiner Mutter ihm vorgeschriebene Quantum von „höchstens drei Halbe am Tag". Lohmeier ist Träger hoher Auszeichnungen: des Karl-Valentin-Ordens, des Bayerischen Verdienstordens, des goldenen Filserhutes und des Poetentalers der Turmschreiber Münchens.

160 Seiten, Hardcover mit Abbildungen, Format 14 x 21 cm
ISBN 978-3-89682-149-2, 11,90 €

Leopold Ahlsen

Die Wiesingers

Roman einer Münchner Brauerfamilie im 20. Jahrhundert

Der Familienroman „Die Wiesingers", ist ein lebendiges Porträt der „Goldenen Münchner Jahre" zwischen 1890 und 1932. Die Geschichte des Brauers und Kommerzienrats Anton Wiesinger, der sein mittelständisches Unternehmen in einer gesunden Mischung aus Geschäftssinn und altbayerischer Halsstarrigkeit gegen die drohende Vereinnahmung durch finanzstarke Großbrauereien verteidigt, begeisterte eine große Leserschaft. Leopold Ahlsen ist mit seinem Familienroman ein Buch gelungen, dessen Einfallsreichtum und Charme, dessen Feinfühligkeit und historische Echtheit es zu einem Lesegenuss besonderen Ranges machen. Die gleichnamige zehnteilige Fernsehfassung fand sowohl beim Publikum als auch bei der Kritik große Anerkennung.

560 Seiten, gebunden, Hardcover, Format 14 x 21 cm
ISBN 978-3-89682-142-3, 14,90 €

Georg Lohmeier
Königlich Bayerisches Amtsgericht

Wer kennt es nicht, das Königlich Bayerische Amtsgericht zu Gaisbach samt seinen Amtsgerichtsrat August Stierhammer und den Vorkommnissen, die sich immer wieder zugetragen haben, damals in der „guten alten Zeit"? In Bayern war sie besonders gut, diese Zeit. Damals regierte Seine Königliche Hoheit, der Prinzregent, das Bier war noch dunkel und die Menschen waren noch typisch, die Burschen schneidig und die Dirndl sittsam und die Honoratioren ein bisserl vornehm und ein bisserl leger. Es war halt noch vieles in Ordnung damals. Denn für Ruhe und geordnete Verhältnisse sorgte die Gendarmerie und für Gerechtigkeit das Königlich Bayerische Amtsgericht, wie hier in den wieder aufgerollten Fällen nachzulesen ist.

Georg Lohmeier
Königlich Bayerisches Amtsgericht
Der Bierkrawall und andere Verhandlungen

ISBN 978-3-89682-131-7,
160 Seiten, Hardcover,
Format 14 x 21 cm, 9,90 €

Der Rosstäuschler und
weitere Verhandlungen

Im Amtsgericht zu Geisbach kommt es zu weiteren Verhandlungen. Im Pferdeprozeß geht es nicht nur um Roßtäuschlerei, sondern der Staatsanwalt sieht auch den Tatbestand der Kuppelei gegeben, außerdem wird gegen den gräflichen Jäger Anton Hielreiner wegen einer vergifteten Hochzeitssuppe verhandelt.

160 Seiten, Hardcover, Format 14 x 21 cm
ISBN 978-3-89682-132-4, 9,90 €

Die Körperverletzung und
folgende Verhandlungen

160 Seiten, Hardcover, Format 14 x 21 cm
ISBN 978-3-89682-133-1, 9,90 €

Der Pfarrergockel und
die übrigen Verhandlungen

160 Seiten, Hardcover, Format 14 x 21 cm
ISBN 978-3-89682-134-8, 9,90 €

Ebner/Hanitzsch

Gott mit dir, du Land der Bayern

Dieses fröhliche Bayern-Buch informiert umfassend – auch für Nordlichter verständlich – über den eigenwilligsten deutschen Volksstamm. Im Einzelnen: Der Bayer ... und seine Sprache, seine Kleidung, seine Nahrung, das Bier, seine Stimmungen, die Politik, die Moral, die Emanzipation, die Fremden, in der Fremde, seine Helden, die Technik, die Zukunft und seine Heimat. Mit Zeichnungen von Dieter Hanitzsch.

132 Seiten, Hardcover
Format 14 x 21 cm
ISBN 978-3-89682-146-1
9,90 €

Alfons Schweiggert

Das Nachtkastlbuch

Nahezu 100 heitere Geschichten von so beliebten bayerischen Autoren wie Helmut Eckl und Gerd Holzheimer, Georg Queri und Herbert Schneider, Kurt Wilhelm und von Alfons Schweiggert, dem Herausgeber der Sammlung, enthält dieses humorpralle Lesevergnügen.

Ein Buchschmankerl, das nicht nur vor dem Einschlafen Spaß macht, zum immerwieder-Selberlesen und daraus Vorlesen.

182 Seiten, Hardcover, Format 14 x 21 cm
ISBN 978-3-89682-155-3, 11,90 €

Felix Buchmair
Zu Hause in Bayern
einst und jetzt

Schnuppern Sie rein in das Buch von Felix Buchmair mit dem Titel "Zu Hause in Bayern einst und jetzt". Es ist eine Sammlung verschiedenster Begebenheiten, welche jedoch ein Thema vereint. Über allen liegt ein Hauch bodenständigen, ländlichen Lebens im Werden und Vergehen. Dieses Buch handelt von Menschen in Bayern, die den Lebensweg des Autors streiften und dabei unvergessliche Eindrücke hinterließen.

Felix Buchmair wuchs in den Nachkriegsjahren unter ärmlichen Bedingungen in einer tristen Neubau-siedlung in Burghausen auf. Aus seiner Kindheit hat er noch gut in Erinnerung, dass die damals allgegenwärtige Armut die Bewohner in seiner Straße friedlich einte. Zur "Schreiberei" kam er relativ spät. Zwar verspürte Felix Buchmair schon als Jugendlicher einen gewissen Zauber beim Schreiben, doch blieb es über Jahrzehnte nur bei Gedichten und kleineren Beiträgen für Kalender und Zeitschriften. Erst ab seinem 50. Geburtstag begann er, volkstümliche Theaterstücke zu verfassen und hat sich seither mit etlichen Stücken bei Theaterfreunden in Bayern, Schwaben und Österreich einen guten Ruf erworben.

160 Seiten
Hardcover
Format 14x21 cm
11,90 €
ISBN: 978-3-89682-187-4

Ludwig Ganghofer
Schloss Hubertus

Graf Egge, Schlossherr auf Hubertus, Jäger mit Leib und Seele, ist ein starrsinniger Aristokrat, geizig, launisch und herrschsüchtig. Seine unselige Jagdleidenschaft macht ihn blind für jeden anderen Lebenswert. Diese Besessenheit trägt Schuld am Tod seiner Frau, treibt seine Kinder aus dem Elternhaus, führt zu seiner Vereinsamung und endet schließlich in einer unausweichlichen Tragödie.

448 Seiten, Hardcover
Format 14 x 21 cm
ISBN 978-3-89682-081-5
15,50 €

Fritz Fenzl
Wunder in Bayern

Auch in unserer Zeit ist der Glaube an Wunder, die Suche nach Orten der Kraft und nach Quellen der Heilung, aber auch der Wunsch nach dem Beistand von Schutzengeln nach wie vor lebendig. Besonders in Bayern zeugen davon immer neue Votivtafeln an den Wallfahrtsorten, und die Pilgerreisen erfreuen sich immer noch großer Beliebtheit. Gestiftete Kapellen an Stätten der Heilung dokumentieren erlebte Wunder, aber auch um weniger bekannte Orte ranken sich Berichte und Legenden.

208 Seiten, Hardcover, Format 14 x 21 cm
ISBN 978-3-89682-116-4, 14,90 €

Richard Birk

Sag amoi, des gibt`s doch ned!

Heitere Geschichten
aus dem Bayerland

In diesem Buch stellt der Autor Menschen in ihren unterschiedlichen Lebenssituationen vor und erzählt, was sie denken und fühlen. Es hat einige Zeit gedauert, ehe sie ihn "Hinter den Vorhang schaun" ließen. Das, was er da zu sehen und zu hören bekam, war so voller "Witz" und "Schläue", dass es festgehalten werden musste. Wer wissen will, wie man in "schwierigen Situationen" seinen Humor nicht verliert, der sollte diese Geschichten lesen. Wer dann nicht schmunzelt, dem ist nicht mehr zu helfen.

128 Seiten, Hardcover, mit zahlreichen Abbildungen
Format 14 x 21 cm, 9,90 €, ISBN 978-3-89682-194-2

Richard Birk
Wenn Kinder träumen,
steht die Welt still
Geschichten
von Peterle und
Kobold Wullewux.
128 Seiten, Hardcover
14 x 21 cm, 9,90 €
ISBN 978-3-89682-180-5

Richard Birk
Ab jetzt
bin i ganz brav
Lausbubengeschichten
aus der Kindheit des
Autors.
128 Seiten, Hardcover,
14 x 21 cm, 9,90 €
ISBN 978-3-89682-162-1

Richard Birk
Guat, dass des
net da mei is
Lustige Begebenheiten
und Erlebnisse aus der
Kindheit des Autors.
136 Seiten, Hardcover
14 x 21 cm, 9,90 €
ISBN 978-3-89682-150-8